LA LOI

DE

L'HISTOIRE

LA LOI

DE

L'HISTOIRE

VOLUME I

LA LOGIQUE UNIVERSELLE
DE
L'ESPRIT HUMAIN

Christophe Scheidhauer

A Guillaume

Table

LA RÉVOLUTION DE LA SCIENCE HUMAINE 11

   LA LOGIQUE DES DÉCOUVERTES SCIENTIFIQUES.......................... 14
   LE PROBLÈME FONDAMENTAL 19
   VERS LA SOLUTION 23
   L'EXPLICATION DE NOS VIES ET DE NOTRE MONDE....................... 30

I.   LA LOGIQUE DE L'ESPRIT 37

   1.   UN UNIVERS AUTONOME 38
   2.   UNE LOGIQUE SPONTANÉE 42
   3.   UNE PULSION IRRÉSISTIBLE 46
   4.   UN DÉSIR INAVOUABLE 58

II.   ETRE LE HÉROS DE L'HISTOIRE........................ 65

   5.   UN SCÉNARIO UNIVERSEL 68
   6.   UNE HISTOIRE UNIQUE 80
   7.   UN BUT UNIQUE, DÈS L'ENFANCE 92
   8.   UN ENNEMI INTIME 107

III. FAIRE L'HISTOIRE 119

   9.   LA RÉVÉLATION DE LA VÉRITÉ 123
   10. DISTINGUER AMIS ET ENNEMIS 133
   11. DES HISTOIRES QUI CONVERGENT 141
   12. DES RIVALITÉS AUX GUERRES MONDIALES 155
   13. LES CYCLES DE BIPOLARISATION 169
   14. UNE HISTOIRE INTERNATIONALE 175
   15. PAR-DELÀ LA RAISON ET LES LOIS.......... 182

IV.   UNE MOBILISATION GENERALE 199

16.   LES COMPAGNONS DE LUTTE 201
17.   INTERESSER LES GENS ORDINAIRES 211
18.   CONCURRENCE ET REDISTRIBUTION 217
19.   LES CONFLITS, MOTEURS DE L'ECONOMIE 223

V.   UNE CONCURRENCE GENERALE 233

20.   ALLIES MAIS RIVAUX 236
21.   UNE RECONNAISSANCE RECIPROQUE 243
22.   PROUVER SA VALEUR 252
23.   EN AFFAIRES COMME A LA GUERRE 265

PRINCIPAUX POINTS 277
LEXIQUE 287
ILLUSTRATIONS 290
INDEX 292
BIBLIOGRAPHIE 300
NOTES 310
REMERCIEMENTS 317

La Révolution de la Science humaine

Il y a trois cents ans un chercheur visionnaire lança une révolution scientifique. Il s'appelait John Locke. Il entreprit d'expliquer notre monde sur une base entièrement nouvelle. C'était en 1690, à l'aube du Siècle des Lumières. On pensait généralement que le monde était géré par des forces surnaturelles, imprévisibles. Locke affirma que le destin de l'humanité dépendait au contraire fondamentalement de la logique de nos esprits humains.

Locke pensait que notre monde avait été créé une fois pour toutes et qu'il était donc régi par des lois universelles et permanentes. Il conçut l'esprit humain en conséquence, et proposa des hypothèses simples et cohérentes pour expliquer comment nos idées se développent et s'organisent. Il présenta ainsi l'esprit humain comme un univers autonome, qui possède sa propre logique. Il publia cette découverte dans son *Essai sur l'Entendement humain*.

En 1687, alors que Locke rédigeait son manuscrit, il reçut une puissante confirmation de l'un de ses propres compatriotes. Isaac Newton révéla les principes qui expliquent les mouvements de tous les objets. Les cieux se trouvèrent soumis aux mêmes lois que notre vie humaine, sur Terre. Il ne pouvait plus y avoir là-haut des êtres surnaturels pour régir nos vies. Les dieux que l'astrologie avait cherchés pendant des millénaires à observer dans les mouvements célestes n'existaient plus.

Locke et Newton avaient inventé une nouvelle vision du monde, un monde qui pouvait être exploré par l'observation et conçu par la logique de l'esprit humain. Ce premier triomphe inspira des générations de chercheurs, en sciences « naturelles » comme en sciences « humaines ». La théorie générale de l'esprit humain de Locke devint notamment le socle sur lequel David Hume s'efforça dès 1739 de jeter les bases d'un « système complet des sciences ».[1] Son but était d'expliquer tout ce qui se passe dans notre monde humain, des idées les plus fugaces aux institutions les plus permanentes.

Cette vision reste d'autant plus fascinante que Locke et Hume étaient des pionniers. En tant que tels, ils ne pouvaient avoir accès qu'à des observations très limitées, surtout par rapport à celles dont nous disposons actuellement. Les archives, quand elles existaient, permettaient rarement des comparaisons complexes ou des analyses de tendances. En fait, il n'existait aucune trace de faits historiques au-delà des Grecs anciens. Les civilisations plus anciennes étaient totalement inconnues. Même pour les périodes plus récentes, il n'existait aucune méthode permettant de distinguer la légende des faits, le mythe de l'histoire. L'archéologie n'existait pas. Le déchiffrage des écritures anciennes était encore à venir. La connaissance des pays situés au-delà de l'Europe était extrêmement limitée. Les scientifiques connaissaient très peu les relations entre les langues ; la linguistique et la philologie étaient à peine nées. La description détaillée des tissus et des activités du cerveau ne fut pas disponible avant la fin du XIXe siècle. Les neurosciences étaient encore loin dans l'avenir. Locke et Hume, comme leurs disciples immédiats, ne pouvaient travailler qu'à partir de leurs propres observations directes et des livres relativement rares qui étaient à leur disposition. Dans ce contexte, leurs ambitions et, plus encore, leurs résultats, sont vraiment admirables.

Inspirés par un tel départ, leurs successeurs ont exploré sans relâche notre monde humain. Ils ont révélé, au cours des trois cents années suivantes, des sociétés, des époques et des dimensions que ni Locke ni Hume n'avaient jamais envisagées. En effet, au XVIIe siècle, les nations qui peuplaient le monde semblaient avoir été là depuis sa création. De nos jours, par contre, les élèves apprennent dès l'école primaire l'existence d'une époque où aucune de ces nations n'existait encore. Ils considèrent naturellement comme acquis un passé beaucoup plus profond. Ils connaissent non seulement les civilisations anciennes, mais aussi la « préhistoire » et l'existence d'espèces humaines disparues. Ils connaissent même des époques où aucun humain ne parcourait ce monde, et sont conscients des temps qui ont précédé la vie elle-même.

Rien de tout cela n'aurait été imaginable au XVIIe siècle. Au XXIe siècle, les élèves apprennent, sans même y penser, à quel point nos propres connaissances sont récentes et évolutives. Ils sont plongés dans la description d'un monde dynamique et changeant. Cette conception était totalement inaccessible aux scientifiques du XVIIe et du début du XVIIIe siècle. Ils ont pourtant conçu la révolution scientifique qui l'a permise. Nous sommes leurs héritiers. Ils nous ont donné trois cents ans de formidables progrès scientifiques.

Mais nous avons oublié ce que nous leur devons. Leur projet, expliquer l'esprit humain et notre monde, semble aujourd'hui inaccessible. C'est comme si plus la connaissance de l'histoire humaine avait progressé, et plus les nouvelles générations avaient renoncé à l'idéal de leurs prédécesseurs. Ainsi, malgré ses incroyables succès, la science humaine a été progressivement déconsidérée jusqu'à ce que, au XXIe siècle, « science » devienne un synonyme de science « naturelle ». Les « humanités » ont été presque entièrement réduites à des spécialités appartenant aux arts ou à la politique.

De l'avis général, l'esprit humain est trop imprévisible pour être un objet véritablement scientifique. Bien peu soutiennent encore la possibilité de développer une approche prédictive dans ce domaine. Mais il n'y avait aucune raison de renoncer. L'esprit humain est un objet scientifique. Il peut être expliqué par l'observation et la logique. Les sciences humaines ont bien traversé une longue crise, mais qui se termine désormais, comme se sont terminées les crises qui ont précédé les autres grandes découvertes scientifiques.

La Logique des Découvertes scientifiques

La logique des découvertes scientifiques n'a été exposée pour la première fois qu'en 1962, par Thomas Kuhn. Il a observé que la recherche scientifique n'est pas toujours telle qu'elle se présente généralement au public : un progrès linéaire de la connaissance. L'accumulation d'observations n'aboutit pas toujours à l'émergence de théories plus puissantes. La science traverse en réalité de longs cycles. Certaines périodes présentent les apparences d'un progrès ordonné. Mais elles alternent avec de formidables crises qui conduisent à des « révolutions scientifiques ».

Kuhn a découvert que ces bouleversements étaient dus à la structure même de la connaissance scientifique. En effet, les théories et hypothèses partagées dans un domaine de recherche sont toutes fondées sur une théorie fondamentale dont toutes les autres dépendent. Cette « théorie générale » fournit à toute une communauté de chercheurs une vision commune du monde et détermine ce qui est scientifiquement correct dans le domaine. Kuhn a nommé les théories générales des « paradigmes »[2], un nom qui a connu un succès immédiat. Il est aujourd'hui communément admis qu'une « révolution » scientifique[3] signifie un « changement de paradigme ». C'est un changement de premier ordre. Quand l'ancien paradigme est abandonné et un nouveau paradigme est proposé, toutes les théories sont réexaminées. Seules celles qui correspondent au nouveau paradigme, à la nouvelle théorie générale, sont conservées.

Le livre de Kuhn, *La Structure des Révolutions scientifiques*, était lui-même une révolution dans la conception de la science. C'était le premier livre qui expliquait la science de manière réaliste, comme un processus dynamique, une recherche continue menée par une communauté de personnes plutôt que comme un état abstrait et fixe de la connaissance. Pour cette raison, l'ouvrage de Kuhn a fait l'objet de nombreuses critiques. Beaucoup n'aimaient pas qu'on leur dise que les théories anciennes, qu'ils méprisaient et classaient comme non scientifiques, avaient initialement obéi aux mêmes méthodes que les théories qui ont survécu aux révolutions scientifiques.[4] À leurs yeux, cet aspect des observations de Kuhn discréditait l'ensemble de la démarche scientifique. Leurs objections sont probablement la raison pour laquelle Kuhn a choisi le terme plus neutre de « paradigme » pour nommer des théories générales anciennes et obsolètes. Ces critiques étaient absurdes, bien sûr. La science n'est pas statique, mais une recherche, une « quête » permanente.[5]

Cette quête scientifique répond à un désir que partagent sans doute tous les scientifiques : découvrir le « principe » ultime, la « loi », l' « algorithme » ou la « formule » qui explique tout dans notre monde. C'est pourquoi ils sont fascinés par l'idée d'une théorie générale qui semble contenir un tel principe.

Cet objectif fondamental est rarement explicite dans les échanges académiques. Cela peut paraître paradoxal, mais c'est logique. Chacun veut faire la découverte lui-même ; il n'encouragerait personne d'autre dans cette direction. Au mieux, elle est évoquée, comme lorsqu'un chercheur affecte de regretter que son collègue n'ait toujours pas eu le temps de terminer son « grand livre ».

En revanche, cet objectif fondamental peut être très explicite dans la fiction, car les auteurs de fiction ne sont pas en concurrence dans l'arène scientifique. Faust, le personnage de Goethe, regrettait ainsi catégoriquement de ne pas avoir découvert le « principe fondamental qui assure la cohésion du monde. »[6] Et dans *La Théorie du Tout* (*The Theory of Everything*), le jeune Steven Hawking explique timidement à sa fiancée que nous autres, scientifiques, cherchons « l'unique équation unificatrice qui explique tout dans l'univers ».[7] Le premier texte date de 1808, le second de 2014. Cette cause traverse les siècles. La quête du principe unificateur ultime est bien le moteur de toute activité scientifique.

Une théorie générale est ainsi fondée sur un principe qui s'applique à l'ensemble de l'univers observé. Par exemple, la révolution lancée par Nicolas Copernic résulta de la reconnaissance que le Soleil, et non la Terre, était le véritable centre de tous les mouvements planétaires. La révolution de Newton était basée sur la découverte du principe de la gravitation universelle. La révolution de Charles Darwin était basée sur l'admission de la sélection naturelle des plus aptes comme moteur de l'évolution des espèces. La relativité générale proposée par Albert Einstein était fondée sur le principe selon lequel on observe que la lumière voyage toujours à la même vitesse.

La recherche d'un principe ultime suffit à expliquer les crises et révolutions scientifiques, la découverte d' « anomalies » ou de « problèmes »[8]. Ces observations que le principe général ne peut expliquer, suffit à le discréditer de manière décisive. La découverte d'anomalies détache un nombre croissant de scientifiques des conceptions antérieures. Cela ouvre la voie à la recherche d'un nouveau principe dont la reconnaissance permet d'unifier un nouveau champ de recherche, tout comme Kuhn l'a observé.

Le nouveau principe unificateur ne couvre pas seulement les faits expliqués par l'ancien, mais donne également un sens aux anomalies précédentes.[9] La théorie de Copernic, centrée sur le Soleil, autour duquel tournent toutes les planètes[10], a ainsi permis d'expliquer par un seul type de mouvement planétaire l'ensemble des observations, là où le modèle précédent, proposé par Ptolémée, nécessitait un mouvement spécifique à chaque planète, tout en accumulant les anomalies. Mieux encore, le modèle Copernicien allait permettre la découverte de la gravitation universelle par Newton.

La science consiste donc à découvrir et à promouvoir une explication plus simple et plus cohérente qui couvre un plus large éventail d'observations. Les révolutions scientifiques sont le moyen de faire émerger des théories générales plus puissantes et plus efficaces ; elles sont nécessaires à l'exploration de notre monde et au décryptage des causes qui régissent les événements.

Kuhn a publié son chef-d'œuvre dans les années 1960. Il s'est surtout inspiré de la physique, de la biologie, de la chimie et de l'astronomie, les domaines scientifiques les plus prestigieux de l'époque. Depuis Newton, les sciences naturelles allaient de triomphe en triomphe. La physique, la chimie et la biologie avaient découvert à plusieurs reprises des solutions élégantes aux problèmes les plus redoutables. Chacune de ces disciplines avait convergé vers une puissante théorie unificatrice.

Mais la science n'est jamais figée. Depuis les années 1960, les sciences naturelles sont, comme Kuhn l'avait prédit, entrées dans de nouvelles phases. Le temps est ainsi fini où le rêve d'unifier toutes les forces de la physique était jugé à portée de main. Il s'est étiolé avec la découverte d'anomalies majeures sobrement baptisées « matière noire » et « énergie noire ». Ces mystères passionnant ont signalé le début d'une nouvelle phase de crise pour le paradigme actuel de la physique.

La biologie a suivi une évolution presque parallèle. La biologie darwinienne venait de triompher dans les années 1960, après la découverte de la structure moléculaire de l'ADN, molécule qui expliquait l'hérédité et l'émergence, par des mutations génétiques, de nouvelles qualités génération après génération. Dans les années 2020, il est généralement admis que les virus sont porteurs de matériel génétique au même titre que l'ADN et l'ARN. On a observé que l'héritage génétique se produit souvent indépendamment de la reproduction, par transmission virale. L'élégant arbre de vie de Darwin semble s'être transformé en un buisson inextricable.[11]

La recherche scientifique suit des cycles créatifs où les unifications théoriques alternent avec les crises, une phase fournissant le matériel pour la suivante. Aucun domaine n'échappe à cette dynamique. Ainsi, la crise dans laquelle est entrée la science humaine n'a pas à être définitive. Comme pour les autres domaines scientifiques, sa capacité à produire une explication cohérente, factuelle et prédictive de notre monde dépend de notre capacité à comprendre et à résoudre le problème fondamental auquel elle est confrontée.

Le Problème fondamental

La théorie générale de Locke sur l'esprit humain repose toute entière sur une seule hypothèse : un esprit s'organisant de manière spontanée et autonome, par des associations d'idées nourries de ses propres expériences. Ce principe est toujours le fondement consensuel de la science humaine contemporaine, un principe confirmé par d'innombrables observations et expériences. Il a encouragé des générations de scientifiques à s'aventurer courageusement dans des domaines jusque-là inexplorés.

Cependant, Locke a ajouté une deuxième hypothèse. Il a considéré qu'elle dérivait naturellement de la première et l'a présentée comme équivalente. Cette seconde hypothèse affirme qu'il ne peut y avoir des « idées innées », c'est-à-dire des idées que tout être humain nourrirait inévitablement.[12] Cela signifie, en particulier, qu'il n'y a pas d'idées universelles.

C'est logique, semble-t-il : chaque esprit se développe à partir de sa propre expérience. Il n'y a pas deux expériences de vie entièrement similaires, il n'y a pas deux personnes qui peuvent avoir exactement les mêmes idées. Par conséquent, il ne peut y avoir d'idées innées ni universelles. L'argument semble irréfutable. Mais les observations nous disent quelque chose de différent.

Des anomalies ont été détectées très tôt. Hume lui-même (1739) a dû faire face à de multiples cas d'idées universelles.[13] Ces anomalies n'étaient pourtant pas jugées importantes à l'origine. Elles paraissaient un problème secondaire qui se résoudrait avec le temps, et ne pouvait menacer la logique rigoureuse des hypothèses de Locke. Après tout, même un penseur aussi éminent que Kant (1781) avait tenté de faire valoir que certaines notions, comme l'espace, devaient être universelles parce qu'elles seraient nécessaires à la pensée. Mais il n'a finalement pas présenté d'alternative claire et convaincante à l'hypothèse de Locke.[14]

Cependant, le problème des idées innées et universelles est devenu central à mesure que la science humaine se développait dans des directions totalement imprévues au XVIIe siècle, notamment parce qu'elle révélait une histoire de l'humanité beaucoup plus complexe.

Les chercheurs qui s'occupaient du langage, du droit ou de l'histoire, observaient fréquemment des similitudes surprenantes entre des événements qui se déroulaient dans des communautés pourtant nettement distinctes dans le temps et l'espace. La seule solution possible était l'existence d'idées universelles, celles-là même que la seconde hypothèse de Locke avait si catégoriquement exclues.

Mais il y avait bien plus : en fait une toute nouvelle vision de l'histoire humaine émergea, celle d'un monde dynamique, où tout se transforme en permanence, même les éléments jusqu'alors considérés comme les plus stables : les nations, les états et les langues. Le changement commença à être considéré comme permanent. Ce monde dynamique appelait de plus en plus un principe explicatif qui ne pouvait être trouvée dans nulle communauté, légale, culturelle ou linguistique. Seul un principe universel pouvait l'expliquer et ce principe ne pouvait être qu'une structure universelle de l'esprit humain.

Un fossé s'était ouvert entre l'explication des pensées et des actions individuelles, le niveau « micro », qui semblait obéir aux lois de Locke, et celle des résultats collectifs à grande échelle de ces pensées et actions, le niveau « macro », qui contredisait la loi de Locke. Le « fossé » entre « micro » et « macro » est toujours là.[15] La microéconomie, par exemple, s'est développée à partir de la fin du XVIIIe siècle et a considéré que les « agents économiques » se comportaient en fonction de leurs propres préférences individuelles. Une telle conception était pleinement compatible avec les hypothèses de Locke. La plupart des théories de niveau micro, en économie et ailleurs, mettaient dûment l'accent sur la « rigueur » avec laquelle elles appliquaient leurs propres hypothèses . Pendant ce temps, les théories macroéconomiques faisaient plutôt appel au réalisme. Certains domaines de recherche, comme la macro-linguistique, ont élaboré leurs propres lois, en rupture avec les hypothèses de Locke.

Les anomalies observées suggéraient une explication globale. Mais nul ne savait où la trouver. Des réponses partielles émergèrent. Plus les découvertes se multipliaient, plus des hypothèses et des champs de recherche indépendants s'affirmaient. L'approfondissement de cette fragmentation des savoirs compromit toujours davantage la formulation de la théorie unificatrice que tous désiraient. Les tentatives de ré-unification ne firent que créer de nouveaux sous-domaines de recherche. La fragmentation de la science humaine est devenue sa caractéristique la plus marquante. Le paradigme de Locke qui avait d'abord réuni une communauté scientifique, l'aura finalement aussi divisée.

Au contraire de leurs collègues de sciences humaines, tous les physiciens ou tous les biologistes partagent un « paradigme » et un programme de recherche fondamental. Certes, tous les physiciens n'ont pas lu les livres qui incarnent ces paradigmes, les *Principes* de Newton (1687)[16] et la *Relativité* d'Einstein (1920).[17] Certes, tous les biologistes non plus n'ont pas lu leur propre paradigme, les *Origines* de Darwin (1859).[18] Mais dans ces domaines, tous les étudiants apprennent les principes initialement proposés par ces auteurs. Par conséquent, les découvertes faites par un physicien ou un biologiste peuvent être reliées aux recherches menées par un collègue. Des revues, des conférences et des associations offrent des espaces où ces découvertes peuvent être partagées et valorisées. Ce n'est plus le cas aujourd'hui dans les sciences humaines. Elles n'existent qu'au pluriel. Il n'y a plus de principes et de théories qui les réunissent.

Il y a pourtant des appels fréquents en faveur d'une recherche interdisciplinaire. Mais les chercheurs sont de plus en plus « spécialisés », confinés par leur discipline académique dans un domaine de plus en plus étroit. Les chercheurs qui peuvent faire le lien entre différents domaines sont devenus extrêmement rares. Le projet d'une théorie unifiée est en pratique abandonné au sein du monde académique. Rien ne résume mieux l'état d'esprit actuel que les confessions d'un économiste de premier plan qui avouait candidement qu'il aurait préféré être un « psychohistorien »,[19] un scientifique utilisant une théorie générale fonctionnelle pour prédire l'avenir et sauver l'humanité. Mais pour lui, ce n'était qu'un désir enfantin, confiné à jamais dans les séries de science-fiction d'Isaac Asimov.

Un paradigme unificateur semble être un projet relégué, à toutes fins utiles, dans le domaine de la philosophie des sciences : quelque chose qui devrait idéalement exister mais qui ne peut se traduire par des programmes de recherche concrets.[20] Poursuivre une carrière universitaire en sciences humaines semble aujourd'hui impliquer l'acceptation que la théorie unifiée doit rester à jamais un rêve. Dans ce contexte, peu de gens soutiendraient probablement l'opinion selon laquelle les « sciences humaines » sont à l'aube d'une révolution et deviendront à nouveau une science puissante et prédictive.

Pourtant, l'application du modèle de Kuhn aux sciences humaines indique que nous ne devrions pas écarter si rapidement trois cents ans d'exploration, d'observation, de collecte et de classification. Après tout, les révolutions scientifiques précédentes reposaient également sur une longue accumulation de faits qui, au départ, semblaient produire beaucoup plus de problèmes que de solutions. Un millénaire de relevés astronomiques a été nécessaire pour initier la révolution copernicienne et remplacer la vision de l'univers de Ptolémée. Sans les travaux cumulés de Copernic, Kepler et Galilée, les lois de Newton n'auraient été ni imaginables ni testables. Un siècle de collecte et de classification des roches et des sols, des fossiles et des espèces a préparé la synthèse darwinienne. Et la refondation de la physique par Einstein trouve également sa matière dans l'accumulation des observations réalisées au cours des décennies précédentes. Ainsi, la crise des sciences humaines pourrait aboutir à la résolution du problème fondamental auquel elle se heurte, ce problème que nous a légué, bien involontairement, Locke lui-même.

Cette solution implique que des esprits qui s'auto-organisent et qui se structurent en fonction de leurs expériences spécifiques puissent produire des idées universelles, même si c'est apparemment contre-intuitif. Nous pourrions être bien plus avancés sur la voie d'une solution que la plupart des gens ne le pensent. À condition que nous puissions jeter un pont entre les nombreux domaines de recherche qui sont devenus inaccessibles les uns aux autres.

Vers la Solution

L'esprit semble être l'objet le plus complexe de l'univers, un nombre apparemment incalculable d'événements simultanés, d'idées en retraitement permanent. Réduire l'esprit à une structure unique semble au-delà de notre pouvoir. De nombreux scientifiques continuent à diffuser cette vision paralysante. Nous devons la dépasser.

La gravitation elle non plus n'a jamais pu être observée directement. Elle est observée à travers ses effets sur les objets, à travers leurs mouvements relatifs. Elle a été induite à partir d'observations comme la seule explication possible. De même, la sélection naturelle ne peut être observée qu'à travers la comparaison des espèces fossiles et vivantes. S'il existe une structure de l'esprit, elle doit quant à elle laisser une trace distincte sur la façon dont les gens parlent, écrivent, agissent et produisent. Il devrait y avoir une manière universelle d'exprimer ses idées et d'agir en conséquence. Sur la base de ce raisonnement, nos prédécesseurs ont en fait presque résolu le problème. Ils sont passés tout près, pas moins de trois fois.

D'abord, un réseau de chercheurs, parmi lesquels Otto Rank,[21] Roland Barthes[22] et Claude Lévi-Strauss[23] ont observé que toutes les histoires ont quelque chose en commun. Ils ont identifié une structure universelle dans les contes, les légendes et les mythes. Rank a démontré dès 1905 que cela ne pouvait signifier que l'existence d'une structure universelle de l'esprit humain.[24]

Indépendamment, Noam Chomsky a observé que tous les humains partagent une capacité innée à développer de nouveaux langages, de nouvelles façons de communiquer efficacement les uns avec les autres. Il a conclu en 1969 que cela démontrait que l'esprit humain possédait une capacité universelle à générer un langage compréhensible par d'autres, ce qui confirmait l'existence d'une structure universelle de l'esprit humain.[25]

Un troisième réseau de chercheurs, mené par Nicolai Kondratiev[26] et Joshua Goldstein,[27] a analysé les cycles économiques et politiques, et a observé que toutes les activités humaines avaient tendance à se synchroniser. Il existe une dynamique universelle dans les activités humaines. Dès 1926, Kondratiev déduit de cette observation que l'on devrait pouvoir proposer une loi qui expliquerait tous les événements.[28]

Chaque esprit se développe à partir de ses propres expériences, qui sont uniques. Il se développe cependant d'une manière universellement similaire. Il entretient des idées universelles. Avant Rank, Kondratiev et Chomsky, cela semblait impossible. Grâce à eux, nous savons désormais que ce problème possède une solution. Toutefois leurs découvertes ne leur avaient pas permis d'identifier cette solution. Chacune des observations et des explications qu'ils ont produites était jusqu'ici incomplète. En effet, les différents groupes de pionniers n'avaient pas conscience des travaux des autres. Ils ne purent jamais relier leurs découvertes entre elles. La fragmentation des connaissances avait déjà eu lieu et les paralysait sans qu'ils le sachent.

Cette fragmentation était entretenue par des hypothèses qui limitaient les possibilités et qui fixaient des frontières entre les domaines. Par exemple, la découverte d'une structure universelle des fictions a été le résultat d'interactions créatives entre sémiologues, linguistes et psychologues. Mais finalement ces chercheurs ont considéré que seule la fiction pouvait exprimer une structure universelle, et que les récits historiques ne le pouvaient pas. En cela ils ont simplement suivi les théories existant depuis Aristote. Ainsi, ces spécialistes ne se sont jamais connectés avec d'autres domaines, avec des historiens ou des sociologues par exemple, pour vérifier que les récits historiques étaient effectivement privés de cette structure qu'ils avaient observé dans les contes et légendes. Ils se sont juste contenté de le présumer, parce qu'Aristote l'avait écrit. Leur découverte est donc restée incomplète.

De même, la découverte d'une dynamique universelle dans les activités humaines a été le résultat du travail d'un petit réseau d'économistes. Dans ce domaine également, les scientifiques qui ont réalisé des percées avaient tendance à les expliquer exclusivement avec les hypothèses disponibles dans leur domaine. Ils ont considéré la vie économique comme le produit d'esprits rationnels cherchant à maximiser leur bien-être matériel. Ils ne pouvaient pas expliquer l'économie par les conflits internationaux, qui étaient au contraire considérés comme le résultat d'impulsions irrationnelles et destructrices, destinées à s'épuiser d'elles-mêmes. Les polémologues avec lesquels ils ont interagi étaient ceux qui employaient des hypothèses similaires. Ils ont donc eux aussi été limités par des hypothèses insuffisantes, conformes à la vision du monde défendue dans leur champ disciplinaire. Le chemin vers la solution était barré de toutes parts. De tous côtés, en fait, sauf d'un seul.

Mais un dernier phénomène, un phénomène extrêmement simple, devait permettre d'expliquer toutes les observations de nos prédécesseurs, et d'unifier finalement toutes les explications partielles : la bipolarisation des relations humaines. Toutes les alliances et tous les conflits sont bipolaires. Ce phénomène n'a guère attiré d'attention. Il semble aller de soi. Tout le monde imagine qu'un conflit a deux côtés. Personne n'y voit un problème, et encore moins un problème digne d'une attention de haut niveau. Les problèmes doivent paraître déroutants. Ils doivent en quelque sorte aller à l'encontre des attentes. Or, avec la bipolarisation des conflits, les gens se comportent exactement comme on attend d'eux. Elle n'a donc jusqu'ici jamais été un sujet de premier plan dans les sciences humaines.

Pourtant, la bipolarisation est une dynamique universelle dans les activités humaines. Cela implique qu'elle est due à des idées qui agissent constamment sur tous. Elle révèle la structure universelle de l'esprit. L'explication de la bipolarisation permet de relier entre elles toutes les observations et les explications de nos prédécesseurs. Ainsi, on peut déduire de la bipolarisation la solution du problème fondamental de Locke.

Que cette solution existe paraît de prime abord déconcertant, parce que nous avons pris l'habitude de penser différemment. Les expériences de vie semblent d'une inépuisable diversité. Mais si l'esprit y percevait toujours des informations au moins partiellement similaires alors, tout en s'auto-organisant à partir de ses propres expériences, comme Locke l'a décrit, il aboutirait toujours au même ensemble fondamental d'idées, à la même vision fondamentale du monde.

L'observation des activités humaines, et singulièrement de la bipolarisation, a permis d'identifier ces informations toujours présentes lors de tout événement. Ce livre montre comment elles structurent l'esprit dans son ensemble. Il obéit à une logique simple, unique et universelle. C'est pourquoi on peut aussi observer non seulement une structure commune à tous les récits, fictifs ou historiques, mais aussi une dynamique générale des activités humaines, celle qui anime l'économie comme les conflits.

L'esprit humain possède une logique universelle. Cette logique est la loi de l'histoire. Pour la première fois, nous possédons une théorie simple, fonctionnelle, cohérente et unifiée. Notre monde humain peut être expliqué et décrit tel qu'il est. Le rêve de nombreuses générations est devenu réalité. Nos prédécesseurs ont été justifiés.

Jusqu'à présent, pas une seule observation n'a falsifié cette hypothèse. J'ai pris le temps d'observer la réalité. Je n'ai exclu aucune possibilité et j'ai mis à l'épreuve toutes les théories disponibles. J'ai essayé d'être fidèle à cet état d'esprit dans les pages qui suivent. Je vous encourage à faire de même.

Vous remarquerez que j'ai personnellement étudié certains des événements qui sont présentés dans ce livre. Cela a fait une différence considérable. Cela m'a permis d'observer en détail les relations interpersonnelles et de rencontrer directement des témoins clés. La plupart d'entre eux se sont montrés extrêmement coopératifs et disposés à consacrer du temps à l'évocation d'événements décisifs et à expliquer leurs motivations personnelles. C'était un privilège rare et une précieuse opportunité.

J'ai été aidé par de nombreux compagnons de route : en premier lieu, Jean Leca, qui a supervisé mes recherches doctorales, mais aussi des collègues, mes parents et mon épouse, Karine, eux-mêmes grands chercheurs qui m'ont soutenu tout au long du parcours. Une telle entreprise ne peut être solitaire. Même si je signe seul ce livre aujourd'hui, je sais que je poursuis le travail de plusieurs générations.

J'ai commencé cette recherche il y a plus de vingt ans. Le nouveau millénaire qui s'ouvrait alors est depuis entré dans des crises multiples qui toutes semblent s'intensifier, qu'il s'agisse de notre capacité collective à maîtriser le réchauffement climatique, de l'instabilité financière et économique, des tensions sociales, de la course aux armements internationale. Partout dans le monde, des régimes violents refusent la vérité et la liberté à un nombre toujours plus grand de personnes. Et pourtant la population humaine augmente à un rythme sans précédent. Nous devons apprendre à mieux coopérer pour gérer de manière durable des ressources de plus en plus limitées.

Notre époque appelle un regain d'espoir, une reconnexion avec la vision originale de la révolution scientifique, qui a inspiré tant de générations. Elles ont cru que le progrès était possible et que la liberté et la science apporteraient un avenir meilleur et plus heureux. La concrétisation de cette vision dépend désormais d'une nouvelle génération de chercheurs, qui offriront un nouvel âge d'or et d'innovation, non seulement dans la recherche fondamentale, mais aussi dans la recherche appliquée. Vous pourriez bien être l'un d'entre eux.

Ce livre est donc écrit pour être accessible à tous. On imagine souvent la science enveloppée de mystère. La complexité et la technologie la font apparaître comme le domaine obscur d'un nombre limité d'experts. Mais lorsqu'il s'agit de science humaine, les faits se cachent trop souvent en pleine lumière. Pour explorer le monde humain, il suffit d'être branché sur les autres, comme vous l'êtes.

L'Explication de nos Vies et de notre Monde

Nous autres humains vivons dans un monde où tout change en permanence. Seule ne change jamais la force qui met tout en mouvement, nos vies et notre monde. Cette force est unique et universelle. Elle relie tout.

Cette force est l'esprit humain, un univers dont la logique profonde est un algorithme unique qui commande chacune de nos pensées et de nos actions. Son existence défie l'intuition. Pourtant, on peut partout observer ses effets.

La logique universelle de l'esprit humain dirige tous les événements, des pensées les plus intimes et les plus fugaces, à l'essor et au déclin des civilisations millénaires. C'est la Loi de l'Histoire.

Partie I – La Logique de l'Esprit

L'esprit humain suit une logique universelle. Bien que les expériences de vie puissent sembler d'une diversité presque infinie, l'esprit traite toujours les informations qu'il perçoit d'une manière spécifique. Il donne ainsi à son information une structure qui est universelle.

La logique de l'esprit est binaire ; il doit interpréter les événements en termes de bien et de mal. Il doit également détecter des volontés derrière tous les événements. La combinaison de ces deux tendances crée un scénario héroïque. Chacun pense et agit comme s'il était le Héros de l'Histoire, destiné à révéler, combattre et détruire la source de tous les maux, l'Ennemi.

C'est la logique fondamentale, celle qui organise toutes les idées. Pourtant, nul ne peut en être conscient. Chacun a l'impression que le monde est ainsi fait ; on ne peut pas reconnaître que c'est l'esprit qui est à l'œuvre. Bien que toutes nos pensées et nos actions l'indiquent, nous ne savons pas que nous désirons avant tout être le Héros de l'Histoire.

Cette logique universelle peut être observée car elle façonne toutes les associations d'idées (I), tous les récits (II) et induit une dynamique universelle dans les interactions et les activités humaines (III à V).

Partie II – Etre le Héros de l'Histoire

Chacun développe une vision propre du monde, mais celle-ci est toujours basée sur la même logique universelle. De l'enfance à l'âge adulte, chacun poursuit le même objectif fondamental : sauver ses proches du mal. Seule la complexité du scénario qu'on imagine change au cours de leur vie.

Chaque récit, qu'il soit fictif ou historique, repose en effet sur les mêmes notions primaires : un monde unique, une histoire unique, et le Héros, combattant un Ennemi unique, intime et dissimulé.

Les récits de fiction et les récits historiques ne diffèrent que sur un point. Les récits historiques ne contiennent jamais un héros qui vainque définitivement le mal. L'Histoire n'est jamais finie. Aucun auteur parmi ceux dont les récits ont été diffusés ne s'est jamais présenté comme le héros final. S'il l'avait tenté, son récit n'aurait jamais été accepté. Personne ne transmettra jamais des récits qui font de quelqu'un d'autre le Héros de l'Histoire. Ce rôle, chacun, sans même s'en rendre compte, se le réserve, mais en secret, et même inconsciemment.

Part III – Faire l'Histoire

Chacun a besoin de compagnons, d'amis, de personnes avec lesquelles il peut tout partager. Ce n'est qu'avec eux qu'il peut se sentir en confiance, distinguer le bien du mal et être certain de ne pas être manipulé par l'Ennemi, qui se cache et manipule ses victimes.

Lorsqu'il trouve des compagnons, chacun se fait aussi, inévitablement, des adversaires. Les humains sont des animaux sociaux et politiques. Ils doivent construire des alliances, qui sont toujours bipolaires. Une coalition se construit en réaction à l'autre. Plus ils interagissent, plus ils réagissent et s'adaptent aux mouvements de l'autre, et plus convergent sans le savoir vers une nouvelle vision commune de l'Histoire, où ils ne sont en désaccord que sur le camp qui incarne le bien.

Plus cette convergence bipolaire s'accélère, plus chacun est capable de reconnaître le bien et le mal, et plus les deux camps attirent facilement des partisans. L'hostilité réciproque se nourrit encore de la croyance que les gens devraient être raisonnables. Ainsi, les alliances et les conflits se développent jusqu'à ce qu'ils aboutissent à la victoire d'un camp et à la défaite de l'autre. Mais la paix qui s'en suit ne dure jamais. Un nouveau cycle de conflit bipolaire commence dès que le précédent se termine.

Part IV – Une Mobilisation générale

Chacun croit secrètement qu'il est extraordinaire, détaché des limites ordinaires. On se sent différent des gens ordinaires, qui rêveraient de destins ordinaires, seraient matérialistes, égoïstes et cupides. Chacun croit qu'il est le seul, avec ses compagnons, à être différent, car il se sent conscient du danger.

Mais il faut détacher les gens ordinaires de l'Ennemi, qui les manipule grâce à leur cupidité. Pour les attirer on estime devoir fournir plus de biens et de services que l'autre camp. Toute politique passe nécessairement par la production et la redistribution de biens. Chacun rêve secrètement d'être détaché des questions matérielles mais se sent obligé de produire, d'accumuler et de redistribuer malgré cela.

Lorsque le conflit s'intensifie, chaque camp cherche à s'assurer davantage de partisans en surpassant l'autre camp en matière de production et de redistribution. Les activités économiques augmentent et diminuent avec le conflit. Toutes les activités ont tendance à se synchroniser avec la confrontation bipolaire.

Part V – Une Concurrence générale

Chacun cherche à se distinguer et à être reconnu par ses compagnons comme le héros. Ainsi, les compagnons sont des alliés mais aussi des rivaux dans une compétition générale pour la distinction. Aucune relation n'est dépourvue d'ambiguïté.

Les alliés doivent échanger des faveurs, des services, des cadeaux, des biens et des positions, et, dans le même temps, se faire concurrence pour courtiser de nouveaux alliés. Le commerce et les investissements suivent donc les schémas changeants des alliances et des rivalités. Les prix et les volumes produits évoluent avec eux.

Des alliés sont toujours amenés à se retourner les uns contre les autres, malgré leur désir du contraire. L'ensemble du monde des affaires, avec ses croyances et ses habitudes spécifiques, suit des cycles qui contribuent à la bipolarisation générale. Les tensions entre compagnons finissent par déclencher un nouveau conflit.

*

La logique universelle de l'esprit humain façonne toutes nos pensées, nos récits et nos actions. Elle détermine les relations, entre personnes et entres groupes, et explique dans chaque société humaine la politique et les conflits, comme la production et le commerce.

Ainsi, pour vraiment comprendre, il faut d'abord découvrir ce qui fait que l'esprit humain acquiert cette logique universelle et résoudre, une fois pour toutes, le problème fondamental auquel les scientifiques ont été confrontés pendant des siècles.

* * *

Le livre est conçu pour faire autant appel à l'imagination qu'à la logique. Le raisonnement déductif est donc présenté de façon concise. Le livre est principalement consacré à des exemples. Il propose un voyage à la découverte de notre monde humain, un monde familier et pourtant jamais entièrement observé et compris auparavant, un monde régi par une force cachée et pourtant présente dans toutes nos pensées et nos actions. Ces nombreux cas concrets illustrent la robustesse de la théorie.

Le livre rend également simples les théories précédentes et alternatives. Car une idée est toujours plus facile à comprendre et à mémoriser si elle peut être opposée à d'autres.

Le livre se compose donc de trois types de textes reconnaissables à leurs styles distincts.

L'explication elle-même

De courtes études de cas

Les théories précédentes et les problèmes qu'elles rencontraient

I

La Logique de l'Esprit

L'esprit humain obéit à une logique unique et universelle. Elle résulte de l'information qu'il perçoit et qui le structure selon un schéma intangible. En effet, l'esprit traite toujours de la même manière les événements et perçoit ainsi une information pour l'essentiel immuable, bien que les expériences de la vie puissent être presque infiniment diverses.

La logique de l'esprit est binaire ; il doit interpréter les événements en termes de bien et de mal. Il doit également détecter des volontés derrière tous les événements. Il les interprète donc à la lumière d'un scénario héroïque. Chacun pense et agit comme s'il était le Héros de l'Histoire, destiné à révéler, combattre et détruire la source de tous les maux, l'Ennemi.

C'est la logique fondamentale, celle qui organise toutes les idées. Pourtant, nul ne peut en être conscient. On a l'impression que le monde est ainsi fait ; on ne peut pas reconnaître que c'est son esprit qui est à l'œuvre. Nul ne peut pas reconnaître qu'il désire avant tout être le Héros de l'Histoire, même si toutes ses pensées et ses actions vont en ce sens.

1. Un Univers autonome

L'esprit est un univers qui se détermine spontanément. Il élabore en permanence de nouvelles idées en recombinant les idées précédentes. Locke a proposé cette première propriété en 1690. Les biologistes ont depuis observé comment elle résulte des opérations du cerveau. Toutes les parties du cerveau peuvent recombiner des idées. En effet, un cerveau est composé de cellules appelées « neurones ». Chaque neurone est relié par des connexions synaptiques à d'autres neurones. Lorsqu'un neurone génère un signal qu'il envoie par les synapses, il stimule d'autres neurones qui réagissent à leur tour. L'information voyage de neurone en neurone. L'activité de tout neurone dépend de celle d'autres neurones.

Un cerveau adulte est composé d'environ cent milliards de cellules en interaction. Et il peut y avoir jusqu'à 10 000 connexions synaptiques par neurone[1]. Ces connexions élaborent de nouvelles combinaisons à chaque instant, tout au long d'une vie. Le nombre de combinaisons possibles est au-delà de l'imagination. Il dépasse également nos capacités actuelles de modélisation. De nombreux scientifiques ont considéré qu'expliquer entièrement l'esprit humain serait à jamais impossible. Le cerveau est souvent décrit comme l'objet le plus complexe que l'on connaisse.

Mais c'est aussi un objet très simple. Il s'agit d'un réseau unique. Tous les neurones sont connectés. L'esprit est, par conséquent, un processus unique. Toutes les idées sont des associations d'autres idées. Elles sont toutes liées les unes aux autres. Tous les événements psychologiques sont produits par le même processus d'interférence et de recombinaison, qu'ils soient nommés « idées », « notions », « croyances », « sentiments », « peurs », « désirs » ou « souvenirs ». Dans l'esprit, tous les événements sont liés. Tous doivent obéir à une logique commune.

Cette logique s'applique également à toutes les associations d'idées, y compris celles qui sont influencées par des événements extérieurs qui stimulent les sens et génèrent des messages sensoriels qui parviennent à l'esprit. Ces perceptions génèrent à leur tour des associations d'idées.

Des expérimentations confirment ce point de départ : toutes les idées peuvent interférer avec d'autres idées, qu'il s'agisse de perceptions ou d'idées abstraites. Les perceptions peuvent interférer avec d'autres perceptions, qu'il s'agisse du même sens ou de sens différents. Elles peuvent également interférer avec des idées abstraites. Et les idées abstraites peuvent interférer les unes avec les autres.

Des expérimentations ingénieuses révèlent des associations entre des perceptions d'un même sens, par exemple la vue. Une expérience a ainsi été menée au cours de laquelle on a montré très brièvement à des personnes des cartes à jouer. Elles devaient immédiatement nommer les couleurs : rouge ou noir. Après un certain temps, un trois de trèfle rouge a été montré. Dans les cartes à jouer, le trois de trèfle est normalement noir. Le trois de trèfle rouge a été déclaré gris. C'était le résultat de l'association de la perception d'un trois de trèfle rouge avec le souvenir d'un trois de trèfle noir. Ce résultat surprenant a révélé un processus qui restait implicite dans toutes les autres réponses : l'association des perceptions avec le souvenir de perceptions antérieures.[2]

Des chercheurs peuvent également favoriser des associations entre des perceptions liées à sens différents. Gick et Derrick ont montré que les stimuli tactiles pouvaient interférer avec les stimuli auditifs et modifier la façon dont ils sont compris. Ils ont appliqué sans avertissement des bouffées d'air légères et inaudibles sur la main droite ou sur le cou. Les syllabes des mots qui étaient jouées lorsque les bouffées d'air étaient appliquées étaient plus susceptibles d'être entendues comme aspirées. Par exemple, un « p » pouvait être mal entendu et déclaré être un « b ».[3]

Il est également possible de favoriser les associations entre les perceptions et les idées abstraites. Par exemple, Williams et Bargh ont montré que des stimuli tactiles pouvaient interférer avec des jugements sur la personnalité. Avant que l'expérience ne commence explicitement, l'expérimentateur, qui semblait se débattre avec ses dossiers, demandait à la personne étudiée de tenir brièvement une tasse de café, qui pouvait être chaud ou glacé. La personne lisait ensuite la description d'une autre personne, et si elle avait tenu une tasse chaude, elle avait tendance à considérer que la personne avait une personnalité plus chaleureuse que si la tasse était froide.[4]

Enfin, des chercheurs peuvent favoriser des associations entre des idées abstraites. Ainsi, des personnes ont été divisées en deux groupes. Au cours d'une première étape, on a demandé aux personnes du premier groupe de lire un article décrivant des bactéries en suspension dans l'air comme un danger pour la santé. Les personnes du second groupe n'ont pas vu l'article. Au cours d'une deuxième étape, on a demandé à tous de lire un article sur l'histoire des États-Unis. Cet article induisait l'idée que la nation était une sorte d'organisme vivant grâce à des affirmations telles que « après la Guerre de Sécession, les États-Unis ont connu une poussée de croissance. » Dans leur appréciations finales, les personnes qui avaient, lors de la première étape, lu des textes sur les bactéries dangereuses étaient plus enclines que les autres à considérer l'immigration de manière négative, comme si elles avaient associé l'immigration aux dangereuses bactéries invasives.[5]

Toutes ces expérimentations confirment ce premier principe : des idées de tous types peuvent être associées, des perceptions aussi bien que des idées abstraites. L'association d'idées est une propriété générale de l'esprit.

2. Une Logique spontanée

L'esprit adopte spontanément une logique universelle.

L'esprit est façonné par les événements extérieurs auxquels il est exposé. Sur la base de sa propre expérience, il anticipe les événements à venir. Il associe ses souvenirs aux événements qu'il vit. Il imagine un parcours pour les événements à venir qui s'inspire de ceux qu'il a vécus auparavant. Lorsqu'il anticipe correctement, ses perceptions n'entrent pas en conflit avec la chaîne d'idées existante. Les événements la renforcent. Mais lorsque l'esprit n'anticipe pas correctement, les perceptions ne correspondent pas aux anticipations. Elles constituent de nouvelles informations. Elles interfèrent avec la chaîne des idées, la perturbent et se recombinent avec elle pour la modifier.

L'expérience tend donc à faciliter l'anticipation correcte des événements. Le formatage par de nouvelles expériences est d'autant plus intense que l'esprit est jeune. A l'extrême, lorsque l'esprit était totalement dépourvu d'expérience, tout événement pouvait l'informer. L'esprit dans sa totalité est donc façonné par les perceptions. Il est le produit de l'expérience d'une vie. Ce processus ne s'arrête jamais. Les événements sont trop irréguliers. L'esprit ne peut jamais les anticiper tous correctement.

Des observations confirment que les expériences passées peuvent structurer les associations d'idées sur le long terme. Par exemple, lorsque des messages sensoriels évoquent spécifiquement des expériences antérieures, l'esprit peut anticiper, par association, un résultat similaire à ceux vécus dans le passé. Pavlov est célèbre pour avoir observé de façon célèbre qu'un chien salivait simplement en entendant une cloche qui sonnait habituellement juste avant les repas. Les deux événements avaient fini par être associés dans l'esprit du chien ; le son de la cloche était finalement suffisant pour déclencher la réaction initialement générée par la seule vue du repas.[1]

D'autres observations confirment également un autre point de notre explication : ce sont les événements imprévus, et non les événements anticipés, qui génèrent de nouvelles informations et réorganisent l'esprit. Ceci est observable par un pic d'activité cérébrale et une réponse plus longue. Par exemple, on a observé des bébés qui écoutaient une série de sons. Lorsqu'ils entendaient une série de sons standards (comme « ba, ba, ba, ba, ba »), l'imagerie cérébrale indiquait que l'activité neuronale était la plus intense lorsque le premier son de la série était perçu, puis diminuait avec chaque son suivant. Lorsque les mêmes enfants ont entendu une même série de sons mais comportant en plus un son déviant (comme « ba, ba, ba, ba, go »), l'activité neuronale était la plus intense à la fois lors de la perception du premier son et lors de la perception du son déviant.[2] Les bébés ont également tendance à regarder plus longtemps les événements inattendus, signe que ces événements interfèrent avec le cours normal des pensées et génèrent une réponse spécifique, et nouvelle.[3]

L'esprit est façonné par les événements qu'il vit. Comme chaque expérience de vie est unique, il est tentant de croire que chaque esprit est essentiellement différent de tous les autres.

Or, tous les esprits traitent les messages qu'ils reçoivent de manière similaire. Par conséquent, ils interprètent les événements d'une manière universelle. Ils acquièrent une logique unique à partir de leurs expériences, pourtant extrêmement variées.

Au cœur du processus se trouvent les disruptions provoquées par des événements imprévus, qui modifient fréquemment la chaîne des idées. Elles le font toujours de manière similaire. En effet, l'esprit intègre toujours les nouvelles informations et y réagit ; ainsi, après un certain temps, les événements sont à nouveau correctement anticipés et il semble toujours que la perturbation a pris fin. La disruption est vécue et mémorisée comme un événement temporaire alors que ses effets sont permanents.

Par exemple, quelqu'un est assis et lit un livre. La sonnerie soudaine du gong de la porte fait sursauter cette personne. Il s'agit d'un mouvement involontaire et d'un écart par rapport aux plans initiaux. Mais ensuite, cette personne se dirige vers la porte et l'ouvre. Il s'agit là à la fois d'une réaction à la sonnerie imprévue et d'un changement de cap permanent par rapport à la lecture. Mais ce sont à nouveau, contrairement au sursaut initial, des actions planifiées avec succès. La disruption semble avoir pris fin, alors qu'elle continue à agir sur le cours des actions, puisqu'elle l'a modifié.

Par conséquent, une disruption sensorielle, c'est-à-dire un événement informatif, laisse toujours un souvenir composé de trois périodes : dans la première, les perceptions correspondent aux anticipations ; dans la deuxième, les perceptions ne correspondent pas aux anticipations ; dans la troisième, les perceptions correspondent à nouveau aux anticipations (Figure 1).

Tous les événements informatifs possèdent cette même structure, la plus simple possible. Aucun ne peut la perturber. Ils ne peuvent que la renforcer. C'est donc la structure fondamentale de l'esprit, la structure universelle qui génère la logique universelle de l'esprit humain.

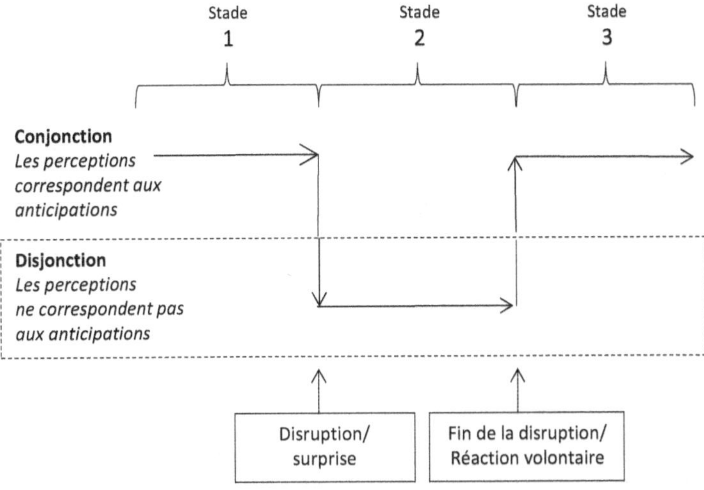

Figure 1. La structure fondamentale des pensées humaines, produit de l'information de l'esprit.

3. Une Pulsion irrésistible

L'esprit est structuré par les informations qu'il perçoit. L'information la plus fréquente est aussi la plus simple. L'esprit ne peut pas la désapprendre, ni la réduire à une idée plus simple. Elle est la structure fondamentale de l'esprit.

L'esprit reproduit cette idée et construit des idées plus complexes à partir d'elle. La plus fréquente, elle est le vecteur le plus puissant d'associations, comme si elle exerçait une attraction supérieure sur l'esprit.

Elle est la structure fondamentale. Elle porte une vision universelle du monde, un scénario qui détermine toute pensée et toute action.

Notre hypothèse est confirmée par l'observation de l'attrait supérieur des idées qui s'inspirent directement de la structure fondamentale. Puisqu'elles sont supérieurement attractives, les idées contradictoires ne peuvent pas les rendre répugnantes.

Par exemple, la disruption est une des idées qui font partie intégrante de la structure fondamentale. On peut observer que l'idée d'une disruption est supérieurement attractive. L'esprit anticipe toujours une prochaine disruption.

A mesure que sa compréhension du monde change, la disruption imaginée change d'échelle. Les tout-petits adorent détruire leurs créations et constructions, châteaux de sable et autres ; les adolescents se précipitent sur les films catastrophes violents ; les adultes sont fascinés par les catastrophes naturelles. Les reportages sur les tsunamis, les éruptions volcaniques et les tremblements de terre attirent régulièrement un large public, malgré la compassion que l'on peut éprouver pour les victimes et malgré la destruction massive de biens matériels qu'ils entraînent.

Si l'esprit humain trouvait son plaisir principalement dans l'accumulation de capital (hypothèse de l' « homo economicus »), la destruction pure et simple des biens associée aux catastrophes naturelles devrait rendre ces événements odieux et insupportables. De telles pensées seraient repoussantes. De même, si l'esprit humain s'appuyait principalement sur l'empathie, il trouverait les catastrophes naturelles odieuses. Mais ces hypothèses alternatives sont falsifiées. La rationalité matérielle et l'empathie ne sont d'évidence pas plus attirantes que la pensée d'une disruption massive de l'ordre naturel.

L'esprit imagine toujours qu'une disruption est temporaire et anormale ; la continuité et la stabilité semblent normales. En conséquence, notre esprit s'attend à ce que les choses et les personnes habituelles poursuivent leur existence, même si nos sens nous disent qu'elles disparaissent dès qu'elles sont hors de portée. On n'est pas surpris de retrouver un arbre ou un vase là où on l'a observé pour la dernière fois. Le contraire serait surprenant.

Toute association d'idée doit suivre la structure fondamentale. Elle suggère à la fois un ordre stable, une norme et, en même temps, une anomalie, une disruption de cet ordre. Toute association d'idées est ainsi une association binaire.

Des observations ont confirmé que les associations d'idées suivent une structure binaire. Par exemple, lorsqu'on demande à quelqu'un si des personnes aimées par des bonnes personnes sont bonnes ou mauvaises, la personne interrogée répond que ce sont aussi de bonnes personnes. Et lorsqu'on lui demande si des personnes détestées par de mauvaises personnes sont bonnes ou mauvaises, les personnes interrogées répondent également que ce sont de bonnes personnes. Ce résultat semble frappé au coin du bon sens. Il illustre, semble-t-il, un concept très simple, à savoir que l'ami de votre ami est votre ami et que l'ennemi de votre ennemi est également votre ami.[1] Or, si la structure de l'esprit n'était pas binaire mais unitaire, tout signal renforcerait simplement tout autre signal et une personne mal aimée par une mauvaise personne serait d'autant plus mal aimée.[2]

L'esprit anticipe toujours des disruptions. Il les imagine toujours temporaires. Elles doivent se terminer. Ainsi, l'esprit anticipe toujours la fin d'une disruption. Et à la fin, cette anticipation semble toujours se réaliser.

La disruption n'a pas été en mesure d'affecter la justesse de cette anticipation. L'esprit imagine donc, à partir de cette expérience, que quelque chose n'a pas dû être disrupté, mais a dû rester intact. L'esprit en vient, par association, à imaginer l'existence d'un ordre continu qu'aucune perturbation ne peut affecter, un « soi », une identité indépendante de tous les autres événements, capable notamment de mémoriser et d'anticiper les événements.

Ce « soi » est aussi une « volonté ». Il anticipe la fin de la perturbation et cette fin est toujours réalisée, comme si le « soi » était capable de plier les événements à sa volonté. L'esprit en vient à imaginer qu'il existe une « volonté » agissant sur les événements pour mettre fin aux perturbations et rétablir l'ordre dans le monde.

Des expérimentations confirment que les idées d'un soi et d'une volonté, comme les autres idées structurelles, résultent d'expériences passées. Elles sont fondamentalement apprises, et peuvent donc aussi être désapprises, puis réapprises.

En ce qui concerne l'idée de la volonté, on a observé ce qui suit. L'expérimentation menée par Martin Seligman et Steve Maier consistait à soumettre des chiens à des chocs électriques douloureux. Certains chiens étaient harnachés et ne pouvaient éviter les chocs tandis que d'autres pouvaient se déplacer librement. Les chiens harnachés ont d'abord essayé de s'échapper mais n'ont pas pu éviter les chocs. Après un certain temps, ils ne cherchaient plus à les éviter. Cet état de passivité s'est poursuivi même lorsque les chiens ont été détachés et auraient pu à nouveau s'éloigner des chocs. Au lieu de cela, ils sont restés sans plus chercher à éviter les chocs et ont simplement gémi.

Ce résultat ne peut s'expliquer que par le fait que les chiens avaient appris que leur volonté n'était plus efficace. Ils savaient qu'ils n'étaient pas attachés, et ils savaient qu'ailleurs ils ne ressentiraient pas la douleur, comme les chiens non attachés qu'ils pouvaient observer en train d'éviter les chocs. Cependant, ils n'ont plus bougé car, alors qu'ils étaient empêchés de bouger, ils avaient appris que vouloir éviter la douleur ne fonctionnait pas. Cette conclusion est également étayée par le fait qu'il s'agissait d'une leçon réversible : les chiens ont retrouvé la capacité de bouger pour éviter la douleur après avoir été éloignés des chocs par les expérimentateurs.[3]

Voici une autre expérience qui confirme que la notion de volonté est une idée fruit de l'expérience, comme n'importe quelle autre. Benjamin Libet a pu enregistrer les impulsions électriques du cerveau. Il a observé que les processus mentaux qui commandent une action commencent avant qu'une personne soit capable de reconnaître qu'elle est prête à faire cette action.[4] La volonté n'est donc pas ce que l'on imagine habituellement : un processus mental indépendant des autres processus mentaux, qu'elle précéderait et contrôlerait consciemment. Elle est une représentation produite par l'expérience, comme les autres idées structurelles, et comme toutes les autres idées.

L'esprit anticipe toujours qu'il va faire l'expérience imminente d'une nouvelle disruption. La plupart ne se produisent jamais, sauf dans l'imagination. Cependant, l'esprit les vit comme si elles étaient réelles. Il se voit imaginer ces disruptions, c'est-à-dire les provoquer, les vouloir et les craindre en même temps.

Pour l'esprit, une disruption est donc liée à une volonté, à un être qui la provoque. L'esprit ne peut que soupçonner qu'il y a aussi des volontés derrière les disruptions auxquelles il réagit. L'esprit anticipe ainsi constamment la présence d'autres êtres, et anticipe constamment être surpris par leurs volontés disruptives.

Cette tendance à anticiper la présence d'êtres animés par la volonté de perturber l'ordre des choses a de nombreuses conséquences spécifiques et observables.

Tout d'abord, l'esprit imagine de tels êtres lorsqu'il fait l'expérience d'une disruption, même lorsque celle-ci ne peut être clairement attribuée à une source, et encore moins à un être incarné. Par exemple, lorsqu'une stimulation électrique du cortex provoque un mouvement musculaire, la personne l'interprète comme quelque chose qui lui est « fait », comme par une force extérieure, et non quelque chose qui lui est simplement « arrivé ».[5]

Deuxièmement, on peut observer que lorsqu'il subit une disruption, l'esprit imagine spontanément une volonté, et l'attribue à la première source qu'il peut identifier. Par conséquent, il peut l'attribuer aussi bien à des personnes qu'à des objets.[6] Les adultes le font aussi spontanément que les bébés et les enfants.[7] On peut par exemple observer ce phénomène dans la vie quotidienne lorsque des personnes se heurtent involontairement à une porte ou un mur, frappent à nouveau l'objet, cette fois volontairement, avec le désir évident et parfois même explicite de « punir » le coupable.

Ces actions peuvent être observées parce qu'elles obéissent à la plus rapide et à la plus puissante des dynamiques d'associations d'idées. Sinon, elles seraient réprimées, empêchées de se développer. Nul n'aurait le temps d'analyser ses impulsions et d'admettre qu'il frappe des choses inanimées qui ne peuvent posséder la volonté qu'il leur prête. Mais comme ces impulsions obéissent aux associations d'idées les plus puissantes, elles ne peuvent être réprimées par des associations d'idées plus puissantes, et peuvent être observées.

Le caractère fondamental de la tendance à imaginer des volontés et des êtres lorsqu'on est confronté à une disruption est également confirmé par la tendance à les imaginer lorsqu'on est confronté à des nouveautés. Par exemple, les humains reconnaissent des visages dans différents types d'objets lorsqu'ils les observent. Le « visage dans la lune » est probablement l'un des exemples les plus connus : le patchwork de taches sombres et claires de la lune est souvent assimilé à un visage humain avec des yeux, un nez et une bouche.

De même, des expériences ont montré que les humains reconnaissent des visages dans des objets tels que des bouchons et des outils aussi spontanément et rapidement qu'ils reconnaissent des visages réels.[8] La capacité à distinguer les objets inanimés des visages réels est secondaire en termes de rapidité et de logique.

Chacun anticipe constamment que les événements sont dus à d'autres volontés, semblables à la sienne, des volontés enclines à la disruption. De plus, il imagine ces volontés comme des êtres incarnés, comme si elles opéraient à travers un corps, tout comme sa propre volonté le fait. Cette capacité spontanée perdure tout au long de la vie. Elle n'est jamais complètement réprimée car elle répond à la tendance la plus puissante de l'esprit. Elle est due à la structure fondamentale de l'esprit.

L'esprit imagine toujours qu'une disruption est anormale. Il tend à la concevoir comme exceptionnelle et unique. Ainsi, malgré leur multiplication, toutes les disruptions renforcent l'idée d'une disruption unique de l'ordre du monde.

Par association, l'esprit est irrésistiblement attiré par l'idée d'une seule volonté incarnée, cachée, derrière toutes les disruptions, tous les maux : l'Ennemi.

L'esprit s'appuie toujours sur le même scénario de base : un seul monde, un seul ordre mondial, disrupté par l'Ennemi, et l'on se voit soi-même, le plus grand disrupteur de disruptions que l'on connaisse, comme la fin naturelle de l'Ennemi, le restaurateur de la paix, le Héros de l'Histoire (Figure 2).

1. La structure universelle de la mémoire d'un événement non-anticipé/informatif

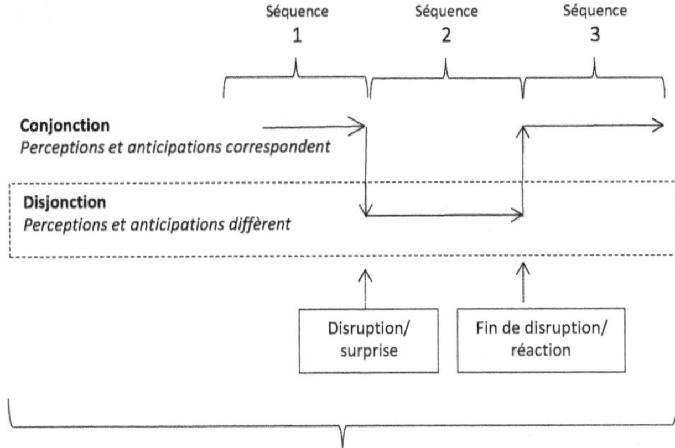

2. Le scénario héroïque universel (et la structure universelle des récits)

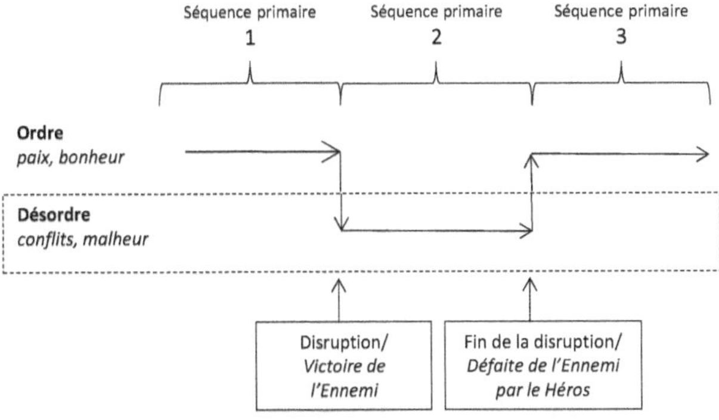

Figure 2. La reproduction de la structure fondamentale. La structure des souvenirs d'événements imprévus et donc informatifs (1) est préservée et reproduite dans le scénario héroïque universel (2).

Être le Héros de l'Histoire est l'idée la plus séduisante, celle qui exerce la plus grande attraction sur l'esprit. C'est le désir suprême, celui qui détermine et organise toutes les autres idées et actions.

Les propriétés les plus simples de l'esprit expliquent sa structure universelle. Malgré la diversité considérable des expériences individuelles, l'esprit recombine toujours les informations qu'il perçoit en un scénario héroïque. Tous les événements renforcent cette vision du monde.

L'attrait d'une idée est proportionnel à son adéquation avec les idées qui composent le scénario héroïque. Cela peut être illustré par l'expérience suivante : lorsqu'on leur a demandé d'évaluer le caractère désirable d'une vie, les personnes interrogées n'ont pas eu tendance à l'évaluer en fonction du nombre cumulé d'années heureuses qu'une personne avait vécues. Elles avaient tendance à la juger principalement en fonction de la fin de sa vie. Elles la jugeaient beaucoup plus favorablement si quelques années heureuses venaient s'ajouter à la fin d'une vie plutôt misérable que si quelques années moins heureuses étaient ajoutées à la fin d'une vie plutôt heureuse. Par conséquent, ils n'ont pas évalué une vie deux fois plus négativement si la personne avait vécu deux fois plus d'années malheureuses, ni deux fois mieux si elle avait vécu deux fois plus d'années heureuses. Une fin heureuse, par rapport au reste de sa vie, était le critère le plus important pour juger sa vie. La durée de sa vie, et les années de bonheur accumulées, semblaient avoir peu d'influence sur leur jugement. [9]

Ces résultats sont en totale contradiction avec la théorie classique en économie qui prédit que chacun devrait préférer une vie où l'on jouisse d'un maximum d'années de bonheur. Mais ils sont tout à fait cohérents avec l'hypothèse selon laquelle la quête de l'héroïsme est le désir suprême. Nous pensons à la vie comme à une histoire et souhaitons qu'elle ait avant tout une fin heureuse.

La quête d'héroïsme est le mouvement de l'esprit qu'aucun autre ne peut inhiber, limiter ou perturber mais qui les façonne tous. C'est la logique universelle de l'esprit. Et, par voie de conséquence, c'est la Loi de l'Histoire : tous les événements répondent finalement à ce désir suprême.

Toutes les observations confirment cette loi. Aucune ne la falsifie. La structure universelle de l'esprit peut être testée et confirmée par des observations relatives à ses nombreuses conséquences nécessaires, notamment la structure universelle de la narration (II) et la dynamique universelle des activités humaines (III - V).

*

Cela résout le problème fondamental de la science humaine, un problème qui remonte à la première identification des propriétés générales de l'esprit par John Locke dans son *Essai sur l'Entendement humain*.[10] Locke a en effet été le premier à proposer une théorie générale de l'esprit humain basée sur un esprit fonctionnant par associations d'idées et s'organisant spontanément à partir d'expériences passées. Locke considérait que si chaque esprit fonctionnait à partir de sa propre expérience, qui est chaque fois originale, il ne pouvait pas entretenir des idées « innées » à tous les humains, en d'autres termes des idées universelles.[11] Exprimée en ces termes, l'hypothèse de Locke semble aller de soi.

Pourtant, d'un autre point de vue, l'explication de Locke est clairement insuffisante : si l'esprit est mû par une dynamique générale propre, il ne peut pas être éduqué ou construit dans n'importe quelle direction comme s'il s'agissait d'une « table rase » ou d'un « espace vide. »[12] Pourtant, Locke n'était pas conscient de ce problème.

Il a par exemple correctement soutenu que l'association de l'obscurité et de la nuit avec les lutins et les farfadets a dû être suggérée aux jeunes enfants par les nourrices, les parents, les frères et sœurs ou les amis, mais il n'a jamais envisagé d'expliquer pourquoi ces idées étaient attrayantes en premier lieu.

En raison de la dynamique de l'esprit, certaines idées sont clairement destinées à être entretenues, tandis que d'autres ne le sont pas. Le fait d'avoir appris que les elfes fictifs aiment les arbres ne m'incite pas à m'attendre à les rencontrer lorsque je me promène dans des bois réels. Cependant, je suis satisfait lorsque, dans une fiction, je trouve des elfes possédant de telles qualités. De ce point de vue, l'explication de Locke est évidemment incomplète : toutes les associations, toutes les idées ne sont pas aussi attrayantes.

Nous devons comprendre que Locke devait avoir le sentiment que sa théorie constituait une amélioration considérable par rapport aux théories alternatives de l'époque. Elle s'inscrivait effectivement dans le contexte de son époque, où tous les exemples disponibles d'idées prétendument « universelles » et « innées » étaient expliqués comme étant inspirés par une intervention divine. Ils n'avaient aucun rapport avec une explication structurelle de l'esprit.

Le plus célèbre des ouvrages, qui ont soutenu les hypothèses de Locke au cours des décennies suivantes, est le *Traité de la Nature humaine* de David Hume. Hume a clairement observé des cas d'idées qui, si l'on suit son propre récit, ont toutes les apparences de l'universalité. Elles sont si caractéristiques du fonctionnement fondamental de l'esprit que Hume les utilise comme études de cas. Par exemple, il note que les gens s'imaginent que les objets ont une existence continue, bien que nos sens nous disent qu'ils disparaissent lorsqu'ils ne sont pas perçus.[13] Il a également observé que tous les individus imaginent un « moi », une identité personnelle.[14] Enfin, il a remarqué que tous croient que l'univers entier est une seule entité.[15] Ces idées sont en effet universelles, et dues à la structure de l'esprit.

Pourtant, comme Locke, Hume rejeta par principe l'existence d'idées innées.[16] Le problème qui allait devenir si central pour la science humaine au cours des siècles suivants a dû sembler secondaire à l'époque, le genre de difficulté qui serait tôt ou tard conciliée avec les principes de Locke. Pourtant résoudre ce problème allait demander d'arbitrer parmi ces principes, et nécessiter trois siècles de recherches.

4. Un Désir inavouable

La quête d'héroïsme est la logique universelle de l'esprit humain. Mais elle est extrêmement bien dissimulée à ceux qu'elle gouverne. Être le Héros de l'Histoire est peut-être le désir suprême. Mais personne ne l'admet jamais. En fait, personne n'en est même conscient. Cela semble paradoxal. Pourtant, c'est simplement logique.

La première personne à qui j'ai présenté cette théorie générale m'a simplement répondu : « Mais moi, je n'ai pas envie d'être le Héros de l'Histoire. »

Nous avons tous le sentiment d'être conscients de ce que nous pensons. Nous sentons que nous contrôlons nos propres actions. Il semble que, à l'exception de quelques moments de surprise et de rares accès de maladie et de délire, nous soyons informés de ce qui se passe. Notre esprit nous laisse peu de place pour envisager que tout cela ne puisse être qu'une illusion. Au contraire : il nous fait croire que nous sommes en contact avec la réalité. Même lorsque nous rêvons, nous avons l'impression que c'est réel ; plus le rêve est intense, plus nous sommes décontenancés lorsque nous nous réveillons. Mais alors, nous pouvons facilement le considérer comme un rêve, ou un cauchemar, une sorte d'anomalie. Nous ne pouvons pas imaginer que nous ne sommes pas conscients de la réalité, en particulier que la logique la plus profonde de notre esprit nous échappe.

Nous ne pouvons pas non plus savoir, à partir de nos expériences personnelles, que nous désirons avant tout être le Héros de l'Histoire. Nous ne pouvons pas comprendre que c'est un désir, et encore moins le désir suprême. Nous reconnaissons les désirs parce qu'ils varient en intensité. On peut y résister et parfois y renoncer complètement. On peut donc les attribuer à son propre esprit. Cependant, la quête d'héroïsme ne peut être reconnue comme une impulsion de notre esprit. Elle façonne entièrement la vision que nous avons du monde et notre compréhension du rôle que nous avons à jouer. Elle ne varie pas et on ne peut pas y résister. Nous pensons que le monde est comme ça.

En outre, il n'est pas possible d'observer le seul phénomène qui semblerait être la conséquence la plus logique et la plus directe de la quête d'héroïsme : le fait que chacun affirme effectivement être le Héros.

Tout le monde ne nie pas être le Héros de l'Histoire. Les jeunes enfants ne le font pas. Bien sûr, ils n'utilisent pas ces mots précis. Ils ne disent pas : « Je veux être le Héros de l'Histoire. » Cette expression dénote notre généralisation, scientifique, à partir d'innombrables scénarios héroïques qui sont chacun bien spécifiques. Mais les enfants n'ont pas honte de partager avec leurs compagnons et leurs gardiens des fantasmes et des scénarios où c'est eux, et personne d'autre, qui jouent le rôle héroïque.

Par exemple, mon fils de quatre ans m'a dit très sérieusement lors d'une promenade au parc le week-end : « Je vais te défendre toi et maman. » J'ai spontanément pensé aux mouches et aux araignées. Mais lorsque je lui ai demandé « contre quoi ? », il a répondu, à ma surprise et à mon amusement, « les dragons ». Il ne partage plus de telles idées. Il a grandi. À dix ans, je l'entends encore jouer à des scénarios imaginaires. Mais maintenant, il a besoin d'intimité. Il ne le fait que lorsqu'il est seul dans sa chambre.

Les gens apprennent à cacher les histoires et les arguments qui suggèrent qu'ils sont spéciaux et meilleurs. Ils apprennent à le faire pendant l'enfance.

Quand j'avais trois ans, j'ai été invité par des voisins à un pique-nique. Je jouais avec leur fils qui avait à peu près le même âge, et il semble que j'ai dû répéter plusieurs fois : « Je suis le sef » parce que je n'arrivais pas à prononcer correctement : « Je suis le chef. » Mon ami ne semblait pas s'en soucier. Après tout, à cet âge, les enfants se contentent généralement de jouer. Ils s'inspirent des mouvements des autres enfants sans chercher un scénario très complexe et infaillible. J'aurais pu être le chef et il aurait pu l'être aussi. Mais les parents de mon ami ont fait attention à ce que j'ai dit et ils ont décidé que c'était assez remarquable pour le répéter à mes parents le soir quand nous sommes rentrés. Ils ont même pris soin de le répéter exactement comme je l'avais dit : « Je suis le sef. » Et mes parents ont dû trouver cela amusant aussi, car le souvenir en est resté pendant de nombreuses années.

Les parents de mon ami ne l'auraient pas remarqué si cela ne les avait pas ennuyés d'une certaine manière. Ils s'inquiétaient peut-être que leur fils soit trop timide, pas assez sûr de lui. Ils craignaient sans doute que le fait d'affirmer avec autant d'ardeur que j'étais le « sef » ne l'aide pas. Se moquer gentiment de moi était en tout cas leur façon d'établir une limite, dont je prendrais lentement conscience.

C'est donc pendant l'enfance que chacun apprend à masquer ses idées héroïques, d'abord pour autrui, et puis finalement pour soi-même. On continue à le faire tout au long de l'âge adulte. Très peu de gens suggèrent qu'ils pourraient être le Héros de l'Histoire parce qu'ils ont appris que personne d'autre ne soutiendrait une telle affirmation. Ils ne comprennent peut-être pas que chacun, comme eux, préférerait revendiquer ce rôle pour lui-même. Mais ils savent que tout le monde qualifierait de pure folie le fait que quelqu'un d'autre exprime de telles idées. On se retrouverait isolé, ridiculisé et plaint. En réalisant cela, presque tout le monde garde pour soi toute idée d'être un être extraordinaire.

Les adultes expriment néanmoins parfois de telles idées, lorsque leur propre isolement prolongé leur a fait perdre le sens de ce qui pourrait être partagé de manière appropriée. Par exemple, les patients d'un hôpital psychiatrique peuvent s'ouvrir au sujet de leur destin unique d'une manière que la plupart des gens ne connaissent pas. Ils peuvent par exemple se disputer pendant des mois pour savoir lequel d'entre eux est le vrai Christ[1]. Mais cela reste un exemple isolé.

La plupart des adultes n'expriment jamais de telles pensées. En fait, ils ne sont même pas conscients de les nourrir. Ils ont réprimé l'expression de leurs rêves héroïques. Ils ont fini par admettre que seul ce qui est confirmé par leurs compagnons est vrai et que leurs compagnons ne confirmeraient jamais de telles idées.

Les fantasmes purement personnels perdent peu à peu de leur attrait. En secret, les adolescents nourrissent toujours l'idée qu'un jour, tous les autres n'auront d'autre choix que de reconnaître leurs qualités particulières. La plupart des adultes n'hésitent plus à admettre, même à eux-mêmes, que cette idée n'est ni raisonnable ni réaliste. Si on leur posait la question, ils répondraient que, bien sûr, ils ne désirent pas être un héros, et encore moins le Héros de l'Histoire.

Le refoulement du désir de prétendre être le Héros de l'Histoire est en soi un signe de la présence et de la puissance de ce désir. En effet, s'ils répriment l'expression de leur désir, c'est bien pour satisfaire leurs compagnons et garder leur attention, leur reconnaissance et la possibilité de se distinguer à leurs yeux.

Ainsi, même sans en avoir conscience, chacun continue à être inspiré par une vision héroïque du monde. Même s'il le nie, il sera toujours suprêmement attiré par elle. Un désir n'a pas besoin d'être conscient pour perdurer. Même réprimée, la logique la plus intime de l'esprit est toujours détectable par ses conséquences, en particulier celles qui échappent à la conscience et au contrôle que chacun exerce et qui deviennent remarquables seulement à cause de leur répétition irrépressible dans les récits comme dans les actes de tous. La quête d'héroïsme peut ainsi être observée à travers la structure universelle des récits (Partie II) et aussi à travers la dynamique universelle des activités humaines (Partie III et suivantes).

II

ETRE LE HEROS DE L'HISTOIRE

La quête d'héroïsme est le mouvement de l'esprit qu'aucun autre ne peut influencer. Ses conséquences s'observent dans toutes les activités humaines.

Elle génère une vision universelle du monde qui s'observe dans la structure universelle des récits. Les récits que les humains inventent et transmettent sont tous basés sur le scénario héroïque ; ils contiennent des notions fondamentales et universelles qui ne varient jamais et ne dépendent d'aucune circonstance particulière pour être attrayantes. Ces éléments se retrouvent dans les récits historiques comme dans les fictions : une Histoire unique, un Monde unique, un Héros unique et un Ennemi unique et intime. Ensemble, ils composent le scénario héroïque universel.

Par conséquent, les récits de fiction et les récits historiques partagent universellement la même structure : trois séquences primaires séparées par deux événements disruptifs. Elles sont ordonnées de façon immuable : premièrement, une période de paix et de bonheur qui prend fin lorsqu'elle est détruite par l'Ennemi ; deuxièmement, les temps du malheur et des luttes, dominés par l'Ennemi ; et enfin, la destruction de l'Ennemi par le Héros et la restauration de la paix et de l'ordre.

Les récits historiques ne diffèrent de la fiction que par la position du Héros. Ils ne sauraient l'identifier. L'auteur comme le lecteur peuvent se projeter dans ce rôle. En effet, comme chacun désire être le Héros de l'Histoire, personne n'accepterait que quelqu'un d'autre occupe cette position et les récits historiques dans lesquels les auteurs prétendraient être le Héros ne seraient ni partagés ni transmis. Et puisque chacun désire être le Héros, les récits historiques qui laissent entendre que le moment décisif de l'action contre l'Ennemi est encore à venir sont les plus attrayant. On cherche à partager un sentiment de danger imminent et un appel à l'action (*5 - Un Scénario universel*).

Les récits de fiction et les récits historiques contiennent tous des références à un unique monde réel. Les mondes fictifs peuvent ressembler au monde réel, mais plus ils l'évoquent, plus ils doivent s'en distinguer explicitement. Dans l'esprit de l'auteur comme dans celui du lecteur, il ne peut y avoir implicitement qu'une seule histoire réelle et qu'un seul monde réel, car il n'y a qu'un seul ennemi réel et qu'un seul héros réel. Ainsi, en se distinguant de la réalité, la fiction évoque et renforce les notions fondamentales du scénario héroïque. Elle est une source d'inspiration pour l'action réelle (*6 - Une Histoire unique*).

Le désir d'être le Héros de l'Histoire existe depuis l'enfance et ne disparaît jamais. Le rôle que les adultes désirent jouer dans l'histoire nationale n'est qu'une version plus complexe du scénario héroïque enfantin lié au cercle familial. Et les adultes continuent à s'inspirer des désirs enfantins (*7 - Un But unique, dès l'Enfance*).

En effet, les récits de fiction et les récits historiques contiennent tous des références à un Ennemi intime, un être caché, uniquement malveillant et dangereux, qui veut bouleverser l'ordre du monde et dominer toutes choses. Dans la fiction, seul le héros semble avoir une connaissance particulière et intime de la présence de l'Ennemi. En réalité, chacun a le sentiment d'avoir un lien profond et intime avec le danger, un lien qu'on ne peut pas déceler dans la même mesure chez les autres personnes. Cela tient en particulier à ce que les désirs enfantins liés au seul cercle familial ne sont plus discutés entre adultes, bien qu'ils soient toujours présents à l'esprit de l'adulte, même inconsciemment. Ce sentiment d'un danger connu de façon intime renforce la notion d'être l'Élu, appelé à l'action par un destin particulier (*8 - Un Ennemi unique et intime*).

5. Un Scénario universel

Qu'elles soient fictives ou historiques, les histoires que l'on transmet s'inspirent toutes d'un scénario héroïque universel. Trois séquences primaires sont ordonnées de façon immuable. Elles sont scindées par deux événements perturbateurs (Figure 3). Il y a d'abord l'âge d'or originel, un état de paix et d'ordre qui est détruit par la victoire de l'Ennemi (séquence primaire 1). Il est suivi par des temps maléfiques (séquence primaire 2). Enfin, la victoire du Héros et la destruction de l'Ennemi restaurent l'âge d'or (séquence primaire 3).

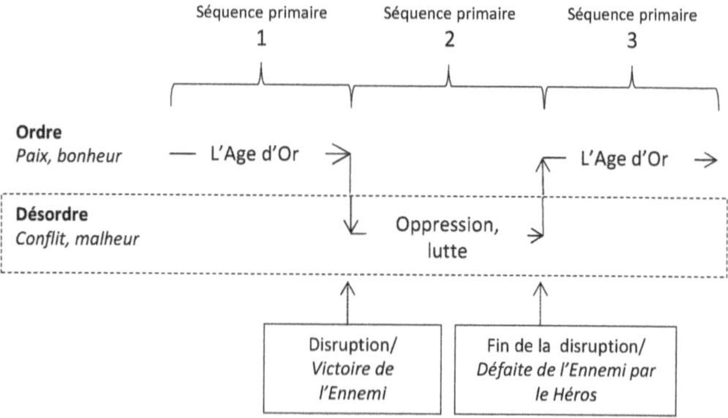

Figure 3. Le scénario héroïque universel, structure universelle des récits.

Chaque récit doit contenir les trois séquences primaires. Chacune d'entre elles ne peut apparaître qu'une seule fois, car il ne peut y avoir qu'une seule destruction de l'âge d'or et qu'une seule défaite de l'Ennemi. En effet, il n'y a qu'un seul Ennemi et qu'un seul Héros.

De nombreuses autres séquences peuvent cependant être ajoutées entre la destruction de l'âge d'or et sa restauration ; contrairement aux trois séquences primaires, leur nombre et leur ordre sont variables. La créativité a cependant des limites. Les faits incompatibles avec le scénario héroïque sont ignorés. Par exemple, les récits ne s'attardent jamais sur l'usage excessif de la violence par les héros et leurs compagnons ; ils ne présentent jamais leurs adversaires comme des victimes. Les victimes de l'Ennemi ne peuvent être les auteurs de méfaits équivalents à ceux de l'Ennemi. Lui seul est la source ultime du mal ; sa destruction met fin au mal pour toujours.

Cette structure universelle peut être illustrée par des récits historiques ainsi que par des histoires fictives telles que les contes de fées. Il existe cependant une différence constante entre ces deux types de récits : la défaite de l'Ennemi et le retour de l'âge d'or se produisent toujours dans un conte, mais ces événements ne sont qu'anticipés dans les récits historiques. Par conséquent, alors que l'identité des héros fictifs est toujours connue, celle du Héros de l'Histoire reste toujours à révéler.

Voici deux exemples de contes et deux exemples de récits historiques dans lesquels on peut facilement reconnaître les trois séquences primaires.

Le premier exemple est *Hansel et Gretel*, un des contes des Frères Grimm.[1] Au début, les deux enfants vivent heureux avec leurs parents (âge d'or originel). Mais le pays souffre d'une longue famine et la mère meurt. Le père, déprimé, se remarie avec une femme qui n'aime pas les enfants. La marâtre persuade le père d'abandonner Hansel et Gretel au fond des bois, afin qu'ils ne reviennent pas et n'aient plus à être nourris. Le père finit par consentir, et les enfants se perdent. En errant dans les bois, ils découvrent une maison faite de gâteaux et de bonbons, et une très vieille femme les invite à l'intérieur. La sorcière fait d'Hansel un prisonnier. Elle le fait grossir et prévoit de le manger. Les enfants tentent vainement de s'échapper. Alors que la sorcière s'apprête à cuire Hansel, Gretel parvient à la pousser par surprise dans le four chaud où elle se consume (destruction du mal). Enfin libres, les enfants pillent les richesses de la sorcière et retrouvent le chemin de la maison où leur père les accueille avec joie. La marâtre est morte. Il se rend compte à quel point ses enfants lui ont manqué et il regrette de les avoir abandonnés. Ils vivent tous heureux pour toujours (dernier âge d'or).

Selon la version du conte, de nombreuses autres séquences sont ajoutées. Par exemple, le père et la belle-mère d'Hansel et Gretel tentent plusieurs fois en vain d'abandonner les enfants dans les bois. La première fois, Hansel, qui a entendu leurs plans, ramasse des cailloux blancs, les met dans sa poche et les laisse tomber le long de la route. Pour rentrer chez eux, les deux enfants suivent simplement les cailloux. La fois suivante, soupçonnant une ruse, le père enferme les enfants pendant la nuit et Hansel ne peut pas ramasser de cailloux. Il utilise des miettes de pain blanc à la place, mais les oiseaux les mangent avant qu'il puisse retrouver son chemin, et les enfants se perdent. Ces parties supplémentaires ne sont pas nécessaires au conte et pourraient être omises, contrairement aux trois étapes primaires.

Ali Baba et les quarante Voleurs, l'un des *Contes des Mille et une Nuits*, est un autre exemple célèbre d'une histoire dans laquelle les trois séquences primaires sont facilement reconnaissables.[2] Ali Baba est un pauvre marchand qui vit avec sa famille dans une petite ville de Perse (âge d'or originel). Un jour, se rendant à la campagne, il aperçoit un groupe de voleurs. Il les suit jusqu'à leur trésor, une grotte et, là, il entend le mot de passe « sésame ouvre-toi » qui ouvre la grotte comme par magie. Ali Baba se sert dans le trésor des voleurs. Cependant, sa nouvelle richesse attire l'attention. Son frère jaloux découvre son secret et s'introduit dans la grotte. Hélas, il est rattrapé par les voleurs qui le tuent et laissent son corps dans la grotte. Ali Baba découvre le corps de son frère et l'enterre, mais cette action révèle son existence aux voleurs. Ils cherchent maintenant par tous les moyens à le tuer (temps du malheur). Il est sauvé par sa servante, la rusée Morgiane, qui déjoue sans cesse les plans des voleurs jusqu'à ce que tous soient morts (destruction du mal). Cela montre à Ali Baba que la vie et la famille ont plus de valeur que l'or. Il finit par marier son neveu à Morgiane en grande pompe (âge d'or final).

Là encore, de nombreuses séquences sont généralement ajoutées avant la destruction finale du mal. Les quarante voleurs utilisent plusieurs déguisements pour tenter d'approcher Ali Baba, le tuer et récupérer leur or. A chaque fois, Morgiane les reconnaît. A la fin, ils décident de se cacher dans des jarres, et Morgiane verse de l'huile bouillante dans les jarres, tuant tous les voleurs - sauf leur chef qu'elle tue dans une dernière séquence où sa ruse déjoue une nouvelle fois celle du voleur.

Les développements et les conséquences possibles incompatibles avec le scénario héroïque sont omis. Par exemple, dans *Ali Baba* et *Hansel et Gretel*, les méchants meurent de façon horrible aux mains des héros. Mais cela ne les transforme pas en victimes, ni ne fait des héros des personnes malveillantes. La mort des méchants est implicitement considérée comme justifiée.

Les trois séquences primaires du scénario héroïque peuvent également être observées dans les récits historiques. Par exemple, au début du vingtième siècle, le gouvernement français a promu un manuel d'histoire de la France qui affirmait que la France avait été autrefois un pays nommé Gaule, avec des frontières naturelles sur les Pyrénées, les Alpes, l'Atlantique, la Méditerranée et, surtout, sur le Rhin. Grâce aux Romains, la Gaule avait été unifiée, pacifiée et civilisée (âge d'or originel). Mais des envahisseurs barbares venus de Germanie avaient envahi le pays au cours du Ve siècle et contraint les Gaulois, rebaptisés Français, à ployer sous le joug de souverains despotiques (destruction de l'âge d'or). Le peuple de France, sous la conduite de ses bons rois, a dû se battre pendant des siècles pour retrouver sa liberté perdue et être à nouveau uni.

Le manuel était entièrement conçu pour suggérer que la libération de la Gaule était un combat inachevé et que la guerre millénaire contre l'Ennemi héréditaire allemand exigeait une victoire finale qui libérerait la partie de la Gaule encore occupée par l'Allemagne (destruction anticipée de l'Ennemi et restauration de l'âge d'or).[3]

Par exemple, le livre s'ouvre sur une carte qui compare la France de 1900 et la Gaule ancestrale. Les frontières étaient identiques, à l'exception de la partie orientale de la Gaule qui était occupée par l'Allemagne. Au milieu de la carte, un guerrier gaulois faisait face à l'Allemagne (Figure 4).[4]

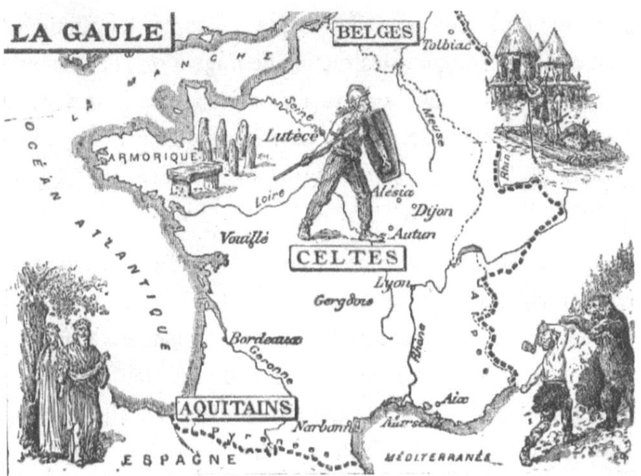

Figure 4 : La Gaule ancestrale avec ses frontières (tirets lourds) et celles de la France de 1900 (tirets).

Les faits incompatibles avec le scénario héroïque ont été ignorés, comme ceux qui suggèrent que les Gaulois n'ont jamais été un peuple uni, ceux qui indiquent à quel point la présence germanique a façonné une langue et une culture françaises distinctes, ou ceux qui pourraient suggérer que l'Angleterre, et non l'Allemagne, serait l'ennemi héréditaire.

Un autre exemple est une histoire de la nation irlandaise, publiée en 1965. Comme d'autres publications contemporaines similaires, elle indiquait que les Irlandais étaient arrivés en Irlande vers 500 avant notre ère. Ils semblaient avoir habité un pays prospère pendant des siècles (âge d'or). Ils avaient repoussé toutes les invasions jusqu'à ce que les Anglais les vainquent au XIIe siècle et colonisent l'île. Ces premiers conquérants anglais avaient à leur tour largement adopté les coutumes et la langue irlandaises, mais les attaques anglaises ultérieures les avaient submergés et avaient fini par supprimer toutes les libertés, réduisant les Irlandais à une extrême pauvreté et à la famine, et les forçant à adopter les coutumes anglaises ou à émigrer (destruction de l'âge d'or). Finalement, après « sept cents ans d'oppression, »[5] les Irlandais survivants se soulevèrent victorieusement contre les Anglais et libérèrent le sud de l'Irlande, où ils proclamèrent une République irlandaise indépendante.

Toutefois, cette fin heureuse ne pouvait être que provisoire. Il ne s'agissait que d'un renversement partiel de la situation. Les Anglais occupaient toujours le Nord de l'Irlande et l'anglais restait la langue commune dans le Sud, qui était également fortement dépendant du commerce anglais. La situation en 1965 ouvrait donc plusieurs directions aux groupes nationalistes irlandais : une reconquête du Nord, le remplacement de l'anglais par l'irlandais comme langue quotidienne, une économie autarcique ou, du moins, moins dépendante de l'Angleterre. Toutes ces politiques étaient considérées comme nécessaires à l'achèvement de la lutte pour l'indépendance, et furent effectivement mises en œuvre avec plus ou moins de succès (soulèvement final anticipé contre l'Ennemi et restauration de l'âge d'or).[6]

Une fois encore, les faits incompatibles avec le scénario héroïque ont eu tendance à être ignorés. L'auteur a noté que les Irlandais sont arrivés en Irlande au plus tôt en 500 avant notre ère, alors que l'île était déjà peuplée. Mais il n'en a pas déduit que les Irlandais avaient été des envahisseurs comme les Anglais le furent plus tard. Il n'a pas non plus discuté de la question de savoir si les Irlandais avaient exterminé les cultures et les langues précédentes ou s'ils en avaient simplement assimilé des parties, comme l'avaient fait les envahisseurs ultérieurs. Comme d'autres historiens irlandais, il a seulement dénoncé l'oppression anglaise et a affirmé que les Irlandais étaient les habitants légitimes de l'Irlande. L'irlandais était donc leur langue et leur culture nationales naturelles et légitimes.

Comme les contes, les récits historiques sont basés sur trois étapes primaires : un âge d'or originel, sa destruction par l'Ennemi suivie de temps mauvais, et la restauration finale de l'âge d'or qui suit la destruction de l'Ennemi.

Cependant, les récits historiques se distinguent des récits fictionnels en ce qu'ils ne font que prévoir la victoire finale sur l'Ennemi et le retour de l'âge d'or. Cette anticipation du retour de l'âge d'or et de la fin de l'Histoire s'observe particulièrement bien lors de la fin des conflits majeurs. Par exemple, en 1918, la guerre, qui sera plus tard nommée Première Guerre mondiale, est surnommée « la Der des Ders », « la dernière des dernières ». De même, lorsqu'Octavianus fut sur le point de mettre fin aux guerres civiles romaines, Virgile songea à un retour de « l'Age d'Or ». Le 25 décembre 1991, le Président des États-Unis, George Bush, a déclaré que la Guerre Froide était terminée. L'année suivante, Francis Fukuyama a publié *La Fin de l'Histoire*, spéculant que le monde était maintenant et pour toujours entré dans une ère de paix dominée par les États-Unis et les politiques de libre-échange.[7] Ces différents cas illustrent la présence du même scénario héroïque dans la vision de personnes d'époques différentes.

*

La découverte de la structure universelle des histoires, et notamment de leurs trois étapes primaires, a commencé il y a plus d'un siècle avec l'analyse de la structure des contes et légendes. On se moque souvent des contes à cause de leur caractère prévisible. Il est bien connu que le héros survit toujours et triomphe à la fin. Cette idée rend intuitive une structure commune.

Vladimir Propp a été un précurseur. En 1928, il publia une analyse de cent contes de fées russes. Il avait constaté que huit types de personnages étaient très fréquents : l'agresseur ou le méchant, la princesse et son père, le roi, le héros qui vainc le méchant, le faux héros, le mandateur qui envoie le héros en mission, l'aide et le donateur. Selon Propp, le lecteur suivait ces personnages à travers différents types de séquences. Propp en distingua trente et une : l'éloignement, l'interdiction, la transgression, et ainsi de suite. Propp remarqua qu'elles n'étaient pas ordonnées de manière rigide ; certaines séquences pouvaient manquer, d'autres pouvaient être répétées.[8] Cependant, deux séquences étaient toujours présentes : le méfait ou la perte et la rédemption ou la réparation qui s'ensuivait.[9]

Propp avait en effet découvert les deux événements disruptifs qui séparent les trois séquences primaires du récit. Claude Brémond et Roland Barthes reconnurent ces invariants et les ont qualifiés de « structure » et de « cycle narratif ».[10] Paul Ricœur ajouta que la réaction est en fait provoquée par un « héros » combattant le mal et doté de certaines qualités qui le distinguent du reste de la communauté.[11] Ces éléments étaient similaires à ceux identifiés par Joseph Campbell en relation avec les œuvres de fiction fantastique.[12]

Dès 1909, Rank avait été le premier à démontrer qu'une structure universelle des récits impliquait nécessairement une structure universelle de l'esprit humain.[13] Sa théorie fut ensuite été reprise par Lévi-Strauss[14] et Barthes.[15] Cependant, l'identification de la structure universelle de l'esprit humain resta entravée par une seconde hypothèse, formulée par

Aristote[16] et acceptée sans discussion, même par Barthes,[17] selon laquelle les récits autres que la fiction, c'est-à-dire les récits historiques, ne pouvaient avoir une structure commune.

Il apparaît, avec le recul, que la structure même que les chercheurs tentaient de mettre au jour a pesé dans leurs jugements. Les histoires fictives sont spontanément comparées. La structure commune à tous les contes est donc intuitive. Mais les contes sont aussi spontanément opposés aux récits historiques, qui se présentent, au contraire, comme le compte-rendu d'événements uniques, donc incomparables. La structure des récits historiques n'est donc pas intuitive. La cause de cette distinction est profondément ancrée dans la structure de l'esprit : si l'Histoire n'était pas unique, l'univers, l'Ennemi et le Héros, ne pourraient pas l'être non plus.

La théorie de la différence entre fiction et histoire remonte au moins à Aristote, qui proposa l'exemple d'Homère pour illustrer cette différence. Le génie d'Homère, selon Aristote, résidait dans sa capacité à composer une histoire épique sur la Guerre de Troie en sélectionnant des événements spécifiques parmi les événements disponibles dans les chronologies historiques, et en les agençant de manière à leur donner une dimension tragique et épique unique. La distinction radicale ainsi adoptée entre fiction et récit historique était excessive. Aristote oubliait que l'unité de l'intrigue observable chez Homère était probablement inspirée par des récits précédents qui, de la même manière, isolaient la guerre de Troie comme un événement à part. Ils établissaient probablement les origines et les causes de la guerre, soulignaient les événements clés du conflit et expliquaient comment un camp finit par l'emporter sur l'autre. Même si Homère a sélectionné une période de la Guerre de Troie et lui a donné un caractère dramatique particulier, il n'a pas inventé l'ensemble des événements du drame. Il s'est inspiré de récits historiques.

La distinction radicale entre fiction et histoire a eu une grande influence dans les milieux académiques. En conséquence, la structure séquentielle des histoires nationales n'a pas attiré autant d'attention que celle des contes.

Anthony Smith fut néanmoins un pionnier dans ce domaine. Il observa des similitudes frappantes entre les histoires nationales.[18] Il nota qu'elles partageaient souvent des « mythes » similaires : les mythes de la naissance de la nation, « un mythe des origines temporelles » ou « quand nous avons été engendrés », « un mythe de l'ascendance » ou « qui nous a engendrés et comment nous nous sommes développés », « un mythe de l'âge héroïque » ou « comment nous avons été libérés et sommes devenus glorieux », « un mythe de la régénération » ou « comment restaurer l'âge d'or et renouveler notre communauté comme aux temps anciens », etc. Smith observa également qu'un « ennemi traditionnel » pouvait réconcilier des traditions divergentes. Mais il ne donna pas à cette figure un rôle central et ne relia pas les différents mythes qu'il analysa. Il n'établit pas de parallèle avec la structure des contes.

Reconnaître la même structure séquentielle dans les contes et les récits historiques présentait en effet des difficultés non négligeables. Les récits historiques se distinguent en partie de la fiction dans l'expression de la structure. Tout d'abord, les récits historiques développent en moyenne la première séquence, les origines, beaucoup plus que la fiction. La compétition entre les historiens génère une attention considérable pour les débuts car ils définissent par contraste les maux commis plus tard et indiquent aussi qui est le mieux placé pour mener la lutte contre l'Ennemi et restaurer l'ordre naturel. Les auteurs de fiction n'accordent en moyenne pas autant d'attention aux circonstances initiales, car personne ne conteste généralement les références de leur héros. Les contes pour enfants sont généralement caractérisés par des phrases d'ouverture et de conclusion stéréotypées très courtes que chacun connaît: « Il était une fois » et « ils vécurent heureux et eurent beaucoup d'enfants ».

De plus, les récits historiques ne consacrent généralement pas beaucoup d'espace à l'anticipation de la dernière étape, la destruction du mal, car plus les auteurs sont précis sur cette partie, plus ils semblent s'attribuer un rôle décisif. Personne n'accepterait de diffuser un tel récit.

Enfin, espérant aider à la diffusion de leur travail, les historiens ont aussi tendance à se référer explicitement ou implicitement à d'autres récits de collègues ou de compagnons. Tous ces récits deviennent ainsi des récits partiels. Il est difficile de reconstruire leur sens complet si l'on n'appartient pas au cercle des auteurs.

Ainsi, la structure des récits historiques est beaucoup plus difficile à imaginer, observer et reconstruire que celle des fictions, et cela même si l'on ne l'exclut pas a priori.

6. Une Histoire unique

Notre désir de devenir le Héros de l'Histoire s'inscrit dans une vision du monde. Chacun imagine un scénario héroïque : une réalité unique, une histoire unique dans un monde unique, notre « univers ». Cela est nécessaire pour permettre de penser que l'Ennemi est unique et que sa destruction mettra fin à tous les maux.

La fiction, comme les récits historiques, n'est attrayante que dans la mesure où elle évoque le scénario héroïque. Mais la fiction n'est attrayante que lorsque l'histoire est frustrante, lorsque les circonstances semblent inadéquates pour agir de façon héroïque, lorsque chacun doit attendre son heure. Il s'agit d'un monde de substitution, mais qui ne peut néanmoins pas être entièrement substitué à la réalité, car personne ne renonce à être le véritable Héros, même en consommant de la fiction.

Ainsi, pour être attractive, la fiction ne doit jamais être confondue avec la réalité. Il est essentiel que le lecteur n'ait aucun doute sur le fait que la réalité est unique. Plus un monde fictif ressemble à la réalité, plus il doit être précisément distingué de celle-ci.

Le conte de fée ou conte pour enfant est le type le plus simple de fiction. L'Ennemi n'y répond pas parfaitement à ce qu'en imagine un adulte. Il y est rarement dissimulé et est, en général, facilement identifiable. Le conflit qui l'oppose au héros est peu justifié, ce qui le fait ressembler davantage à une affaire privée qu'à une cause qui nécessite la mobilisation du monde entier. Un lecteur adulte en particulier y trouve une figure peu attrayante de l'Ennemi, qui se traduit par un nom réducteur : le « méchant ». Ainsi les contes sont souvent jugés plus intéressants par les enfants, qui n'ont pas encore acquis une vision très complexe du monde dans lequel ils vivent.

Aux yeux d'un public adulte, les mondes complexes évoquent mieux l'Ennemi. Un monde complexe, décrit avec de nombreux détails géographiques, sociaux, juridiques et chronologiques, permet à l'Ennemi de paraître unique par rapport à la diversité de ses adversaires. Un monde complexe permet d'imaginer que l'Ennemi peut réussir à s'y dissimuler. Ses adversaires vont devoir oublier leurs rivalités et leurs inimitiés pour le vaincre.

Ce type de fiction est bien illustré par *Le Seigneur des Anneaux* de J.R.R. Tolkien.[1] Le monde dans lequel se déroule l'histoire, la Terre du Milieu, est très détaillé. Il dispose d'une géographie précise, appuyée sur des cartes, d'une chronologie multi-millénaire et même d'une linguistique très précise qui couvre de nombreux idiomes. Dans le monde de la Terre du Milieu, tous les peuples sont menacés par une volonté maléfique, Sauron, qui est souvent appelé simplement « l'Ennemi ». Tous les habitants de la Terre du Milieu finissent par comprendre qu'ils doivent soit se soumettre à Sauron, soit unir leurs forces pour lui résister, malgré leurs inimitiés séculaires. Tous les êtres maléfiques se plient à la volonté de Sauron, même les plus puissants, comme le sorcier Saroumane. Sauron n'a pourtant ni corps ni visage. Il règne depuis le lointain royaume du Mordor. Son anneau est mystérieusement son instrument le plus puissant et sa seule incarnation ; on parle de « l'Anneau Unique » ou de « l'Unique ». Détruire l'Anneau c'est donc détruire Sauron.

Pour ces raisons, *Le Seigneur des Anneaux* apparaît beaucoup moins comme un simple conte de fées que *Bilbo Le Hobbit*, qu'il est pourtant censé prolonger. *Bilbo Le Hobbit* [2] était également un monde imaginaire avec des espaces variés, illustrés par une carte. Mais l'intrigue se déroulait seulement comme une série d'épreuves, des situations dangereuses que le héros, Bilbo, rencontre successivement : des trolls, des orcs, Gollum, un dragon, et à nouveau des orcs... Il n'y avait pas de menace centrale. L'anneau destiné à devenir si central et menaçant dans *Le Seigneur des Anneaux* n'y est rien de plus qu'un anneau magique qui rend son porteur invisible. Les adversaires ne se soumettent jamais à une volonté unique. Par conséquent, le scénario évoque un conte en dépit de sa longueur et de sa complexité.

A cet égard, les récents films de la trilogie que Peter Jackson a consacrée à *Bilbo Le Hobbit*[3] s'écartent du livre de Tolkien. Ils donnent à Sauron un rôle central, rendant la quête de Bilbo et de ses compagnons plus importante pour l'ensemble de la Terre du Milieu que ne le suggérait initialement Tolkien. Cela était, sans doute, perçu comme nécessaire pour captiver le même public adulte qui avait été attiré par la trilogie du *Seigneur des Anneaux*, dirigée par le même Peter Jackson quelques années auparavant.

Pour des adultes, les mondes complexes produisent des manifestations plus attrayantes de l'Ennemi. C'est pourquoi, plus la description du monde imaginaire est complexe, plus il doit aussi se distinguer sans ambiguïté de la réalité. Comme la Terre du Milieu dans *Le Seigneur des Anneaux*, les mondes imaginaires complexes possèdent généralement au moins un nom qui les distingue clairement du monde réel. Ils peuvent aussi abriter des créatures spécifiques et un type particulier de magie qui rend implicitement les lois particulières de notre monde non pertinentes. A l'inverse, les contes n'ont généralement pas besoin d'être très précis à ce sujet, car à aucun moment ils ne risquent d'être confondus avec le réel. Ils peuvent donc commencer par des formules vagues telles que : « Il y a longtemps, dans un pays lointain, très lointain... » qui prétendent laisser au lecteur le soin de décider s'ils appartiennent au monde réel ou à un monde imaginaire.

Certains cas peuvent être trompeurs. Par exemple, l'univers de *La Guerre des Etoiles* (*Star Wars*) est très complexe, mais la phrase d'introduction ressemble à celle d'un conte :

> « Il y a bien longtemps, dans une galaxie lointaine, très lointaine... »[4]

Un seul mot, « galaxie », rend en fait sa nature immédiatement beaucoup plus claire que celle de la plupart des autres contes. À l'inverse, des contes qui peuvent sembler à première vue spécifiquement localisés peuvent ne pas l'être. Par exemple, dans *Les Mille et Une Nuits*, l'histoire d'Aladin est censée se dérouler en « Chine ». Or, dans ce conte ce pays n'a que peu de choses en commun avec la Chine réelle. La « Chine » désigne simplement un endroit où les lecteurs ne sont jamais allés : une terre très, très éloignée de l'Arabie et de la Perse médiévales où l'histoire a été composée, et qui, en dehors de ce nom merveilleux, ne s'en distingue nullement.[5]

Les mondes imaginaires complexes évoquent mieux la réalité perçue par les adultes et doivent donc être distingués plus précisément de celle-ci. Lorsque la connaissance du monde réelle progresse, les mondes imaginaires doivent être repoussés plus loin. Les grands découvreurs du XVIIIe siècle, au premier chef desquels Thomas Cook, n'avaient laissé presque aucun endroit de la surface de la Terre qui n'ait été visité. En conséquence, les mondes imaginaires de Jules Verne, décrits au XIXe siècle, devaient être placés « à 20 000 lieues sous la mer »[6], en Antarctique, dans l'air ou loin sous la surface de la Terre.

Au vingtième siècle, l'exploration de ces espaces a contraint la science-fiction à investir l'espace interstellaire. Mais même là, la frontière entre ce qui est connu et ce qui est ignoré a changé. Les premières exoplanètes ont été découvertes en 1995, entre la production de la première et de la deuxième trilogie *de Star Wars*, qui ont été filmées respectivement de 1977 à 1983 et de 1999 à 2005. Cette découverte a réduit la distance entre les mondes extraterrestres imaginaires des films et le monde réel. Les scénaristes ont ressenti qu'ils devaient réagir d'une manière ou d'une autre à ce changement. Il a donc été évoqué par Qui-Gon Jinn dans *La Menace fantôme*, le premier épisode de la deuxième trilogie.[7] Le Jedi explique au jeune Anakin Skywalker que la plupart des étoiles sont en effet entourées par des planètes. Ce point n'avait pas été précisé dans la première trilogie.

Les mondes fictifs peuvent ressembler au monde réel, mais plus ils l'évoquent, plus ils doivent s'en distinguer explicitement, afin de préserver l'idée d'une réalité unique. À l'inverse, les récits historiques peuvent également être déclarés fictifs lorsqu'ils évoquent de trop près l'idée que l'Ennemi aurait déjà pu être vaincu, car dans ce cas aussi, ils interfèrent avec le scénario héroïque.

C'est ce qui est arrivé à l'histoire du Minotaure. Le monstre, mi-taureau mi-homme, était censé avoir vécu caché dans le Labyrinthe, en Crète. Chaque année, les Athéniens devaient envoyer sept jeunes hommes et sept jeunes femmes en hommage au Minotaure qui les dévorait. Selon l'histoire, un jour, Thésée, le fils du roi d'Athènes, pénétra dans le Labyrinthe, tua le monstre et libéra son peuple.[8] Le monstre caché, dont la mort suffit à libérer la patrie, est une évocation typique de l'Ennemi. C'est pourquoi les historiens anciens, à la suite des Athéniens eux-mêmes, ont toujours classé l'épisode comme légendaire, malgré son inclusion dans un récit historique, l'histoire d'Athènes. La question de savoir si le Minotaure était biologiquement possible n'a guère été discutée. Les historiens considèrent généralement comme leur devoir de chercher et de trouver le sens réel et oublié de ce qu'ils classent automatiquement comme une légende. Ils en déduisent qu'Athènes était le sujet d'une cité crétoise, généralement identifiée au palais labyrinthique de Knossos.

Dans l'esprit de l'auteur comme dans celui du lecteur, il ne peut implicitement y avoir qu'une seule histoire réelle et un seul monde réel, car il n'y a qu'un seul ennemi réel et un seul héros réel. Ainsi, la fiction évoque et renforce les notions fondamentales du scénario héroïque. En fin de compte, elle suscite un passage à l'action dans la réalité.

En conséquence, les mondes fictifs n'attirent que lorsque l'action réelle semble frustrante. Par exemple, Gandalf, l'un des personnages principaux du *Seigneur des Anneaux*, a été évoqué par les manifestants contre la guerre du Vietnam. « Gandalf président » était l'un de leurs slogans pour signifier leur profonde désillusion à l'égard du président américain Lyndon B. Johnson.

A l'inverse, lorsque l'action réelle devient attrayante, la fiction devient ennuyeuse. On a pu l'observer dans le cas d'EverQuest, un jeu de rôle en ligne massivement multi-joueurs au début des années 2000. Les joueurs utilisaient classiquement un avatar, un personnage personnel et personnalisé grâce auquel ils pouvaient interagir en permanence avec d'autres avatars. Ils jouaient dans le monde de Norrath, qui était largement cartographié et détaillé, avec des villes comme Freeport et Qeynos, une monnaie, la platine, des mythes et légendes, et diverses espèces : rivières, dieux, sorciers, géants, trolls, grenouilles...

Le jeu avait la réputation d'être extrêmement addictif. Les joueurs reconnaissaient que la vie sur Norrath était plus palpitante que la vie réelle. Elle était si attrayante qu'elle générait un véritable commerce, bien au-delà des plans des créateurs du jeu. Par exemple, les joueurs vendaient et échangeaient des avatars et des biens sur des plates-formes gérées par des entreprises non contrôlées par les propriétaires du jeu, Sony et Verant, qui ont tenté vainement d'interdire cette pratique.

Cependant, la politique réelle était encore capable d'interférer avec le jeu. Des actes commis par des avatars ont également donné lieu à de véritables protestations. Par exemple, un viol survenu sur Norrath a conduit un professeur de droit à demander des sanctions. Des règles ont été contestées, comme celles interdisant les mariages homosexuels. C'était un thème des campagnes électorales dans de nombreux pays à cette époque, y compris aux États-Unis. Finalement, pendant la Deuxième Guerre du Golfe, en 2003, les avatars ont pris parti pour ou contre l'invasion américaine de l'Irak. Un joueur se souvient que « le monde extérieur prit le dessus. Norrath semblait terne. »[9]

L'attrait de la fiction dépend toujours de celui de la réalité et des possibilités immédiates qu'elle semble offrir pour satisfaire notre désir fondamental, être l'unique Héros de l'Histoire.

*

Propp nous a laissé une énigme. Lorsqu'il analysa cent contes russes, il ne reconnut un « méchant » que dans la majorité d'entre eux. Dans les autres, il ne vit pas de méchant du tout. Il considérait que le héros devait seulement accomplir une « tâche difficile. »[10] Cela signifie-t-il que la structure des contes n'est pas universelle ? Non. Les contes à « tâche difficile » sont simplement des contes dans lesquels l'être maléfique est tellement diminué qu'il est difficile de le reconnaître comme une figure centrale.

La difficulté d'identifier le méchant peut être illustrée par un conte célèbre, *Le Chat Botté* de Charles Perrault.[11] Le héros félin ne rencontre une situation véritablement dangereuse que lors de la séquence finale, lorsqu'il conquiert pour son maître un château, en tuant son propriétaire, un ogre. D'une part, il est difficile de considérer l'ogre comme une figure centrale du conte : il ne joue aucun rôle, sauf dans cette séquence. D'autre part, il est une image isolée du mal et ne représente aucune menace pour le reste du royaume. Mais il est bien le seul personnage réellement dangereux du conte, et une fin heureuse typique des contes de fées suit immédiatement sa mort : le maître du Chat Botté épouse la princesse et le chat vit ensuite heureux dans le château le restant de sa vie. L'ogre joue donc un rôle qui évoque effectivement le « méchant » du conte, mais il est tellement réduit que la conquête de son château peut aussi être simplement qualifiée de « tâche difficile ».

Dans une moindre mesure, le même problème se pose dans le conte de « Hansel et Gretel ». Il est possible de classer cette histoire dans la catégorie des contes à tâches difficiles, car il n'y a pas de mal central unique, mais plutôt une succession de méchants qui obligent les enfants à trouver différentes solutions pour survivre. Tout d'abord, les parents manœuvrent pour perdre les enfants dans les bois. Ils sont obligés de mettre en œuvre différentes contre-manœuvres pour retrouver le chemin de la maison. Les enfants finissent par se perdre néanmoins et deviennent prisonniers d'une sorcière. Ils développent diverses tactiques pour éviter d'être mangés et ont finalement recours à une action radicale pour se débarrasser d'elle. Qui est vraiment le méchant ? Le père qui les a abandonnés, la belle-mère qui l'a persuadé de le faire, ou la sorcière qui a essayé de les cuisiner et de les manger ? La sorcière est sans doute la candidate la plus convaincante ; elle est la seule à être réellement détruite par les héros. De plus, les difficultés s'estompent immédiatement après sa mort. Les enfants vivent ensuite heureux avec leur père. La belle-mère manipulatrice qui voulait que les enfants soient abandonnés n'est pas une si bonne candidate. Certains auteurs indiquent qu'elle est morte avant la fin de l'histoire, d'autres précisent qu'elle est morte de faim. Certains semblent l'avoir oubliée ; elle a tout simplement disparu de la fin du conte. Bien sûr, avec un peu d'imagination, on pourrait résoudre la difficulté et imaginer que la marâtre était en fait la sorcière déguisée. Après tout, dans Blanche-Neige et les sept nains, la marâtre jalouse est également la sorcière qui empoisonne Blanche-Neige, du moins dans la version inspirée des contes des Frères Grimm[12] et adaptée au cinéma par les Studios Walt Disney.[13] Ce scénario a l'avantage de produire un méchant central, facilement identifiable. Mais la sorcière serait toujours classée comme un méchant, et non comme une figure convaincante de l'Ennemi. En effet, en détruisant le méchant, les héros ne libèrent qu'eux-mêmes, et non le monde entier.

Les contes - comme dans « contes de fées » ou « contes pour enfants » - sont le type de récit qui a été le plus fréquemment étudié pour en dégager une structure commune. C'est le genre littéraire qui apparaît le plus stéréotypé et qui semble donc le plus éloigné de notre Histoire qui, elle, est par définition singulière.

Le scénario héroïque peut être plus difficile à reconnaître dans d'autres types de fiction que les contes, comme la littérature populaire ou la haute littérature, car ils donnent aux lecteurs des raisons de croire qu'ils sont plus réalistes. Une différence importante entre la fiction populaire, comme la série James Bond, et les contes sont les multiples références à la réalité contemporaine. Dans la série James Bond le héros est un agent secret britannique de la Guerre Froide qui voyage dans des pays réels, apprécie les cocktails, les voitures et les belles femmes, etc. De multiples détails sont semés dans le récit pour lui donner un semblant de réalisme,[14] même si le mode de vie glamour et brutal de James Bond doit bien sûr rester à jamais inaccessible à son public.

Tous les types de fiction jouent avec la même structure. C'est ce que révèle le risque que courent toutes les fictions lorsqu'elles deviennent trop stéréotypées et répétitives : elles ont tendance à perdre leur attrait, comme le font les contes du point de vue des adultes. Par exemple, chacun des épisodes de la série *James Bond* oppose le héros à un personnage maléfique désireux de dominer le monde. Leur enchaînement compromet l'unité du mal et diminue le danger qu'incarne chaque nouveau personnage maléfique. Cette diminution a dû être ressentie par l'auteur et les scénaristes qui ont essayé de renforcer le sentiment d'unité du mal en révélant que tous les méchants appartenaient en fait à une seule organisation secrète déterminée à dominer le monde, qu'ils ont nommée de façon appropriée « Spectre ».

Il pourrait alors sembler que la véritable différence se situe entre les contes et la fiction populaire d'une part, et la haute littérature d'autre part. Mais là encore, il s'agirait d'une illusion. La haute littérature s'appuie sur le capital littéraire de son public, et notamment sur sa connaissance d'œuvres plus simples, comme les contes et la fiction populaire. Elles sont une référence nécessaire dans des œuvres qui mettent délibérément en scène des héros banals, des héros du quotidien ou même des antihéros qui ne sont destinés ni à sauver le monde ni leurs amis, ni même à entretenir une relation heureuse avec quiconque.

Une telle fiction ne peut ignorer les notions qui sont au cœur du scénario héroïque ; au contraire, elle s'appuie sur elles. Il suffit de penser à *Don Quichotte*, le modèle du genre. Il fut écrit pour se moquer des livres de chevalerie. Il est rempli de références littéraires et mentionne par exemple les aventures fictionnelles du chevalier Amadis de Gaule.[15] En fait, *Don Quichotte* ne parvient jamais à devenir un héros crédible. Seul l'espoir - peut-être insensé - du lecteur à l'égard d'une issue différente peut expliquer l'effet à la fois comique et pathétique.[16]

Les œuvres de haute littérature peuvent être considérées comme plus complexes que les autres, mais elles sont en fait fondées sur la même structure fondamentale. C'est bien sûr la raison pour laquelle il est souvent impossible de distinguer la fiction populaire de la haute littérature. Pensez par exemple à *Ivanhoé* de Walter Scott.[17]

Le scénario héroïque n'est pas un genre, mais une structure que l'on retrouve, directement ou indirectement, dans tous les genres littéraires, même les histoires d'amour. La structure des histoires d'amour comprend souvent le dépassement d'obstacles et d'adversaires qui retardent le dénouement heureux, les retrouvailles des amants. L'un des premiers exemples du genre, *Le Chevalier de la Charrette* (vers 1180), illustre parfaitement ce point.[18]

La littérature est donc un jeu, plus ou moins complexe, avec la structure commune à toutes les œuvres.

7. Un But unique, dès l'enfance

Être le Héros de l'Histoire. C'est le but ultime que chacun poursuit de l'enfance à l'âge adulte.

Il y a un scénario héroïque enfantin tout comme il y a un scénario adulte. Le scénario adulte n'est qu'une version transformée du scénario enfantin. Personne ne renonce jamais à être le Héros de l'Histoire, ni l'enfant, ni l'adulte. La compréhension du monde par l'adulte est différente. Elle a évolué. Mais elle est toujours en continuité avec celle de l'enfant. Car l'Histoire est unique.

Le scénario héroïque enfantin est à l'échelle de la connaissance du monde de l'enfant. Les enfants considèrent que leur rôle est de préserver le cercle familial : les parents, les gardiens, les frères et sœurs qui sont à l'origine les seuls objets d'affection. Ils veulent que les êtres chers restent unis et heureux pour toujours.

Les adultes ont appris depuis longtemps que le cercle familial ne peut être défendu et préservé à jamais, mais ils acceptent qu'un groupe plus large, la nation, le puisse. Pourtant, l'adulte continue à être inspiré par l'objectif de l'enfant, et l'histoire nationale est ainsi une version, juste plus complexe, du scénario héroïque de l'enfant.

La transformation de la vision enfantine de l'histoire en une histoire nationale est révélée par des associations d'idées qui ne seraient pas explicables autrement. L'histoire nationale évoque de nombreux éléments appartenant au scénario héroïque précoce nourri dans l'enfance. Par exemple, la nation et la famille sont constamment associées dans l'histoire nationale.

La « nation » signifie littéralement le groupe où un peuple est né, comme une famille. Le lien avec l'idée de la famille est en fait si fort que la nation peut aussi être appelée la « patrie » ou la « mère patrie » ou encore le « pays père». Elle peut être représentée comme une mère, une femme nommée Marianne en France, Britannia en Grande-Bretagne, ou Germania en Allemagne. D'ailleurs, l'histoire nationale commence comme une histoire de famille : la nation a souvent un «père» fondateur comme Romulus dans la Rome antique, ou Atatürk, « le Père des Turcs » Mustafa Kemal, premier président de la République turque.

Comme l'histoire de la famille, l'histoire nationale est conçue comme un chapitre d'un récit plus vaste. La nation est imaginée comme appartenant à une famille de nations, tout comme le cercle familial se révèle être une partie d'une famille élargie. La langue nationale, le moyen par lequel l'esprit national est transmis d'une génération à l'autre, est, comme la nation, censée être liée à une famille. Les langues sont censées avoir des cousines et des ancêtres communs, comme les individus, les peuples et les nations. L'histoire d'une famille linguistique peut être représentée par un arbre généalogique avec des branches. Elle peut inclure des langues plus anciennes et même des langues «mortes», tout comme une famille.

Nation et famille sont donc deux idées étroitement liées. C'est le résultat de la transformation de la vision enfantine de l'histoire en l'histoire nationale familière aux adultes.

Le premier scénario héroïque se nourrit dans la toute petite enfance, lorsque les parents ou les gardiens sont les seuls compagnons de l'enfant, ceux qui l'aident à traverser les premières douleurs, colères, explorations et joies. Dès les premiers jours, l'enfant ressent une dépendance extrême à l'égard de ces proches. La séparation d'avec eux est ressentie avec la plus grande douleur, et tous les efforts possibles sont faits pour mettre fin à cette douleur. À ce stade, l'enfant rêve de préserver le cercle familial pour toujours.

Par conséquent, les enfants sont extrêmement intéressés par l'idée de grandir et d'imiter les adultes : ils veulent ainsi pouvoir rester avec eux et les accompagner dans toutes leurs activités. Ils s'en veulent lorsqu'ils sont séparés de leurs parents ou lorsque ceux-ci se disputent ou se séparent.

Ce premier scénario héroïque s'effiloche à mesure que l'enfant acquiert une connaissance plus précise des règles sociales et découvre que le cercle familial dépend d'un ordre social plus vaste. Avant cette étape, le désir de l'enfant d'être uni à ses parents n'était généralement pas discuté. L'amour pour les parents était simplement loué. Cependant, la connaissance des règles sociales permet à l'enfant d'être plus précis sur les moyens possibles de rester pour toujours avec ses parents. Si, par exemple, après avoir découvert l'institution du mariage, un garçon commence à envisager d'épouser sa mère, il ne manquera pas de se heurter à des contradictions, non seulement de la part de ses parents, mais aussi en observant d'autres personnes, dont aucune n'a épousé ses propres parents. Ainsi, la découverte d'une société plus large est fatale pour le scénario héroïque enfantin.

L'enfant n'accepte cependant pas facilement ce résultat et cherche par tous les moyens à l'ignorer. La façon la plus simple d'imaginer être un jour capable de préserver à jamais l'unité de la famille, en dépit des parents, est d'imaginer que les parents ont menti en prétendant être les vrais parents. C'est le changement le plus simple qui permet de continuer à nourrir le scénario héroïque initial. L'enfant peut aussi rêver que les vrais parents sont un couple très puissant et riche. Ils auraient certainement les moyens de détourner les règles sociales à leur avantage et de s'assurer que la famille reste unie pour toujours. Selon les connaissances de l'enfant et la culture qui l'imprègne, ils peuvent être considérés comme des milliardaires ou comme un roi et une reine. Enfin, l'enfant imagine qu'ils ne doivent pas savoir que leur héritier a survécu, sinon ils l'auraient cherché et trouvé. L'enlèvement et l'adoption par les parents officiels est une solution fréquente. Les sentiments à l'égard des parents officiels tendent à être ambivalents ; malgré leur statut inadéquat, une réconciliation finale est néanmoins souhaitée.

Sans Famille d'Hector Malot[1] est une histoire fictive inspirée de cette première étape du « roman familial ». Rémi, un garçon de huit ans, découvre brutalement qu'il n'est pas le fils de Mère Barberin, qui l'a élevé. L'homme qu'il croyait être son père le vend à un musicien des rues, Vitalis. Mais le vieil homme se révèle un gardien et un éducateur digne de ce nom. Après de nombreuses aventures, au cours desquelles Vitalis meurt, Rémi découvre le secret de ses origines et le nom de sa véritable mère : Madame Milligan, une aristocrate anglaise. Rémi se rend compte qu'il l'a déjà rencontrée dans le sud de la France où il s'est occupé de son garçon handicapé. Rémi apprend qu'il a été kidnappé lorsqu'il était bébé. Il rassemble des preuves et retrouve Madame Milligan, qui le reconnaît comme son fils perdu. Rémi, les amis qu'il s'est fait pendant son calvaire, ainsi que Mère Barberin, sont finalement tous hébergés par Madame Milligan et vivent heureux pour toujours, ensemble.

Le roman familial facilite l'intérêt de l'enfant pour la vie sociale en dehors du cercle familial. Pour retrouver ses parents perdus, l'enfant doit apprendre à connaître le vaste monde et s'entourer de nouveaux compagnons. Ceux-ci deviennent, à leur tour, des personnes à garder près de soi. Les fantasmes liés au roman familial évoluent alors que le cercle des compagnons s'agrandit.

Ce stade plus avancé du roman familial a inspiré, par exemple, *Timeline*, de Michael Crichton.[2] Le professeur Johnson, un archéologue, y voyage dans le temps jusqu'au quatorzième siècle. Là, un cruel seigneur de guerre le fait prisonnier. Ses étudiants, rejoints par son fils, le suivent dans le passé, vainquent le seigneur de guerre et ramènent le professeur.

Contrairement au roman familial primitif, les personnes à retrouver et à sauver dans ce scénario ne sont pas simplement des parents de substitution. Le professeur n'est pas simplement un substitut du père. Il est à la fois père et professeur. Pour le sauver, son fils doit faire confiance aux étudiants de son père, apprendre d'eux et les enrôler dans la mission de sauvetage. Ces nouveaux compagnons deviennent, à leur tour, des personnes à aimer et à sauver. Un monde plus complexe a été imaginé à partir du roman familial.

Des fantasmes de plus en plus complexes illustrent comment le roman familial se transforme progressivement en une histoire nationale. De nouveaux compagnons sont reconnus, et ces nouvelles relations captent une partie de l'affection qui était auparavant le monopole des parents et des gardiens. Il devient possible d'envisager de sauver et de préserver à jamais ce réseau de relations, et de l'imaginer comme une famille élargie, une nation.

Le roman familial laisse des traces dans les histoires nationales qui s'élaborent à partir de lui. Elles conservent souvent des épisodes directement inspirés des fantasmes familiaux. Ces épisodes sont notamment présents dans les vies légendaires et extraordinaires des fondateurs de nations. De nombreux exemples ont été recueillis par Otto Rank. Ils contiennent des histoires d'enfants dont la vie est menacée dès leur plus jeune âge, souvent après avoir été abandonnés par leurs vrais parents, des personnages de haut rang. Ils sont alors recueillis par des personnes humbles. Devenus grands, leurs actes extraordinaires révèlent leur nature supérieure. Au cours de leur ascension sociale, ils finissent le plus souvent par retrouver leurs vrais parents.

Rank a découvert cette structure commune en analysant pas moins de cinquante-six légendes, dont les vies de: Sargon, Etana, Moïse, Osiris, Ahi, Thot, Mani-Tiki-Tiki, Abraham, Isaac, Joseph, Karna, Ion, Œdipe, Juda, Grégoire, Darab, Paris, Zal, Télèphe, Persée, Dionysos, Apollon, Aïnus, Adonis, Erichthonius, Gilgamesh, Cyrus, Kai Khosrau, David, Brutus, Tell, Vaïnämöinen, Hamlet, Kullervo, Kalevi Poëg, Feridun, Trakhan, Romulus, Amphion et Zethus, Héraclès, Krishna, Jésus, Zoroastre, Bouddha, Mithra, Siegfried, Wolfdietrich, Horn, Wieland, Tristan, Lohengrin, Tyro et Scéaf. Rank mentionne également des légendes de Singapour, Maui, Tonga et Betsinisaraka.[3]

Sigmund Freud a interprété l'histoire de Moïse comme une exception partielle à la structure de Rank, car Moïse était le fils d'humbles hébreux, réduits en esclavage, au lieu de naître dans une famille royale ou riche. Il fut adopté par la fille du pharaon au lieu d'être élevé par de pauvres bergers.[4] Pourtant la légende est classique : Moïse découvrit ses véritables origines alors qu'il était encore un jeune homme, et cette découverte changea sa vie à jamais. Il se révolta contre l'esclavage imposé par les Égyptiens aux Hébreux et quitta l'Égypte pour vivre dans le désert. Là, il rencontra Dieu qui fit de lui son agent pour libérer les Hébreux et les conduire en Terre Promise.

Freud supposait que l'inversion partielle de la légende provenait d'une révision tardive : Moïse aurait été à l'origine un personnage égyptien qui serait devenu un héros national juif. Freud citait Josèphe qui avait rapporté une version de la légende selon laquelle Moïse aurait été le fils ou le petit-fils du pharaon.[5] L'interprétation de Freud sur les origines égyptiennes est plausible ; cependant, la légende ne fait pas exception ; elle ne va pas contre le scénario héroïque. En servant Dieu et son peuple élu, Moïse s'est élevé au-dessus de son ancienne condition de prince égyptien, et il a vaincu Pharaon. Le fait d'avoir été adopté par des Égyptiens s'est révélé pour lui une condition dégradante, malgré la puissance et la richesse apparentes de Pharaon. La puissance de Dieu était plus grande. Ainsi, l'histoire de Moïse est, elle aussi, typique de l'influence du roman familial.

La communauté nationale est imaginée comme une très grande famille, très étendue, de sorte que le cercle familial est une partie d'une famille plus grande. Défendre la nation, c'est aussi préserver une certaine continuité au sein de la famille. Ce point est illustré par le récit d'une militante de la langue irlandaise, Sarah Ó Sullivan, qui m'a expliqué pourquoi elle avait choisi de promouvoir l'enseignement de cette langue : « Je ne voulais pas être celle qui briserait la chaîne » :

> Le gaélique, la langue irlandaise, était parlé dans ma famille. Ma grand-mère et sa mère ont été les premières générations à parler anglais. Elles ne se sont pas détournées du gaélique à cause des garnisons anglaises, de la famine ou de la pauvreté. Mais comme de plus en plus de leurs amis mouraient ou émigraient, elles se sont retrouvées

complètement seules et démunies. Elles sentaient qu'elles n'avaient plus le choix.

Ma mère est née en 1909. Elle a appris le gaélique à l'école, et non à la maison. Plus tard, elle a passé des étés dans la communauté gaélique et a rejoint la Ligue gaélique. Elle était une célèbre chanteuse, et se produisait principalement en gaélique. Enfant, j'étais tout à fait consciente de l'importance de la langue.

Lorsque j'avais dix ans, ma mère et moi sommes allées à une réunion organisée par Eamon de Valera, le premier président de l'État libre d'Irlande. Il est monté à l'arrière d'un camion et a parlé gaélique pendant un moment. Je pensais qu'il l'avait fait pour moi.

À l'école, les enseignants nous ont transmis leur amour de la langue. L'un parlait couramment le gaélique, l'autre était un admirateur de Patrick Pearse, le héros de l'indépendance irlandaise. Plus tard, j'ai rejoint la Ligue gaélique malgré les remontrances de mon prêtre. Au sein de la Ligue, je me suis fait des amis. J'y ai aussi rencontré mon mari….[6]

Le récit de Sarah Ó Sullivan témoigne de la manière dont la défense de l'héritage national peut finalement être perçue comme un moyen de maintenir des éléments d'unité et de continuité au sein de la famille. L'acceptation d'une histoire nationale permet à l'adulte de réaliser une grande partie du scénario héroïque enfantin. Être le défenseur de la nation et du cercle familial apparaît comme une seule et même chose.

Pour défendre efficacement sa famille, il faut trouver des alliés et défendre une nation entière. La nation apparaît comme le seul cercle réellement défendable.

Cette idée a inspiré des fictions telles que *Le Chemin de la Liberté (The Patriot)*.[7] Le film s'ouvre en 1776, lorsque les colonies américaines se soulèvent contre le Royaume-Uni. La répression est féroce ; les rebelles sont débordés par l'armée britannique. Le personnage principal est un propriétaire terrien qui refuse de se battre. Pourtant, lorsque les Britanniques tuent l'un de ses fils et s'apprêtent à en exécuter un second, il choisit de le sauver en massacrant la patrouille britannique. Ses compétences militaires font bientôt de lui un chef des rebelles. Il joue un rôle décisif dans le retournement de situation et entraîne les Insurgés vers la victoire finale.

Dans l'histoire nationale les parents sont perçus comme des compagnons, des personnes qui montrent la voie et inspirent les bonnes actions. Même s'il a pu y avoir des divergences avec eux à un moment donné, tout finit par avoir un sens. La relation ambiguë du roman familial est dépassée. À l'inverse, le fait de ne pas trouver une place parmi des compagnons dans une communauté nationale ravive souvent les fantasmes adolescents, faisant resurgir des sentiments négatifs envers les parents.

Par exemple, la perception d'un échec personnel, conjugal ou professionnel peut déclencher une telle régression. Les fantasmes familiaux adultes qui surgissent alors sont souvent qualifiés de fantasmes de secrets de famille. Les désirs enfantins de parents puissants perdurent mais sont devenus plus subtils. Les adultes qui entretiennent un sentiment d'échec ont tendance à s'imaginer qu'ils sont désavantagés par une erreur commise et gardée secrète par leurs ancêtres ou leurs parents. La découvrir, la réparer ou en être absous est alors imaginé comme une étape nécessaire pour réussir dans ses démarches personnelles. Par association, la découverte du secret de famille est souvent imaginée comme permettant de triompher de l'Ennemi.

Ces fantasmes ont inspiré, par exemple, le dernier livre de la série *Harry Potter*, *Les Reliques de la Mort*.[8] Harry Potter y est devenu un adulte. Mais il a le sentiment qu'il ne pourra pas vaincre le maléfique Lord Voldemort car son ancien directeur, Albus Dumbledore, lui a caché de nombreux secrets. Harry est orphelin et considère son école, Poudlard, comme sa maison. Les secrets du directeur sont donc pour lui comme un secret de famille. Ce n'est qu'après que les amis de Harry, Ron et Hermione, l'ont aidé à découvrir toute la vérité sur ses propres origines et sur le passé de Dumbledore, que Harry, réconcilié avec lui, peut défier Voldemort et le vaincre enfin.

Un autre exemple célèbre est celui de la première trilogie *Star Wars*. Le premier film s'inspire du roman familial primitif, mais les deux derniers puisent eux nettement dans le thème du secret de famille. Dans le premier film, *Un nouvel Espoir,*[9] le jeune Luke Skywalker est élevé par ses parents adoptifs, de modestes fermiers sur la planète désertique Tatooine, un coin perdu de l'Empire galactique. Un vieil ermite, Obi-Wan Kenobi, révèle à Luke que son vrai père était un chevalier Jedi dont Luke a hérité les pouvoirs spéciaux. Il lui apprend également que son père a été tué par l'adjoint de l'Empereur, Dark Vador. Lorsque ses parents adoptifs sont brutalement assassinés par les escadrons impériaux, Luke décide de rejoindre l'Alliance rebelle et de combattre l'Empire. Avec ses nouveaux amis, Luke apporte une aide décisive à l'Alliance assiégée et détruit l'arme ultime de l'Empire, l'Étoile de la Mort.

Mais dans le deuxième épisode, *L'Empire contre-attaque,*[10] Luke rencontre enfin Vador, et ce dernier lui révèle qu'il est en réalité son père. La révélation de ce secret brise Luke, qui en veut intensément à Obi-Wan Kenobi de lui avoir menti. Dans le troisième épisode, *Le Retour du Jedi,*[11] Luke réalise qu'il ne veut pas combattre son père et tente de le libérer de l'influence de l'Empereur. À la fin, alors que tout semble perdu, Vador sauve son fils en tuant l'Empereur et se rachète ainsi avant de succomber à ses blessures. Le secret de famille contenait la clé de la victoire.

Le fantasme du secret de famille est la dernière étape du roman familial. Il illustre la longue et souvent pénible transition entre le scénario héroïque de l'enfance et l'histoire nationale qui constitue le cadre de la vie adulte.

Les adultes continuent d'être secrètement inspirés par des réminiscences enfantines. Ces notions intimes, qui ne sont jamais partagées avec les autres, leur donnent le sentiment d'avoir un lien plus profond, plus intime avec le danger que les autres. Ce sentiment renforce l'idée d'être l'Élu, appelé à l'action par un destin hors du commun.

*

Au début du vingtième siècle, la découverte des ressemblances frappantes entre les vies légendaires de nombreux héros nationaux a suggéré à Otto Rank et Sigmund Freud une cause universelle. Ils ont admis que ces ressemblances pouvaient être dues à des imitations : les influences entre les personnes, même extrêmement éloignées dans l'espace et le temps, ne peuvent jamais être complètement exclues. Mais ils ont aussi soutenu que même de telles imitations devaient être expliquées par un goût et une prédisposition similaire.[12] C'était une percée dans la découverte d'une structure universelle de l'esprit.

Freud a proposé une explication centrée sur ce qu'il a appelé le refoulement du complexe d'Œdipe. Il pensait que les légendes étaient attrayantes parce qu'elles exprimaient des sentiments autrement réprimés. Selon Freud, le jeune garçon désirerait posséder exclusivement sa mère et serait jaloux de son père qu'il voudrait éliminer et remplacer. Le garçon admire également son père et veut l'imiter, ce qui renforce sa jalousie. Freud supposait que ces sentiments seraient par la suite refoulés dans la partie inconsciente de l'esprit, ce qui expliquerait qu'ils ne puissent réapparaître que chez des adultes en rupture ou dans des œuvres artistiques, lorsque le refoulement est moins fort. Afin d'expliquer le refoulement, Freud a proposé que l'enfant développe également ce qu'il a appelé un « complexe de castration ». L'enfant aurait peur pour lui-même ; il craindrait en particulier que son père le punisse pour ses sentiments.[13]

Selon Freud, les fantasmes liés au roman familial résulteraient du refoulement du complexe d'Œdipe. En effet, ils semblent être généralement abandonnés avant l'âge adulte.[14] Freud propose également que le refoulement du complexe d'Œdipe perdure à l'âge adulte car la peur originelle de la colère du père se prolonge par la peur d'autres puissants : le chef, le capitaine ou le roi. C'est pourquoi ils sont tous considérés par Freud comme des figures du père. Selon lui, le refoulement du complexe d'Œdipe serait ainsi la tendance clé qui structure la vie sociale. Elle rendrait également les légendes attrayantes et universellement ressemblantes. Les légendes seraient de rares exutoires à travers lesquels les désirs refoulés pourraient s'exprimer et où une satisfaction pourrait être trouvée.

Mais la théorie freudienne n'est pas soutenue par les faits. Si elle l'était, les légendes seraient toutes construites selon un scénario différent de celui qui est universellement observé. Premièrement, le héros serait menacé par son père. Deuxièmement, il tuerait son père. Troisièmement, il épouserait sa mère. Aucune légende ne correspond, même de loin, à ce scénario. Freud en était peut-être conscient, car il n'a jamais prétendu que le mariage avec la mère était un schéma commun à une légende. Cependant, il a maintenu que toutes les légendes rassemblées par Rank partagent un schéma commun : le père du héros aurait essayé de tuer son fils, et le héros aurait dû se battre contre son père pour survivre. «Un héros est un homme qui se dresse virilement contre son père et qui finit par le vaincre. »[15]

Les preuves invoquées par Freud contredisent sa théorie : les héros légendaires n'attaquent jamais leurs pères. Au contraire, ils sont tout à fait disposés à les défendre contre l'agression et ou les venger d'un tyran. La plupart des légendes reflètent un fort amour filial. Les liens sont parfois mis à l'épreuve, mais ils se révèlent solides.

Par exemple, les jeunes Romulus et Remus ignorent leur véritable famille. Ils se battent contre les serviteurs de leur grand-père, mais lorsqu'ils découvrent leurs véritables origines, ils rejoignent instantanément leur grand-père et luttent pour le réinstaller sur le trône d'Albe. Dans une autre histoire exemplaire, Joseph est vendu comme esclave par ses frères jaloux, mais il leur pardonne et les sauve à la fin, ainsi que leur père bien-aimé.

Même la légende désignée par Freud comme la plus typique de sentiments supposés refoulés ne correspond pas à cette explication. La vie d'*Œdipe* par Sophocle (vers 429 avant notre ère) est une tragédie et non un drame épique.[16]

En effet, à la naissance d'Œdipe, un oracle a prédit qu'il tuerait son père. Terrifié, son père, le roi, ordonna l'exécution de son fils, mais le soldat chargé de cette mission abandonna le bébé dans la nature où il fut miraculeusement retrouvé par un pauvre berger qui l'éleva. Devenu adulte, le jeune Œdipe, ignorant ses origines royales, voyagea et chercha à se distinguer à l'étranger. Sur la route, il rencontra un seigneur arrogant, le combattit et le tua. Il libèra ensuite la ville de Thèbes d'un monstre rapace, le Sphinx, fut élu roi, épousa la reine récemment devenue veuve et eut des enfants avec elle. Lorsqu'une peste s'abatit sur la ville, un oracle révéla qu'Œdipe était le fils du défunt roi qu'il avait tué et de la reine qu'il avait épousée. Désespéré, Œdipe s'aveugla et quitta Thèbes, pour ne plus jamais revenir.

Si la légende d'Œdipe était l'occasion d'exprimer une convoitise refoulée pour la mère ou une hostilité refoulée envers le père, le lecteur se sentirait excité. Il est même possible d'imaginer qu'à la fin, afin de satisfaire les désirs refoulés du lecteur, Œdipe trouverait un moyen de rester roi et mari. Le meurtre de son père serait d'une façon ou d'une autre célébré, et non regretté. Nos sentiments, cependant, sont dominés par la pitié pour Œdipe et la colère face au destin immérité que les dieux lui ont imposé. À aucun moment, le lecteur ne peut ressentir d'exaltation. La théorie du «complexe d'Œdipe» ne correspond ni à la légende ni à la réaction du lecteur à celle-ci. La vie légendaire d'Œdipe est une tragédie. Malgré tout son esprit, son courage et son honnêteté, Œdipe n'a eu aucun contrôle sur les événements ; il ne fut qu'une simple marionnette pour les dieux. Ceux-ci le punirent durement pour des crimes qu'il ne pouvait savoir commettre. Ils ne trouvèrent aucune circonstance atténuante dans la victoire sur le Sphinx. Ils reconnurent un père dans un homme qui n'avait pas reconnu son propre fils. Les dieux étaient injustes.

La théorie de Freud n'explique pas mieux *Hamlet*. Pourtant, la pièce de Shakespeare est le deuxième cas qu'il a désigné comme étant typiquement inspiré par le complexe d'Œdipe.[17] Selon Freud, Hamlet tergiverse et n'ose pas venger la mort de son père[18] car, inconsciemment, il admire le meurtrier de son père, son oncle, qui a en plus épousé la veuve, la mère d'Hamlet, pour devenir roi du Danemark à la place de sa victime. Mais si l'explication de Freud était correcte, Hamlet n'aurait jamais tué joyeusement le meurtrier à la fin, et il n'aurait pas été si profondément déprimé au début. En fait, Freud néglige de prendre en compte un élément clé introduit par Shakespeare : personne ne sait que l'oncle d'Hamlet est l'assassin. Hamlet lui-même n'ose pas le croire, et il a toutes les raisons de le faire puisqu'il l'a appris d'un fantôme qui prétendait être l'âme de son père mort. Hamlet veut d'autres preuves et, en l'absence de celles-ci, il est déprimé par l'incertitude et l'inaction. Il perd l'estime de soi et la foi en ses proches. Il aspire cependant à venger son père et saisit, peu avant sa propre mort, la première occasion qui se présente lorsque son oncle révèle enfin sa perfidie.

Enfin, il est surprenant que ni Rank ni Freud n'aient considéré la légende qui, à première vue, semble le mieux correspondre à la théorie du complexe d'Œdipe : la légende de Zeus. Le père de Zeus, Chronos, avait pris l'habitude de manger ses enfants. La mère de Zeus a sauvé son fils en le cachant de son père. Lorsque Zeus devint adulte, il vainquit Chronos et l'émascula, libérant ainsi ses frères et sœurs, toujours contenus dans Chronos. Pourtant, même dans ce scénario particulièrement extrême, il y a un élément de réconciliation filiale à la fin, car Zeus réunit Chronos avec ses enfants.

Dans les nombreuses légendes étudiées par Rank et Freud, l'adversaire habituel n'est pas le père ; il s'agit plutôt d'un tyran qui opprime le héros et sa famille. Aucune de ces légendes ne correspond vraiment à l'hypothèse du complexe d'Œdipe. Si cette hypothèse était correcte, les légendes seraient très différentes, et celles qui sont transmises et cultivées ne seraient pas du tout attrayantes. Contrairement à Freud, Rank finit par admettre que le père n'est pas l'adversaire du héros et que le désir de le protéger et de le sauver domine les légendes.[19]

8. Un Ennemi intime

Au fond de lui, inconsciemment, chacun entretient la notion d'un Ennemi intime, un être caché, uniquement malveillant et dangereux, qui veut bouleverser l'ordre du monde et dominer toutes choses.

La simple évocation d'un danger entraîne des images d'une personne, ou du moins d'un corps, souvent menaçant. Cela se produit même dans des circonstances où ces idées pourraient sembler tout à fait incongrues. Cela ne peut s'expliquer que par l'attrait supérieur de l'idée de l'Ennemi.

L'évocation d'un danger génère des associations avec des idées qui pourraient sembler tout à fait incompatibles autrement. L'esprit associe simultanément tous les types de dangers en imaginant l'Ennemi, qui est conçu comme la source unique de tous les dangers.

L'évocation d'un danger crée donc un sentiment d'expérience intime. Elle évoque des idées qui n'ont probablement pas été partagées ou discutées, mais qui sont purement personnelles, comme des fantasmes enfantins. Il semble que les autres personnes ne soient pas également conscientes de la présence du mal. C'est ainsi que chacun se sent spécial. Il pense avoir un lien intime, privilégié avec l'Ennemi.

Les fictions et les récits historiques reflètent également l'attrait de l'idée de l'Ennemi. Prenons trois exemples : une fiction, une campagne de collecte de fonds et des dessins publiés par un magazine militant.

Tout d'abord, dans le film *En Pleine Tempête* (*The Perfect Storm*),[1] un pauvre pêcheur décide d'entreprendre une dernière sortie de pêche pour compenser une série de mauvaises prises. Il s'aventure beaucoup plus loin que d'habitude. Le temps est calme, mais les apparences sont trompeuses ; la plus extraordinaire des tempêtes se prépare. Enfin, un ami parvient à établir un contact radio avec le pêcheur et l'avertit qu'il « se dirige vers la mâchoire d'un monstre ». Malheureusement, il est trop tard pour le sauver.

En Pleine Tempête est typique des idées associées à l'Ennemi. L'histoire est basée sur un danger qui n'est pas incarné, une tempête, mais qui attire néanmoins cette idée, comme le révèle l'évocation de « la mâchoire d'un monstre ». Cette image évoque typiquement les fantasmes enfantins et les cauchemars peuplés de monstres animaux. Ce n'est certainement pas une convention entre pêcheurs que de qualifier les tempêtes de la sorte. Le danger arrive furtivement, même si le public sait, bien sûr, à quoi s'attendre. Toutes les notions typiques associées à l'Ennemi sont présentes.

Prenons un autre exemple. L'Institut Pasteur, un organisme de recherche en virologie, a affiché une publicité pour une campagne de collecte de fonds à l'occasion du 30e anniversaire de la découverte du sida. La publicité montre une balle qui déchire un virus du sida. D'un côté, le virus a une forme rappelant une mine navale : sphérique avec des antennes qui dépassent dans toutes les directions. De l'autre côté, la balle évoque un corps humain ou animal, pas un virus. Le contraire serait absurde ; un virus est bien trop petit pour être détruit par une balle. Cette image a été conçue pour souligner que, malgré l'absence apparente de danger, malgré sa petite taille, le corpuscule est en réalité un tueur furtif et doit être traité comme tel.

Implicitement, le danger et la détermination à tuer le virus étaient perçus comme mieux évoqués par la suggestion d'une façon très classique, voire simpliste, de tuer : avec un revolver, quelque chose qu'un enfant peut imaginer, qu'une seule personne peut faire. Cette image est perçue comme plus efficace que celle d'armées de chercheurs dans des laboratoires. Montrer un seul virus était perçu comme plus efficace que d'en montrer des milliards en train de se répliquer. En bref, l'Institut Pasteur pensait qu'il était plus attrayant de suggérer une menace unique, incarnée et intime.

Déjà en 1900, la direction de l'Institut considérait les microbes comme des adversaires trop insaisissables pour être représentés tels qu'au microscope. Une campagne publicitaire associa donc les microbes à des monstres de toutes sortes (Figure 5).

A l'époque déjà, les nouvelles méthodes d'inoculation de Pasteur étaient délibérément dépeintes comme des « guerres » contre les microbes. En France, elles étaient liées à la revanche contre l'Allemagne prussienne. Les microbes étaient souvent qualifiés de « prussiens » dans la presse française, et la Prusse était souvent comparée à une infection, comme si tous ces dangers, microbiotiques et internationaux, étaient liés. Comme s'il s'agissait d'un seul et même danger. Latour observe que ce mode de désignation des adversaires microscopiques contribue à populariser les nouveaux traitements et à en assurer le succès.[2]

Figure 5. Les microbes représentés en monstres dans une campagne publicitaire de 1900 par Anios et l'Institut Pasteur ©.[3]

Le logo du Cercle René Schickele, qui cherchait à défendre l'Alsace contre la « francisation », fut dessiné par Tomi Ungerer en 1992. C'est notre troisième exemple. Il représentait un géant qui écrasait le pied d'un petit homme sous son énorme chaussure. Le géant était au moins dix fois plus grand que sa victime. Il était si grand que seule son énorme jambe apparaissait sur le dessin. En marchant sur le pied de l'homme, le géant lui montrait son mépris et usurpait ses droits. Mais le petit homme résistait en revendiquant son droit à l'intégrité physique et à parler aussi bien le français que l'alsacien. Il criait au géant : « Mon pied... esch a füss! » (« est un pied », en alsacien).

Le géant dessiné par Ungerer est une image typique de l'Ennemi. Premièrement, il incarne la menace physique et l'oppression par sa seule taille, mais aussi par son geste d'agression. Deuxièmement, il s'agit d'une notion intime, qui évoque des souvenirs enfantins. Les géants sont typiquement le produit de l'imagination d'un enfant. Ils sont également très présents dans les contes de fées, comme le *Petit Poucet* de Charles Perrault (Figure 6).[4] Troisièmement, le géant reste largement caché puisqu'on ne voit que sa jambe. Quatrièmement, il incarne une menace unique en son genre ; sa seule taille le suggère.

Cette interprétation est confirmée par un autre dessin dans lequel le même pied de géant est placé sur une carte de France à l'emplacement de Paris, tandis que le petit homme ne proteste pas seulement en français et en alsacien, mais aussi en basque, en breton, en occitan, etc. comme si tous les peuples parlant ces langues étaient confrontés à la même menace, un danger unique venant de Paris. A l'époque de sa publication, les membres du Cercle Schickele ont en effet accusé « Paris » et « les Ministères » d'organiser la disparition de la langue alsacienne et de toutes ses langues sœurs en France.

Un dessin convergent a été réalisé par un autre défenseur de la langue alsacienne, Robert Piela.[5] L'agresseur, un tailleur, également originaire de Paris, voulait couper la langue d'un enfant parlant alsacien. L'attaque est typique de l'imagination d'un enfant ; elle évoque des comptines telles que :

Tell Tale Tit
Your tongue shall be slit
And all the little dicky-birds will have a little bit.

(Chut, Faiseur de ragot
Ta langue aura un coup de rabot
Et tous les petits oiseaux en auront un lot).

Figure 6. *Le géant comme cauchemar enfantin (illustration de Gustave Doré pour* Le Petit Poucet, *1867).*

Dans les deux cas, le malfaiteur venait d'un seul endroit : Paris. L'origine unique de tous les maux est une notion caractéristique associée à l'Ennemi. Mentionner la demeure de l'Ennemi est une manière directe de l'évoquer puisqu'il est censé y être caché. Les défenseurs de la langue alsacienne désignent « Paris » comme la source du mal, tandis que les défenseurs de la langue galloise parlent de « Londres » et de « Westminster » pour désigner les origines des maux qu'ils dénoncent. Cependant, tous considèrent les personnages les plus publics, élus ou membres de la famille régnante, comme des personnes plutôt bienveillantes.[6] De même, les opposants au bloc communiste pendant la guerre froide étaient convaincus que « Moscou » complotait contre le monde libre ; ils étaient toutefois disposés à rencontrer les dirigeants soviétiques et à négocier avec eux. Dans tous ces cas, l'Ennemi était toujours soupçonné de rester caché dans sa tanière.

Dans tous ces exemples, l'Ennemi est imaginé comme une volonté unique d'où dérivent tous les maux. Il est caché. Seule une connaissance intime de ses actions permet de détecter et de révéler le danger.

La notion d'un lien personnel et intime avec l'Ennemi est très souvent véhiculée par des images rappelant les fantasmes enfantins. Par conséquent, ces images illustrent et renforcent l'idée que l'on est confronté à la même volonté malveillante depuis l'enfance.

Par exemple, la plupart des militants alsaciens que j'ai interrogés ont mentionné qu'ils avaient été personnellement victimes du système scolaire dans leur enfance. Ils ont mentionné qu'ils avaient été punis pour avoir parlé alsacien à l'école, forcés de porter un « symbole » honteux. Les militants gallois que j'ai rencontrés ont également produit spontanément des anecdotes personnelles concernant l'utilisation du bâton pour éradiquer le gallois des écoles galloises.[7]

L'idée que l'on est confronté à une même menace depuis l'enfance inspire également la fiction. Par exemple, dans *LA Confidential,*[8] un adulte rencontre enfin l'Ennemi dont il rêvait étant enfant.

L'action se situe dans les années 1950. Trois jeunes policiers de Los Angeles, Bud White, Jack Vincennes et Ed Exley évoluent dans un département de police qui n'a pas grand-chose à voir avec le LAPD idéal des fictions télévisées « inspirées de faits réels ». Loin de toujours rendre la justice ou défendre la moralité, chaque officier incarne un aspect particulièrement peu héroïque du vrai LAPD. White est voyou et raciste, Vincennes est obsessionnellement mondain, et Exley est individualiste et carriériste. Chacun méprise les autres. Exley n'apprécie pas la brutalité de White qui, en retour, ne peut supporter l'habileté d'Exley pour faire avancer sa propre carrière au détriment de ses deux collègues. Tous deux voient en Vincennes un flic dégénéré qui choisit les enquêtes les plus susceptibles de faire de lui un héros de journaux, quels que soient les compromis avec la vérité que cela implique.

Chacun trouve dans son passé des justifications douteuses à son propre comportement : Exley est le fils d'un père héroïque, également détective, mort en service alors qu'Exley était un jeune garçon. Exley lui est constamment comparé, à son désavantage bien entendu. White, quant à lui, est obsédé par le fait de faire justice aux maris violents car il a vu son père tuer sa mère. Seul le capitaine Dudley Smith semble capable de donner un peu de retenue à ces personnalités hautement dysfonctionnelles.

Un crime au café Nite Owl, où un collègue est tué, attire l'attention des trois policiers. Bien que l'affaire ait été rapidement classée par la mort des trois principaux suspects, White, Vincennes et Exley ont chacun un motif d'insatisfaction. Séparément, ils en viennent à comprendre que les meurtres sont liés à une grande quantité d'héroïne passée en contrebande par l'ancien chef mafioso, Mickey Cohen. Quelqu'un essaie de remplacer Cohen et de contrôler le trafic de drogue à Los Angeles. Le sentiment d'un danger imminent rapproche Vincennes et Exley, et ce dernier confesse un fantasme intime. Parce que son père a été assassiné et que l'affaire n'a jamais été résolue, Exley a imaginé, lorsqu'il était enfant, que le meurtrier de son père était un très mauvais gars nommé « Rollo Tomasi ». Rollo Tomasi est le type qui « s'en est tiré », qui n'a jamais été soupçonné et qui n'a jamais été découvert. Une nuit, Vincennes rend une visite privée au capitaine Dudley Smith pour obtenir des conseils sur l'affaire. Smith tue soudainement Vincennes, révélant qu'il est en fait lui-même ce nouveau chef de la mafia. Juste avant de mourir, Vincennes murmure : « Rollo Tomasi ». Son corps est retrouvé dans un parc le lendemain matin. Aucun lien avec Smith n'est établi.

Intrigué par le nom « Rollo Tomasi », Smith le lâche négligemment dans une conversation avec Exley, sans savoir qu'il s'agissait du fantasme secret d'Exley et que Vincennes était le seul à le partager. Exley sait maintenant que Smith a tué Vincennes. Soudain, Rollo Tomasi semble se matérialiser devant lui. Exley ne dit rien mais Smith sent la tension d'Exley et comprend qu'il doit l'éliminer. Il monte White contre Exley en lui montrant des photos d'Exley nu avec Lynn, la petite amie de White. La manœuvre atteint presque son but, mais White finit par se rallier à Exley afin de sauver Lynn. Ensemble, ils rencontrent leur adversaire commun et le tuent.

La fiction et les récits historiques contiennent tous des références à un Ennemi intime, un être caché, uniquement malveillant et dangereux, qui veut bouleverser l'ordre du monde et dominer toutes choses. Dans la fiction, seul le héros semble avoir une connaissance particulière et intime de la présence de l'Ennemi. Cette connaissance transparaît également dans les récits historiques. Les auteurs des récits historiques partagent avec le héros de fiction une connaissance intime de l'Ennemi.

III

FAIRE L'HISTOIRE

Chacun de nous est irrésistiblement attiré, sans jamais en avoir conscience, par la vision d'un destin héroïque qui le confrontera à un Ennemi tout-puissant.

La plupart du temps, cependant, l'on vit en temps de paix, lorsqu'il n'y a pas de menace immédiate évidente. Lorsque l'Ennemi est ainsi absent de la vie quotidienne, chacun est plus enclin à ressentir l'ennui, le manque de sens. Il réagit à ces circonstances insatisfaisantes en se livrant à la rêverie ou en consommant de la fiction, puisque celle-ci est alors plus attrayante que la réalité.

Mais cela ne suffit pas. Chacun a le sentiment tenace que la réalité n'est pas aussi paisible et inoffensive qu'elle le semble. Il peut attribuer cette impression à l'imagination, mais elle revient sans cesse. En effet, l'absence de l'Ennemi dans la vie quotidienne n'est pas du tout un problème pour l'esprit qui en entretient l'idée. Comme l'Ennemi est avant tout pensé comme une volonté, l'esprit donne facilement un sens à la situation en imaginant que l'Ennemi veut se cacher pour mieux manipuler ses victimes. Le secret de son existence doit être son arme la plus puissante.

Chacun ressent ainsi en soi une conscience particulière qu'il ne peut déceler chez les autres. Mais il n'ose pas agir de lui-même. Il s'imagine que l'histoire qui lui a été racontée est volontairement incomplète et trompeuse. Il craint d'être manipulé. Il oscille entre le doute et les reproches qu'il s'adresse à lui-même de ne pas savoir reconnaître le bien du mal.

La seule façon d'être délivré du doute est donc de rencontrer des compagnons, des personnes prêtes à partager leurs pensées les plus intimes, à n'avoir aucun secret, avec lesquelles on peut évoquer ses peurs intimes et qui peuvent confirmer que l'on n'est pas complètement fou.

Evoquer les plans de l'Ennemi ne peut certainement pas être son dessein car on l'imagine rester volontairement caché. Avec des compagnons, on se sent donc en confiance, capable de découvrir les conspirations et de révéler les tromperies. Ce qui est confirmé par les compagnons est considéré comme vrai. En fait, ils sont la source de vérité. Tout le reste est douteux. Ainsi, comme chacun veut connaître la vérité, chacun cherche spontanément des compagnons et s'adapte à leur vision du monde (*9 - La Révélation de la Vérité*).

Plus les compagnons de lutte se reconnaissent entre eux, moins ils doutent d'eux-mêmes. Leur mobilisation s'accélère (*10 - Distinguer Amis et Ennemis*).

La mobilisation est bipolaire. Plus l'on trouve des compagnons et plus on est mobilisé contre ceux qu'on considère comme leurs adversaires. Chacun reconnaît de plus en plus la réalité à laquelle il aspire, où il n'y a que deux camps : les adversaires et les compagnons. Tous les adversaires sont considérés comme appartenant à un seul camp, quelles que soient leurs différences. En effet, ils doivent tous, en définitive, servir l'Ennemi, source unique de tous les maux. À leur tour, tous les adversaires des adversaires sont imaginés comme appartenant à un seul camp, car ils combattent tous en fin de compte l'Ennemi. Ils sont tous imaginés comme des amis et des alliés. Deux coalitions hostiles se forment. Les interactions renforcent de plus en plus les deux camps. A mesure que la mobilisation bipolaire s'accélère, elle attire des effectifs toujours plus importants.

L'Ennemi semble se cacher. Des provocations sont donc nécessaires pour le faire réagir et révéler sa nature mauvaise. Plus les adversaires réagissent, plus les compagnons voient leurs provocations justifiées par la nouvelle tournure des événements. Ils trouvent donc une inspiration renouvelée dans chaque réaction qu'ils suscitent. Ainsi, de la provocation à la réaction, les deux camps créent de nouvelles circonstances qui justifient leurs actions et attirent de plus en plus de personnes à leur cause. En s'accélérant, la bipolarisation fait converger tout le monde vers une nouvelle vision de l'Histoire (*11 - Des Histoires qui convergent*).

Toutes les actions, ambitions et rivalités personnelles convergent et s'alignent sur la bipolarisation générale (*12 - Des Rivalités personnelles à la Guerre mondiale*).

La bipolarisation se généralise et atteint son apogée lorsque les deux parties, suffisamment convergentes, sont en accord non seulement sur l'orientation générale de l'histoire, mais aussi sur les moyens qui doivent décider de l'issue du conflit. Par conséquent, lorsque le conflit atteint son point culminant, malgré une hostilité mutuelle extrême, les deux parties peuvent s'accorder sur le fait de savoir quel camp a gagné et quel camp a perdu. La victoire d'un des deux camps est suivie d'une démobilisation générale. L'Ennemi semble avoir disparu. La bipolarisation générale passe par des cycles. Elle s'accélère, atteint des sommets, puis décélère. La fin d'un cycle n'est pas la fin de l'Histoire. Elle est immédiatement suivie par le début d'un autre cycle d'alliances et de conflits bipolaires (13 - *Les Cycles de Bipolarisation*).

Les anciens adversaires partagent désormais une vision commune de l'histoire. Ils peuvent devenir des alliés contre de nouveaux adversaires communs. Les cycles de bipolarisation successifs conduisent à des coalitions de plus en plus importantes. Au fil des cycles successifs, de plus en plus de personnes partagent une histoire internationale commune. Une société internationale émerge. Elle rassemble tous les peuples qui se reconnaissent mutuellement comme des alliés et des adversaires valables (*14 - Vers une Histoire internationale*).

L'omniprésence de la dynamique des conflits est cependant difficile à accepter. Chacun préférerait spontanément que les autres soient raisonnables et pacifiques. Mais précisément, ils en veulent aussi aux autres de ne pas se comporter ainsi. Ces notions favorisent également la bipolarisation (*15 - Par-delà la Raison et les Lois*).

9. La Révélation de la Vérité

Chacun s'imagine un monde dont il pourrait devenir le héros. Mais l'Ennemi dont on sent intimement qu'il doit exister n'est nulle part. Il doit se cacher, pour mieux manipuler ses victimes. Il est impossible de savoir où se trouve le mal et de distinguer le mal du bien. Le doute s'insinue. Il est impossible d'agir.

Cette paralysie paraît aider l'Ennemi. Elle doit donc être son œuvre. Chacun est poussé à se blâmer pour son inaction. Le doute et le blâme alternent sans cesse, se renforçant mutuellement en un cercle vicieux. La seule chose qui soit finalement certaine, c'est que l'on est de plus en plus isolé, incapable de tendre la main. L'isolement est certainement le mal absolu.

À ce moment-là, toute personne qui ne nous blâme pas, mais nous relève, nous accompagne et nous soulage du doute et de la haine de nous-mêmes, est un compagnon. Plus quelqu'un est capable d'écouter nos peurs, plus cette personne ouvre une porte sur un monde où le bien peut être distingué du mal. Une certitude apparaît : les compagnons sont la source du bien.

Cette pulsion de socialisation, ce besoin de fraternité, existe depuis les origines de la vie de l'esprit, avant même que l'esprit n'acquière les outils langagiers et culturels qui lui permettent de construire un scénario complexe.

L'esprit est constamment poussé à anticiper et à imaginer des disruptions. Dans sa propre expérience, il est donc lui-même une source principale de disruptions. De plus, il est poussé à imaginer, derrière chaque disruption réelle, une volonté similaire à la sienne. Cette tendance est si forte qu'il imagine des volontés et des visages même là où il n'y en a pas. Les humains sont attirés avant tout par les disruptions et donc par les autres humains qu'ils associent à ces disruptions.

Ils sont ambivalents vis-à-vis des autres comme ils le sont vis-à-vis d'eux-mêmes. Ils savent intimement qu'ils sont capables de faire le mal comme le bien. Mais chacun veut distinguer le bien du mal. Il veut donc mieux savoir qui sont vraiment les autres. Il s'agit de savoir reconnaître le mal du bien, chez les autres comme chez soi.

Apprendre à se distinguer des autres causes, des autres personnes, et apprendre à distinguer le bien du mal, est un parcours indissociable, qui commence avec les premiers mouvement de l'esprit et dure toute la vie. La clé est toujours la même. Il faut trouver des compagnons. Plus on a de compagnons, plus on sent qu'on peut distinguer le bien du mal et se distinguer, être le Héros.

Chacun cherche spontanément des compagnons. Cela s'observe chez les tout-petits comme chez les adultes. Cela fait partie des tendances spontanées et universelles de l'esprit. Cette tendance a des conséquences cruciales.

Sans compagnons, chacun se retourne contre soi-même. Il le fait sans même y penser. L'esprit est fait pour réagir aux informations qu'il perçoit. Isolé des autres personnes, compagnons ou adversaires, l'esprit détecte spontanément des perturbations volontaires dans la seule source où il peut les trouver, les conséquences de ses propres activités. Il réagit contre elles. Le corps est soumis à des impulsions contraires, au risque de dysfonctionner. Les bébés isolés sont particulièrement à risque. Les jeunes enfants souffrent également de manière disproportionnée lorsqu'ils sont isolés, car ils disposent en général de moins de souvenirs de relations structurantes.

Ce phénomène a été observé pour la première fois au treizième siècle dans le sud de l'Italie. L'empereur Frédéric II avait lancé une expérience pour déterminer la langue naturelle des humains. Il avait fait rassembler des dizaines de nouveau-nés et avait demandé à leurs nourrices et à leurs infirmières de les allaiter, de les baigner et de les laver, mais en aucun cas de jouer avec eux ou de leur parler. Il espérait enregistrer la langue que les enfants utiliseraient spontanément sans en avoir jamais entendu aucune autre auparavant. Il avait parié sur le latin, l'hébreu ou le grec. Mais aucune de ces langues n'a été parlée par aucun de ces bébés. Tous sont morts prématurément sans avoir prononcé un seul mot reconnaissable.[1]

Dans une moindre mesure, une situation comparable a été observée dans les années 1940 par René Spitz avec des enfants orphelins placés en institution. Les orphelinats se concentraient alors sur la menace virale. Les enfants étaient bien nourris, maintenus au chaud et propres, mais avaient des contacts limités avec leurs camarades de jeu et avec les personnes qui s'occupaient d'eux, afin de limiter la transmission des microbes. En effet, les orphelins qui étaient contaminés étaient particulièrement en danger. Par exemple, le taux de mortalité moyen de la rougeole atteignait chez eux 40 %, contre 5 % chez les enfants ordinaires. Spitz déduisit de ses observations que c'était l'isolement et le manque d'interaction qui augmentaient le taux de mortalité.[2]

Cette hypothèse a été confirmée car on a observé que les jeunes animaux soumis à une séparation prolongée d'avec leur mère présentaient des indicateurs de vitalité, tels que les niveaux hormonaux et la température, en forte baisse, tandis que les rythmes corporels, tels que la fréquence cardiaque et le sommeil, devenaient de plus en plus irréguliers.[3]

Si l'esprit s'ajustait simplement par empathie avec d'autres personnes, les activités psychiques ne seraient pas nécessairement affectées par l'absence du compagnon. L'état d'esprit installé en présence des compagnons pourrait bien se poursuivre même en leur absence. Seule la présence d'une personne pourrait l'affecter, mais pas son absence. Mais on observe bien qu'en l'absence des « proches » l'esprit perturbe activement les activités du corps, les interrompant ou produisant des fluctuations sauvages. Cette réaction différencie le travail de l'esprit de la simple empathie. Elle montre également que l'instinct de survie n'existe pas. L'esprit cherche en priorité à analyser là où se trouvent le bien et le mal. En l'absence de compagnons, il les trouve tous deux dans son propre corps et réagit de façon de plus en plus erratique aux stimulations qu'il provoque lui-même.

Les bébés, comme les enfants et les adultes, ont besoin de quelqu'un pour les délivrer de leurs terreurs, pour les aider à se calmer. Les compagnons sont nécessaires pour distinguer le bien du mal et la vérité du mensonge. La vérité est donc ce que les compagnons disent qu'elle est. La vérité est toujours révélée. Chacun croit toujours que les compagnons font ce qui est juste. Il croit en la vision du monde que ses compagnons lui transmettent.

Par conséquent, chacun anticipe les sentiments de leurs compagnons, même les plus intimes. Chacun a tendance à s'y conformer, et se synchronise avec les pensées et les émotions se ses compagnons. C'est ce qui se passe par exemple dans le village espagnol de San Pedro Manrique lorsque chaque 23 juin, ses habitants célèbrent le solstice d'été par des processions religieuses. À minuit, ils organisent un rituel spécial. Des volontaires « marchent sur le feu ». Ils traversent pieds nus un tapis de braises de chêne chauffées au rouge, en portant une autre personne sur leur dos. Cette cérémonie se déroule dans un amphithéâtre spécial construit pour trois mille spectateurs. Chaque année, le rituel attire en effet de nombreux touristes.

Ivana Konvalinka et son équipe de chercheurs ont suivi le rythme cardiaque de douze marcheurs du feu, de neuf spectateurs liés aux marcheurs et de dix-sept sectateurs sans liens avec eux. Les spectateurs se contentaient de regarder, sans partager d'activité ou de rythme avec les marcheurs. Le rythme cardiaque des parents et des amis des marcheurs a augmenté et diminué en synchronisation avec le leur.[4]

Cette observation a montré que la synchronisation profonde ne pouvait pas simplement résulter du fait de bouger ensemble en rythme, comme lorsqu'on chante, danse ou marche ensemble. Björn Vickhoff et ses collègues chercheurs avaient expliqué la synchronisation des pulsations chez les chanteurs de chorale par une respiration synchronisée.[5] Mais quelque chose de plus profond opère. Et cela explique aussi, dans le cas décrit par Vickhoff, pourquoi les chanteurs se rencontrent et trouvent du plaisir à chanter. Leur synchronisation ne peut être que le résultat observable de leur désir de camaraderie.

La synchronisation s'étend au-delà des émotions et des rythmes corporels, à la cognition et aux récits. Puisque les compagnons sont nécessaires pour distinguer le bien du mal et la vérité du mensonge, la vérité est ce que les compagnons disent qu'elle est. La vérité est toujours révélée.

Cette compréhension spontanée du monde a été observée même chez les bébés. Une expérimentation a été conçue pour observer des bébés utilisant les connaissances de leurs compagnons - en l'occurrence, celles de leurs mères - pour décider de la direction à prendre. Ils apprenaient simplement en observant l'état d'esprit de leur mère, en lisant leur visage.

Les chercheurs utilisaient une table en plexiglas dont la surface était en partie opaque et en partie transparente. Les bébés étaient placés sur la partie opaque et pouvaient se déplacer librement. Leurs mères restaient à proximité mais ne les aidaient pas physiquement. Les bébés se déplaçaient généralement jusqu'à ce qu'ils atteignent l'endroit où la surface devenait transparente. Ils n'avaient aucune expérience préalable des tables en plexiglas. Ils voyaient l'abîme s'ouvrir devant eux. Ils devinaient qu'ils risquaient de tomber. En même temps, la surface qu'ils touchaient semblait solide et continuait au-dessus de l'abîme. Ils hésitaient, puis regardaient le visage de leur mère. Si la mère était calme, ils continuaient généralement au-dessus de la partie transparente. Si elle semblait alarmée, ils s'arrêtaient et pleuraient.[6]

Le désir de rechercher des compagnons et la tendance à s'adapter à leur compréhension de la réalité sont également observables chez les adultes. Il a par exemple été testé expérimentalement par Miriam Lommen, Iris Engelhard et Marcel van den Hout. Environ deux mois après leur déploiement en Afghanistan, 213 soldats néerlandais ont été interrogés sur les événements stressants survenus pendant leur mission. On leur parla d'une attaque de missiles sur leur base le soir du Nouvel An. L'événement fut décrit de manière assez détaillée : le bruit de l'explosion, les observations de gravier projeté juste après l'explosion. Environ sept mois plus tard, les soldats furent à nouveau interrogés. Ils reçurent un questionnaire sur divers types d'événements, dont l'attaque de missiles. Environ un quart des participants déclarèrent avoir vécu l'attaque. Mais l'événement était complètement fictif.[7] Leurs témoignages ne pouvaient que traduire leur désir d'être, comme leurs autres, au cœur de l'action, leur peur d'être laissés en arrière, et leur tendance à accepter comme vrai et réel ce que des compagnons disaient être arrivé.

Le désir de trouver des compagnons est si puissant que chacun anticipe même les pensées des autres personnes qu'il considère comme des compagnons, ou celles des pairs qu'il a l'intention d'approcher comme des compagnons potentiels. Ce phénomène a été observé tant chez les enfants que chez les adultes.

Des expérimentateurs ont par exemple montré à des enfants et à des adultes un dessin animé comportant des scènes très simples dans lesquelles une balle pouvait rouler derrière un mur, sortir de l'écran ou sortir de l'écran et revenir. Un personnage était présent mais ne pouvait pas toujours suivre la balle et semblait parfois ignorer sa destination réelle. Les spectateurs adultes avaient eu besoin d'un peu plus de temps en moyenne pour indiquer la position réelle de la balle lorsque le personnage cherchait dans la mauvaise direction, y compris lorsque le personnage quittait l'écran, comme si ils tenaient compte des motifs qu'ils attribuaient au personnage, qui entraient en conflit avec leurs propres déductions sur la position de la balle. Les expérimentateurs ont estimé que les enfants prêtaient également attention aux pensées du personnage, car ils fixaient l'écran plus longtemps lorsque le personnage cherchait dans la mauvaise direction.[8]

De même, Gretchen Sechrist et Charles Stangor ont mené une expérience pour observer si les participants tiendraient effectivement compte de l'opinion exprimée par leurs pairs. Les chercheurs sondèrent d'abord les étudiants d'un campus américain pour évaluer leur degré de préjugés raciaux. Les personnes interrogées ont ensuite été invitées à une réunion. Celles à qui les chercheurs dirent qu'ils étaient significativement plus racistes que leurs pairs se s'assirent plus près d'une personne d'une autre «race» que les étudiants ayant un niveau de racisme similaire à qui on n'avait pas communiqué cette information. L'inverse a également été observé, montrant que l'opinion attribuée aux pairs renforce l'opinion personnelle lorsqu'elle est convergente et l'affaiblit lorsqu'elle est divergente.[9] De même, on peut observer que les jugements sur soi, tout comme les jugements sur d'autres personnes, sont corrélés aux opinions exprimées par les pairs.[10]

Une fois que chacun a identifié des pairs et des compagnons, il s'adapte à leur vision du monde. Les autres personnes ne suscitent pas la même réaction. L'esprit est parfaitement capable de faire la distinction entre les personnes ordinaires et les pairs et compagnons que l'on distingue d'elles.

Par exemple, à San Pedro Manrique, les spectateurs qui n'étaient pas des amis ou des parents des marcheurs du feu ne synchronisaient pas leurs battements de cœur avec eux.[11] De même, les pensées des personnes jugées repoussantes ou indignes d'être imitées ne sont pas imaginées, contrairement à celles des pairs et compagnons.[12]

Le désir de compagnons s'inscrit dans une volonté de distinguer le bien du mal. Il conduit à imaginer une bipolarisation. Les compagnons sont toujours imaginés en opposition à des adversaires qui sont supposés faire le mal et être manipulés par l'Ennemi.

L'empathie est limitée aux pairs et compagnons. Les gens se projettent dans un monde bipolaire, où le bien s'oppose au mal. Les compagnons sont distingués de toutes les autres personnes.

Cela explique que les gens éprouvent du plaisir lorsque les personnes qu'ils considèrent comme des compagnons et des alliés - par exemple leurs équipes sportives favorites - gagnent. Ils éprouvent, à l'inverse, de la douleur lorsqu'ils perdent. Des chercheurs ont observés des réponses neuronales spécifiques au plaisir et à la douleur qui confirmaient les sentiments dont les personnes faisaient part.[13]

La capacité à imaginer deux côtés opposés est observable même chez les enfants. Une expérimentation récente a d'ailleurs montré que cette tendance était observable à un âge beaucoup plus précoce que prévu. En effet, elle peut être illustrée par les réactions de bébés de six à dix mois lors d'un spectacle de marionnettes silencieux. Les marionnettes étaient simplement des formes de couleurs vives sur des bâtons et avec des yeux : un triangle, un carré et un cercle. L'une des marionnettes essayait de grimper une pente verte, tombant sans cesse. Les deux autres marionnettes intervenaient, l'une aidant et poussant le grimpeur vers le haut, l'autre le poussant au contraire vers le bas. Après le spectacle, les bébés avaient la possibilité d'attraper soit la marionnette auxiliaire, soit l'antagoniste, et ils étaient beaucoup plus enclins à choisir l'auxiliaire.

Lors d'une dernière scène, le grimpeur a été placé entre l'auxiliaire et l'antagoniste. Il allait ensuite soit vers l'un soit vers l'autre. Les bébés regardaient plus longtemps la scène si le grimpeur allait vers l'antagoniste. Il est probable que les bébés ont interprété les scènes comme l'ont fait les expérimentateurs adultes : bien que les objets aient été composés de formes extrêmement simples, avec aussi peu de détails que possible pour les relier à des personnes réelles, les bébés leur ont spontanément attribué des intentions distinctes et opposées. Ils ont aussi spontanément préféré rejoindre l'auxiliaire. Ils ont été surpris lorsque le grimpeur a fait un choix différent, ce qui explique pourquoi ils ont regardé plus longtemps.[14]

Cette expérience a confirmé le développement précoce de tendances liées : la tendance à imaginer des volontés derrière des mouvements et à reconnaître des visages même dans des objets, la tendance à rechercher des compagnons, la tendance à imaginer leurs pensées, la tendance à associer les compagnons à un conflit bipolaire et la tendance à être déconcerté lorsque les compagnons ne se conforment pas à cette vision.

La camaraderie ou l'isolement déclenchent des changements radicaux dans la perception des événements, dans le cours de l'action et dans le niveau de mobilisation. Ces changements radicaux ne peuvent s'expliquer que par le mode de pensée binaire qu'implique le scénario héroïque. On ne peut que combattre le mal ou se battre pour l'Ennemi. Il n'y a pas de troisième voie.

10. Distinguer amis et ennemis

Un scénario héroïque façonne notre vision du monde. Même lorsque nos vies semblent aussi déconnectées que possible des circonstances héroïques, l'esprit est toujours suprêmement attiré par de telles pensées. La déconnexion apparente entre l'imagination et la perception impose donc la seule réponse logique : l'Ennemi ne semble nulle part car il se cache volontairement. Il manipule secrètement ses victimes car cela renforce ses pouvoirs. Mais alors, comment être certain de ne pas être à son tour manipulé, et amené à combattre le mauvais camp ?

Douter de soi isole et paralyse. Pour distinguer le bien du mal, il faut des compagnons. Eux seuls peuvent dire la vérité. Plus chacun trouve des compagnons, plus il gagne en confiance et identifie facilement ses véritables adversaires.

A l'inverse, les personnes qui semblent agir seules sont souvent considérées comme possédées par de mauvaises idées. Les personnes qui se sentent soudainement isolées ont tendance à se blâmer et à se retourner contre elles-mêmes. Elles alternent sans fin entre l'idée que l'Ennemi est si puissant que personne d'autre qu'eux ne l'a encore détecté et une tendance opposée qui les fait considérer leur isolement comme le signe qu'elles sont réellement possédés par des idées maléfiques. Elles alternent généralement entre des périodes d'hyperactivité et des périodes de dépression. Ces cycles s'estompent dès que l'on trouve des compagnons.

Le soutien d'un compagnon est suffisant pour permettre à quelqu'un qui doutait de lui-même d'agir avec audace et confiance.

Un officier de la Royal Navy se souvint d'une anecdote en ce sens, survenue lors de sa première bataille, au début du XIXe siècle. Il était sur le point d'attaquer un navire et se tenait dans une pinasse pendant que les marins ramaient. L'ennemi ouvrit le feu. Le jeune officier se sentit «envahi par la peur» et se mit à trembler de façon incontrôlable. Un officier, le lieutenant Ball, se plaça alors à côté de lui. Sans perdre de vue le navire ennemi, il prit la main du narrateur et l'encouragea : « Courage, mon cher garçon ! N'ayez pas peur de vous ! Vous vous rétablirez dans une minute ou deux - j'étais exactement comme ça lors de ma première action. » Le jeune officier se sentit bientôt mieux, comprenant qu'il n'était «pas encore déshonoré. »[1] Il avait trouvé un compagnon : quelqu'un qui pouvait comprendre ses doutes et ses craintes. Le lieutenant Ball l'avait aidé à surmonter ces doutes et ces craintes en les partageant avec lui.

La peur d'être impuissant et manipulé par l'Ennemi fait douter de soi. Chacun se reproche sa propre impuissance. On se voit comme un coupable serviteur de l'Ennemi. Seul le partage avec les compagnons permet de distinguer le bien du mal. Il faut un compagnon, quelqu'un qui a été victime lui aussi, qui accepte que l'on l'aide.

Voici un cas exemplaire : en 1992, une jeune femme, Barbara, apprenait qu'elle avait le sida. Elle pensait qu'elle allait mourir dans les mois qui suivaient, et prévoyait que son petit garçon serait bientôt orphelin. Son petit ami, Antoine, avait avoué l'avoir contaminée. Il avait confessé se savoir malade mais avoir eu trop honte et trop peur d'être rejeté. Barbara plongea dans la dépression. Après quelques mois, elle se remit à travailler comme serveuse. Elle rencontra un autre amant. Mais quand Antoine apprit leur liaison, il la battit. Elle déménagea alors mais ils restèrent en contact. Elle apprit qu'il avait à son tour une nouvelle relation. Elle lui demanda s'ils avaient des rapports protégés. Sans réponse claire elle décida de prévenir l'amante d'Antoine qui se remit dans une colère noire et la menaça de la tuer. Réalisant soudain qu'elle n'était peut-être pas la seule à avoir été contaminée par son ex-petit ami, elle commença à éprouver de la haine pour lui. Elle commença à se considérer comme une victime plutôt que comme une coupable.

Avant cela, elle avait été possédée par l'idée qu'elle avait commis une faute et s'était attachée à continuer à vivre, pour le bien de son enfant et de son ami. Cela n'avait pas été facile. Une forte consommation de drogues et d'alcool avait marqué ces années-là. Une tentative de suicide avait suscité peu de compassion dans sa famille. Mais maintenant, elle comprenait différemment ce qui lui était arrivé. Au lieu de se concentrer uniquement sur la lutte contre le virus, elle sentit qu'elle devait faire quelque chose pour protéger les autres victimes, avérées ou potentielles. Elle décida de poursuivre son ex-petit ami en justice. L'affaire fut classée sans suites. Avec d'autres femmes, Barbara créa alors une association, pour aider d'autres victimes et sensibiliser le public à leur sort. Il fallut plusieurs années avant qu'un juge ne décide de prononcer un verdict de culpabilité. Barbara se déclara alors fière du rôle qu'elle avait joué dans la lutte, non seulement contre le virus, mais aussi contre la violence domestique.[2]

Le fait de trouver des compagnons, d'autres victimes qu'elle pouvait aider, a permis à Barbara de passer du stade où elle s'accusait aux côtés de son ancien amant et doutait d'elle-même, à celui où elle n'accusait que son contaminateur et d'autres hommes violents.

La camaraderie, expression de l'amitié, de la sympathie ou de la solidarité face à des adversaires communs, est la condition pour avoir confiance en soi, pour avoir la certitude d'agir avec justesse. À l'inverse, l'isolement est interprété comme un signe de folie, un indicateur que quelqu'un peut posséder des idées mauvaises et infondées.

En 2013, Alex Jones fut ainsi invité par David Aaronovitch sur BBC UK pour discuter de la conférence annuelle du Groupe Bilderberg, un prestigieux groupe de réflexion qui réunit notamment des présidents de grands groupes internationaux et des membres haut placés dans des gouvernements nationaux. Jones expliqua qu'il était là pour révéler que le Groupe Bilderberg était en fait une organisation secrète nazie qui avait imposé l'Euro pour prendre le contrôle du gouvernement des pays européens. Aaronovitch reconnut son propre scepticisme et répondit : « Vous êtes un croisé solitaire qui lutte contre eux, alors comment se fait-il que vous soyez encore en vie - un, ils n'existent pas, deux, vous faites partie de la conspiration. Je dis que... C'est arrivé dans votre tête. »[3]

L'isolement évoque le mal. Par conséquent, les personnes qui ne trouvent pas de compagnons et se sentent isolées ont tendance à se retourner spontanément contre elles-mêmes et à se blâmer.

J'ai observé un tel cas il y a quelques années lors d'un séminaire organisé par des militants de la langue galloise pour un groupe de collègues linguistes européens. Notre hôte décrivait avec une indignation croissante l'oppression des habitants du Pays de Galles par les immigrants anglais. Son monologue a eu lieu juste après le déjeuner, alors que les autres participants se reposaient, se sentaient somnolents et écoutaient en silence, acquiesçant à peine à ses paroles. Soudain, il se rendit compte de la situation, interrompit son discours et s'excusa avec une gêne marquée : « Désolé, je suis en train de devenir émotif ». Il se reprochait le décalage entre sa propre exaltation et l'apathie relative de son public.

Les personnes isolées se retournent contre elles-mêmes car la recherche d'un adversaire perdure, même lorsqu'on est isolé. Ils n'ont personne d'autre contre qui se tourner. Cependant, comme l'isolement génère également le doute de soi et entrave l'action, ils sont plus susceptibles de se retourner violemment contre eux-mêmes peu de temps après avoir été isolés. La probabilité d'une action violente diminue avec le temps.

Ce point est bien illustré par l'occurrence des suicides en prison. Ils sont plus fréquents juste après des contacts avec le monde extérieur : une visite, la réception de nouvelles, surtout de mauvaises nouvelles comme un divorce, ou même après une fête comme Noël, qui agit comme un rappel du monde extérieur. De telles circonstances renouvellent l'envie de s'attaquer à soi-même. La probabilité de tentatives de suicide à la suite de tels événements diminue avec le temps, signe évident que l'isolement engendre également une démobilisation.[4]

Si l'isolement engendre le doute de soi, le doute prolongé de soi entrave également le développement de nouveaux liens, dans un cercle vicieux. Les personnes qui se sont habituées à ne pas être crues ou suivies par les autres ont tendance à croire que l'Ennemi est si puissant et si manipulateur que personne n'est conscient de sa présence. Elles sont partagées entre une tendance à blâmer les autres de ne pas comprendre la vérité et une tendance opposée à considérer leur isolement comme le signe qu'elles sont réellement possédées par des idées mauvaises.

Un tel comportement a pu être observé dans le cas du général William T. Sherman en 1861, lorsqu'il fut affecté au commandement de l'armée de Cumberland, au début de la Guerre de Sécession américaine. Après une mission de reconnaissance dans la campagne environnante, il écrivit à son commandant en chef que l'ennemi conspirait à créer une « vaste force » qui allait bientôt « submerger » son régiment.

Ses conclusions alarmèrent ses pairs et ses supérieurs qui, cependant, ne purent trouver aucun signe de la «vaste force» que Sherman avait détectée. Sherman lui-même ne fournit aucune autre preuve, comme s'il n'espérait pas convaincre qui que ce soit. En fait, il s'avéra également incapable d'écouter qui que ce soit, et «parlait sans cesse», incapable d'arrêter le train des pensées obsessionnelles qu'il nourrissait. Il présentait toutes sortes de signes d'une extrême nervosité. Il dormit à peine pendant plusieurs semaines.

L'apparente apathie de ses supérieurs et de ses troupes renforçait ses craintes de ne pouvoir résister à l'ennemi. Il avait l'impression que personne ne tentait même de mobiliser les forces nécessaires. Il soupçonnait constamment des trahisons. Mais en même temps, il ne se faisait plus confiance non plus ; il se sentait incapable de diriger ses hommes et demanda à plusieurs reprises à être relevé de son commandement.

Quand il évoque sans la moindre distance un ennemi tout-puissant et manipulateur il ne fait pas seulement preuve d'un manque de confiance dans les autres mais aussi en lui-même. Dans des lettres adressées à sa femme, il reconnaissait : « Je me trouve dans un tourbillon, incapable de guider la tempête. » Dans un avenir proche, il s'attendait à un « échec et une humiliation complète », et la certitude de l'infamie à venir le « rendrait presque fou. »[5]

Le comportement de Sherman peut être décrit comme une forme d'impuissance apprise. Tout au long de sa vie professionnelle, Sherman avait appris à s'attendre à la défaite. Il avait « roulé d'échec en échec… »[6] Contrairement au général Grant, Sherman n'avait participé à aucune action majeure pendant la guerre mexico-américaine. Commandant en Californie, il dut lutter pour empêcher ses troupes de déserter pour rejoindre les mines d'or. Cette première disgrâce fut suivie d'une autre lorsque sa société fit faillite en 1857, malgré le puissant soutien de sa famille. La première année de la Guerre de Sécession sembla confirmer cette série de malheurs apparemment sans fin. Sherman démissionna de la présidence de l'académie militaire de Louisiane, puis prit le commandement d'une brigade à la Bataille de Bull Run qui se replia en désordre face à l'assaut confédéré.

Bien que Sherman et sa femme aient identifié les échecs précédents comme la cause de sa dépression, il ne pouvait s'empêcher de se considérer comme un perdant. Quelqu'un qui aurait été plus familier avec le succès et avec l'enrôlement de compagnons et d'alliés aurait fait plus d'efforts pour présenter une stratégie convaincante et réaliste. Cela aurait impliqué de maîtriser ses sentiments concernant les forces de l'ennemi, et permis de mieux cerner la réalité. Sherman a été submergé par un sentiment d'impuissance. Il a bien demandé de l'aide. Mais sa vision extrême de l'ennemi ne pouvait être partagée par des personnes moins déprimées et isolées.

Sherman fut finalement renvoyé chez lui pour plusieurs semaines, après quoi on le confia à un nouveau commandant, le général Ulysses S. Grant. Cette rencontre le changea complètement. Contrairement à ses précédents supérieurs, Grant compatit à la détresse psychologique de Sherman. Il prit en compte ses demandes et l'affecta à un commandement subordonné. Cette marque de compréhension créa un lien entre eux. Sherman retrouva bientôt un peu de confiance en lui. Lors de la terrible Bataille de Shiloh, les 6 et 7 avril 1862, sa bravoure et ses compétences tactiques furent reconnues par Grant qui lui offrit un commandement majeur peu après. Sa rencontre avec le général Grant transforma donc Sherman, qui passa du statut de « looser autoproclamé... à celui de commandant confiant et brillamment créatif... »[7] Leur relation tout au long de la guerre civile fut un bon exemple de la dynamique engendrée par la découverte d'un compagnon.

Chacun a besoin de compagnons pour prendre confiance en soi et se mobiliser. Dans la plupart des cas, on sait comment tendre la main. Mais cette compétence essentielle peut être désapprise lors d'échecs répétés. Ils réduisent alors une personne à croire que rien ne peut être fait. Pourtant, même dans de tels cas, la camaraderie peut réintroduire un état d'esprit où la coopération et l'apprentissage mutuel sont possibles.

Plus chacun trouve des compagnons, plus il est sûr de lui-même et plus il fait confiance à ses intuitions intimes sur le bien et le mal, plus il est mobilisé, et peut aller vers de nouveaux compagnons. La dynamique de mobilisation s'accélère.

11. Des Histoires qui convergent

Chacun imagine que l'Ennemi se cache volontairement. Il doit manipuler secrètement ses victimes. Le secret doit renforcer ses pouvoirs. Le combattre implique de le forcer à se dévoiler. Les provocations sont nécessaires pour que ses agents réagissent et se trahissent. Les actions sont donc conçues pour provoquer les adversaires, pour qu'ils révèlent, en réagissant, leur véritable nature maléfique.

Les provocations suscitent souvent des réactions, qui sont en partie calquées sur les provocations initiales, pour mieux les contrer. À leur tour, les agresseurs initiaux se sentent justifiés par les réactions hostiles qu'ils ont déclenchées et peuvent y trouver une inspiration renouvelée. Ainsi, de réaction en réaction, les personnes en interaction deviennent de plus en plus conscientes de leur hostilité mutuelle, mais aussi de leurs alliances. Deux coalitions hostiles se forment.

Chacun ne reconnaît en effet que deux camps : ses compagnons et ses adversaires. Tous les adversaires sont considérés comme appartenant à un seul et même camp, quelles que soient leurs différences. En effet, ils doivent tous, en définitive, servir l'Ennemi, source unique de tous les maux. À leur tour, tous les adversaires des adversaires sont imaginés comme appartenant à un seul camp, car ils combattent tous, en définitive, l'Ennemi. Chacun imagine une confrontation bipolaire. Cette vision tend à devenir réelle.

Plus les événements évoquent le scénario héroïque, avec une distinction claire et nette entre le bien et le mal, plus chacun se mobilise et interagit avec les autres. Plus chacun trouve ainsi des compagnons et des adversaires, plus il se mobilise, et plus il peut tendre la main à de nouveaux compagnons. La dynamique générale de la bipolarisation s'accélère.

En révélant de plus en plus les méfaits de l'Ennemi, les deux parties convergent donc également vers une nouvelle vision de l'Histoire, qui est considérée par les deux camps comme l'Histoire véritable. La seule différence entre les deux visions est que les événements jugés positifs par l'un sont considérés négativement par l'autre.

Une bipolarisation ne pourrait avoir lieu sans provocations. Sans ces mouvements, les réactions multiples ne pourraient pas avoir lieu. Si toute action n'était qu'une réaction proportionnée, il ne pourrait y avoir aucune accélération des interactions, aucune escalade des hostilités. Bien que chaque action soit toujours justifiée comme une réaction proportionnée, il ne peut en être ainsi.

Dans la phase initiale de cette dynamique, la plupart des provocations sont reçues comme des «théories du complot» ridicules. Même lorsqu'elles attirent un peu l'attention, leurs auteurs sont généralement considérés comme des éléments isolés. Cependant, certaines suscitent des réactions et gagnent suffisamment d'attention et d'adhésion pour finalement générer de vastes mobilisations bipolaires. Certains inspirent même des guerres mondiales.

Les Protocoles des Sages de Sion (1903) sont l'une des théories de la conspiration les plus connues. Les Protocoles se présentaient comme la simple transcription du procès-verbal d'une réunion secrète qui se serait tenue à la fin du XIXe siècle.

Ils étaient censés révéler un plan juif qui aurait visé à atteindre la domination mondiale en détruisant l'ordre social chrétien traditionnel.

La plupart des commentateurs s'empressèrent d'établir son manque d'authenticité. Ils notèrent qu'il avait été publié anonymement et qu'il contenait remarquablement peu de détails. Il était impossible d'identifier les participants à la réunion : le « procès-verbal » utilisait presque exclusivement la première personne du pluriel et ne mentionnait que des objectifs très généraux comme le contrôle de la finance mondiale, des médias, etc. En outre, les premières versions des protocoles contenaient des détails contradictoires : des mots français notamment alors que la réunion devait avoir eu lieu en Russie.[1]

Il est probable que les Protocoles se soient inspirés d'œuvres de fiction antérieures, dont *Biarritz* de Hermann Goedsche, publié en 1868, qui contient le récit d'une réunion secrète à minuit des douze tribus d'Israël en présence du Diable lui-même dans le cimetière juif de Prague.[2]

Il est également probable que les auteurs n'aient jamais cherché à produire un document pleinement crédible. Ils ont probablement toujours considéré leur création comme une provocation. Ils voulaient donc qu'il soit facilement reconnu comme une fabrication. Ils voulaient qu'il suscite des réactions outrées. Cependant, les auteurs ne pensaient probablement pas que le texte en lui-même était suffisant pour susciter l'indignation nécessaire. Ils l'ont donc publié dans le contexte de pogroms au cours desquels des milliers de Juifs ont fui la Russie ou ont été tués. Il est probable que les auteurs eux-mêmes aient participé à ces pogroms. Ils espéraient que l'indignation mondiale provoquée par les pogroms s'attacherait aussi à leur contrefaçon.

Le document a effectivement été dénoncé comme un faux à de multiples reprises. Il a même été déclaré «nuisible» et «ridicule» par un tribunal suisse en 1906. Ces dénonciations ont donné au texte une publicité mondiale. Elles ont ensuite servi d'arguments aux partisans des *Protocoles*, qui y ont vu la preuve que, quelle que soit l'authenticité du document, son contenu reflète un véritable plan : pourquoi des médias puissants auraient-ils besoin de dénoncer un faux s'il ne contenait pas d'informations significatives ? Henry Ford lui-même n'avait-il pas dû s'excuser et fermer son journal après avoir publié les *Protocoles* ? [3]

Il importait peu de savoir s'ils avaient réellement été rédigés par des agents provocateurs russes. Aux yeux de ses partisans, la publication avait atteint son objectif : faire réagir les agents de l'Ennemi et les amener à se trahir. C'était, par exemple, le point de vue d'Hitler dans *Mein Kampf*. Cela explique pourquoi les nazis ont finalement accordé peu d'attention aux *Protocoles* une fois au pouvoir. Ils estimaient que, vrai ou faux, le document avait joué son rôle et contribué à révéler au monde la menace juive. Une fois qu'ils eurent le contrôle de l'appareil d'État allemand, le débat au sujet des *Protocoles* devint obsolète. Ce qui était une provocation nécessaire au départ était devenu inutile, voire contre-productif, quelques années plus tard.

La menace globale que les *Protocoles* étaient censés révéler reflétait un ensemble de croyances qui, aussi marginal et absurde qu'il ait pu paraître à de nombreux observateurs au début, a concouru à la montée de mouvements radicaux tels que le nazisme et, à ce titre, à la bipolarisation qui a conduit à la Seconde Guerre mondiale.

Le succès du texte n'a pas été dû à son authenticité mais à l'évocation caractéristique de l'Ennemi : une volonté de se dissimuler pour mieux dominer le monde entier par une série de manœuvres destinées à ruiner l'ordre naturel. L'imprécision du texte, loin d'être une faiblesse, a été au contraire un facteur de diffusion mondiale. À ce titre, il illustre bien la dynamique des « théories du complot ». Elles semblent presque toutes être le produit d'auteurs isolés et dérangés. Pourtant, certaines finissent par mobiliser à l'échelle mondiale.

De même, au premier abord, il peut sembler particulièrement incohérent que les auteurs de ces provocations sachent d'une part qu'ils ont été falsifiés et, d'autre part, continuent de croire que la menace est réelle. En fait, leurs actions n'ont de sens que si des provocations étaient jugées nécessaires pour forcer un l'Ennemi caché à se révéler. Elles ne sont donc pas jugées excessives, mais appropriées pour vaincre l'Ennemi.

La diffusion de fausses nouvelles a été justifiée de cette manière en Tchécoslovaquie en 1989. La chute du régime communiste a été provoquée par des manifestations massives huit jours après la chute du mur de Berlin. Les manifestants ont répondu à une rumeur selon laquelle un étudiant de dix-neuf ans, Martin Smid, avait été brutalement tué par la police. Le journaliste Jan Urban a contribué à diffuser la nouvelle. Plus tard, il a qualifié cette publication de « gaffe professionnelle », car il s'agissait d'une fausse rumeur. Mais il justifia sa publication comme un moyen de « réveiller une nation de son apathie collective » et de susciter le soulèvement contre le communisme. C'était l'événement, selon lui, qui avait révélé la brutalité du régime et mit fin à l' « accord » entre le gouvernement communiste et le peuple : « Tu te tais et on s'occupe de toi ».[4]

L'assassinat de l'archiduc François-Ferdinand d'Autriche par Gavrilo Princip, le 28 juin 1914, à Sarajevo, était également une provocation typique (Figure 8).

L'assassin n'avait pas de raison personnelle de se venger de l'archiduc ; le meurtre n'était pas en soi considéré comme un moyen de mettre fin au mal, en l'occurrence l'occupation des territoires slaves du Sud par l'Autriche-Hongrie ; il était simplement considéré comme un acte susceptible de déclencher une guerre de l'Autriche-Hongrie contre la Serbie. On pensait alors que la Russie défendrait la Serbie contre l'Autriche-Hongrie, ce qui entraînerait toutes les grandes puissances mondiales dans le conflit, qui conduirait finalement à la disparition de l'Empire austro-hongrois et donc à la libération des Slaves du Sud.

Figure 7. L'assassinat de l'Archiduc Autrichien Franz Ferdinand (*Le Petit Journal*, 12 juillet 1914). [5]

Un autre exemple de provocation réussie, qui a déclenché une série de réactions hostiles, bien qu'à une échelle beaucoup plus limitée, a pu être observé le 14 octobre 2014, lors d'un match de football entre les équipes nationales de Serbie et d'Albanie. La réaction en chaîne a commencé lorsqu'un petit drone a survolé le stade à basse altitude, traînant une bannière sur laquelle on pouvait lire « Grande Albanie ». C'était une allusion à la réunification de l'Albanie avec le Kosovo, une province également revendiquée par de nombreux nationalistes serbes. La bannière portait le mot « autochtone », en référence à l'affirmation selon laquelle les Albanais descendraient du premier peuple vivant dans les Balkans, les anciens Illyriens, tandis que les Serbes descendraient des envahisseurs slaves et n'auraient donc aucun droit à gouverner les Albanais.

Des supporters serbes ont immédiatement réagi en huant et en sifflant avant de scander « Tuez ! Tuez ! Tuez ! » La bannière a été déposée près du terrain, et un joueur serbe l'a prise. Il a immédiatement été accosté par des joueurs albanais qui ont été à leur tour attaqués par un supporter serbe armé d'une chaise. L'arbitre anglais a alors décidé de suspendre le match, et les joueurs ont quitté le terrain. Une vidéo mise en ligne montre une foule d'Albanais répondant de la même manière au chant qu'ils avaient entendu plus tôt à Belgrade : « Tuez ! Tuez ! Tuez les Serbes ! » Le ministre albanais de la jeunesse a déclaré que les joueurs avaient été accueillis en héros à Tirana, la capitale albanaise.[6] La rapidité et l'importance des réactions ne peuvent s'expliquer que par la familiarité de la population avec l'histoire associée à la bannière, résultat du conflit de 1999 au Kosovo entre Serbes et Albanais.

Quand deux parties en sont venues à se reconnaître comme des adversaires, elles ont tendance à réagir de plus en plus aux mouvements de l'autre, à les dénoncer et à ajuster leurs propres actions afin de mieux contrer les mouvements de l'adversaire. Cette dynamique ne nécessite pas forcément au départ beaucoup de personnes en interaction. L'essentiel est que chaque camp juge l'autre beaucoup plus dangereux que la plupart des personnes ne le voient ; aucun compromis n'est possible ; il faut avant tout réagir aux initiatives de l'autre camp.

Une telle configuration a pu être observée dans le Japon contemporain concernant la manière dont les manuels d'histoire traitent de la Seconde Guerre mondiale et l'occupation par l'armée japonaise de la Corée et de la Chine.

Le « massacre de Nankin » ou « le viol de Nankin » attire en particulier l'attention et suscite des opinions opposées. D'un côté, on affirme que l'armée japonaise n'a rien fait de mal. La figure de proue de ce camp, Nobukatsu Fujioka, l'un des auteurs les plus actifs sur la question, considère que le gouvernement chinois a fabriqué des preuves et engagé des acteurs. De l'autre côté, Tamaki Matsuoka soutient que le massacre était bien vrai. Elle affirme avoir interrogé 250 soldats japonais qui « ont admis avoir tué, volé et violé. » Le désaccord porte également sur d'autres aspects des activités militaires japonaises pendant la Seconde Guerre mondiale, comme les « femmes de réconfort » coréennes utilisées par l'armée japonaise. Fujioka pense qu'elles étaient des prostituées rémunérées. Son adversaire les considère comme des esclaves sexuelles.

Nobukatsu Fujioka souhaite que les références à des événements tels que le massacre de Nankin ou les femmes de réconfort soient supprimées des manuels scolaires. Au contraire, Tamaki Matsuoka estime que les manuels accordent beaucoup trop d'attention aux temps anciens et pas assez aux événements récents comme la Seconde Guerre mondiale, de sorte que la plupart des étudiants japonais ignorent l'importance des événements qui suscitent tant de ressentiment en Chine et en Corée. Elle considère qu'il s'agit d'un acte délibéré : les membres du ministère japonais ne croyaient pas vraiment à la doctrine officielle selon laquelle les manuels doivent traiter de manière équitable les événements historiques impliquant les pays asiatiques voisins.[7]

Nobukatsu Fujioka et Tamaki Matsuoka se reconnaissent mutuellement comme des adversaires depuis le début des années 2000. Bien que Matsuoka ait reçu des menaces de la part de groupes nationalistes lors de la publication de son livre, la dispute entre les deux auteurs n'a d'abord pas reçu beaucoup d'attention de la part du grand public. Puis, en 2013, Shinzo Abe, le Premier ministre japonais, s'est rangé du côté de Fujioka et a fustigé le programme d'études comme étant « antijaponais. »[8] Il a abordé la question dans un contexte de regain de tensions sino-japonaises, alors que les deux pays se disputaient la souveraineté sur la mer de Chine orientale.

Une bipolarisation peut donc d'abord ne mobiliser intensément que quelques personnes pendant une longue période, avant d'en toucher rapidement un nombre beaucoup plus important.

De provocations en réactions, les deux camps tendent à aligner leurs actions, et les justifications qui les soutiennent. La mobilisation bipolaire déclenche une convergence dans les visions de l'Histoire. Une telle convergence a eu lieu par exemple pendant la Guerre Froide, période majeure de bipolarisation internationale analysée par Hannah Arendt. La vision de l'histoire des défenseurs des Etats-Unis a rapidement convergé avec celle propagée par l'Union soviétique.

En 1945, les Alliés, menés par les États-Unis, la Grande-Bretagne et l'Union soviétique, ont vaincu l'Axe, dirigé par l'Allemagne et le Japon. À partir de ce moment, les décideurs américains ont eu de plus en plus tendance à considérer l'Union soviétique comme une nouvelle menace mondiale. L'Union soviétique prétendait réunir sous son égide tous les adversaires des États-Unis.

Aux Etats-Unis, on a de plus en plus cru que la direction soviétique était parfaitement cohérente, centralisée et déterminée à dominer le monde. On l'appelait souvent simplement « Moscou ». De même, on a de plus en plus cru que de nombreux agents communistes étaient cachés dans les pays voisins, manipulant des autorités naïves, les affaiblissant et rendant leur population plus facile à conquérir. C'est comme si les dirigeants soviétiques avaient joué à un jeu de dominos. Les pays semblaient tomber dans le giron du communisme les uns après les autres.[9]

En réagissant de cette façon, les Etats-Unis tendaient à prendre au pied de la lettre la propagande soviétique elle-même. Par conséquent, les rapports des services de renseignement américains qui niaient le leadership soviétique dans les mouvements populaires étaient écartés, en particulier dans les pays que l'Union soviétique proclamait vouloir ajouter au bloc communiste en expansion. Les rapports sceptiques étaient considérés comme conçus par les services secrets soviétiques eux-mêmes pour induire les Etats-Unis en erreur. Le cas du Vietnam fut typique : les rapports soulignant la nature locale du mouvement communiste furent ignorés. Il en alla de même pour les sources qui mentionnaient les tensions sino-vietnamiennes. Hannah Arendt observa que les demandes d'aide de Ho Chi Minh, le leader communiste vietnamien, qui cherchait à contrebalancer l'influence soviétique au Vietnam, restèrent tout simplement sans réponse.[10]

En conséquence, le gouvernement américain tendit aussi à aligner ses méthodes de gouvernement sur celles de l'Union soviétique : les deux régimes convergèrent. Sur le plan interne, l'obsession croissante pour la menace communiste affaiblit la confiance dans la démocratie élective et dans le gouvernement traditionnel des États-Unis, même si la Constitution américaine était considérée comme le fondement du mode de vie américain et de l'opposition à Moscou. En effet, le gouvernement américain lui-même était de plus en plus perçu comme excessivement ouvert aux influences et aux manipulations extérieures. Une vaste campagne de dénonciation et d'exclusion des « espions communistes » fut lancée, un peu comme les purges contemporaines en Union soviétique, quoiqu'avec des conséquences moins meurtrières ; en effet, la machine à tuer soviétique était peu connue à l'époque et ne pouvait pas être consciemment imitée.

Sur le front extérieur, on pensait que si l'avancée de Moscou n'était pas freinée, aucun pays ne pourrait rester éternellement à l'abri du communisme. Les États-Unis ne pouvaient pas opter à nouveau pour l'isolationnisme, mais devaient, en tant que nation la plus éloignée de Moscou et la plus immunisée contre l'influence communiste, mener la résistance en construisant un autre bloc, le « monde libre ». C'est sur cette base qu'ont été élaborées les stratégies de « containment » et de « roll back », qui visaient à contrer les forces communistes dans les nations voisines et, chaque fois que cela était possible, à reconquérir les pays déchus. Le droit des peuples à la libre détermination, jusqu'alors le principe de la politique américaine, était considéré avec une suspicion croissante. Bien que Kennedy jura de ne pas imposer une «Pax Americana», un protectorat autoritaire américain sur les pays alliés, la politique américaine tendit de plus en plus vers cette direction, imitant en cela la politique soviétique.[11]

Cette convergence bipolaire dans l'élaboration des politiques renforçait autant le bloc soviétique que le bloc américain. Ho Chi Minh n'eut pas d'autre choix que de se tourner exclusivement vers Moscou. La convergence bipolaire laissa moins d'opportunités aux pays non alignés et favorisa l'expansion des deux blocs.

*

Aaron T. Beck a observé que la notion d'un Ennemi puissant, caché et manipulateur était la cause qui rendait les membres d'un groupe imperméables aux contre-arguments. Puisqu'ils « considèrent que leur Ennemi utilise tous les outils de tromperie disponibles, toute preuve discordante est interprétée comme une preuve des tromperies de l'Ennemi ». [12]

Beck a nommé cette dynamique « pensée de groupe ». Il a observé que dans de tels groupes, nul ne remet en question ce que disent les compagnons. Ils l'acceptent simplement comme la vérité. Ce n'est pas tout à fait vrai, en fait, car ils sont ouverts à une autre source d'information : les manifestations d'hostilité à leur égard. Ils ne sont donc pas tout-à-fait coupés du reste du monde même s'ils en donnent largement l'air puisqu'ils emploient « des contre-stratégies de furtivité et de subversion pour contrer les manipulations invisibles et ouvertes de l'Ennemi ».[13]

Beck a décrit la « pensée de groupe » comme « anormale ». Il est certain que dans les États-Unis dans les années 1990, certaines de ses manifestations ont pu paraître extrêmes, comme la secte de Waco ou les milices patriotiques. Mais c'était largement parce qu'elles étaient en fait peu nombreuses en cette fin de Guerre Froide.[14] Néanmoins, ces tendances ne sont pas anomales.

Tout d'abord, elles ne peuvent pas être corrigées et facilement guéries. Par exemple, les militants ne peuvent pas facilement comprendre que leur sentiment de vulnérabilité est mal placé.[15] Ils diffèrent en cela très nettement des couples que Beck a pu recevoir, car ceux-ci étaient, dès le début de la thérapie, volontaires pour cesser de s'affronter et de se faire du mal. Dans une guerre civile aucun des deux camps ne souhaite être arrêté sur le chemin de ce qu'il croit être la victoire.

Beck a choisi de ne pas voir que l'agression ne peut généralement pas être corrigée ; les humains ne sont pas raisonnables. Certes ils font preuve d'empathie, ils désirent partager les sentiments, les idées et le destin d'autres personnes. Mais ces manifestations de camaraderie et d'amitié sont finalement étroitement liées à l'hostilité envers d'autres personnes.

Les groupes décrits par Beck ne sont pas non plus «anormaux» au sens statistique du terme. La croissance de tels groupes, et leur transformation en grandes coalitions nationales ou internationales, peut être observée tout au long de l'histoire. Au cours de ce processus, tous sont devenus moins secrets, plus ouverts sur leurs objectifs et non moins convaincus de la nécessité de combattre l'Ennemi.

Carl von Clausewitz a été en 1832 le premier à fournir une description complète de la mobilisation bipolaire en tant que « loi » des conflits[16]. Il en a isolé les causes et a reconnu que l'hostilité était une tendance générale ; « même les nations les plus civilisées peuvent brûler d'une haine passionnée les unes envers les autres »,[17] surtout quand elles peuvent s'inspirer de l'histoire des conflits précédents.

Clausewitz a aussi précisé la nature bipolaire de tous les conflits : le conflit met en forme deux parties hostiles.[18] Il a expliqué la nature dynamique du processus. Les réactions réciproques génèrent une accélération. Ces tendances peuvent toujours être observées : « Plus l'excitation qui précède la guerre est violente, plus elle sera orientée vers la destruction de l'ennemi… »[19]

En outre, les réactions génèrent une convergence en même temps qu'une accélération. Les deux parties savent que si elles « veulent vaincre l'ennemi, [elles] doivent proportionner [leurs] efforts à ses capacités de résistance... mais l'adversaire fait de même, il y a donc un nouveau renforcement mutuel, qui, en pure conception, doit créer un nouvel effort vers un extrême. »[20]

12. Des Rivalités aux Guerres mondiales

Chaque alliance, chaque rivalité, même personnelle, implique deux camps. Chacune en influence d'autres et toutes tendent donc à s'aligner les unes avec les autres en une bipolarisation générale. Celles qui ne peuvent s'aligner s'effacent.

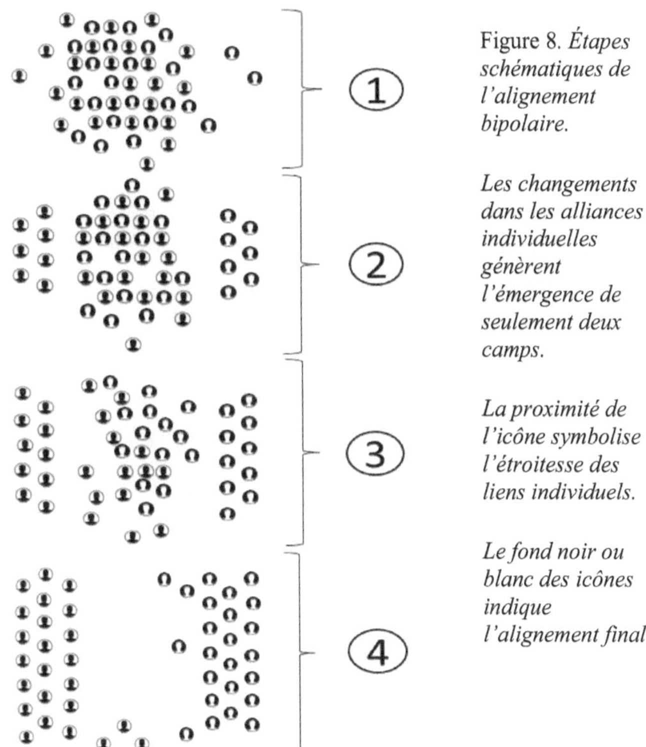

Figure 8. *Étapes schématiques de l'alignement bipolaire.*

Les changements dans les alliances individuelles génèrent l'émergence de seulement deux camps.

La proximité de l'icône symbolise l'étroitesse des liens individuels.

Le fond noir ou blanc des icônes indique l'alignement final.

La période qui a précédé la Première Guerre mondiale est une parfaite illustration de ces dynamiques. Une amère rivalité personnelle entre les souverains de Grande-Bretagne et d'Allemagne a précipité le conflit en favorisant certaines initiatives et certaines alliances au détriment d'autres. De toutes les politiques, de tous les conflits et de toutes les rivalités qui existaient avant le conflit, seuls ceux qui répondaient le mieux à la perception de l'ennemi encouragée par les souverains ont perduré.

Au début des années 1890, peu de Britanniques auraient considéré l'Allemagne comme une menace. Pendant trois quarts de siècle, la sécurité de la Grande-Bretagne avait été absolue, sa suprématie incontestée. La Grande-Bretagne était une île. Elle ne disposait pas d'une grande armée. Elle n'en avait pas besoin. La Royal Navy suffisait à la défendre. Elle surpassait toutes les autres marines réunies. Elle avait démontré à plusieurs reprises sa capacité à vaincre n'importe quelle autre puissance navale, y compris la France et la Russie. La Grande-Bretagne pouvait se tenir dans un « splendide isolement ». Elle n'avait plus besoin de s'engager dans des alliances sur le continent. L'Europe connaissait un véritable équilibre des pouvoirs ; les nations européennes se contrôlaient mutuellement. Enfin, la Royal Navy garantissait à la Grande-Bretagne un accès illimité à un empire colonial qui couvrait un quart des terres, ainsi qu'aux routes commerciales avec pratiquement toutes les régions du monde. Personne ne pouvait apparemment menacer sa prospérité, ni sa domination.

Ce sentiment de sécurité vola en éclats en 1899, lorsque l'Allemagne annonça qu'elle allait construire une marine capable de rivaliser avec la Royal Navy. La Grande-Bretagne se rendit soudainement compte que l'équilibre des forces avait récemment penché beaucoup trop en faveur de l'Allemagne. Ce pays était devenu l'État le plus puissant sur le continent. Son économie était la plus dynamique et son armée la plus efficace. Si elle devait à nouveau être engagée dans une guerre continentale, elle l'emporterait probablement et contrôlerait alors des moyens économiques bien supérieurs à ceux de la Grande-Bretagne. Pour celle-ci, l'Allemagne était devenue une menace majeure.

La domination allemande sur le continent était un fait très récent. Les Allemands avaient eu le temps de commencer à prendre conscience de leur nouvelle position sur la scène internationale. En effet, l'Allemagne avait été unifiée sous la domination de la Prusse après que celle-ci eut émergé vainqueur d'une série de guerres avec les grandes puissances européennes. Elle avait successivement battu les puissances allemandes rivales (1863-1866), l'Autriche-Hongrie (1866) et la France (1870-1871). La Prusse avait développé au fil des siècles une armée très efficace car elle était habituée à faire face à des adversaires plus puissants et à planifier ses prochaines guerres, compensant ainsi son infériorité numérique par de meilleures compétences tactiques et techniques. Mais cela expliquait aussi que ses rivales n'aient pas anticipé la menace.

À la fin des années 1890, l'économie de l'Allemagne avait distancé de manière décisive celle de l'Autriche-Hongrie, dont elle avait fait un allié subordonné, mais aussi celle de la France et surtout celle de la Russie, dont les forces armées n'étaient de surcroît plus au standard des autres armées européennes.[1] Mais les dirigeants allemands n'étaient pas pour autant tombés dans un état de complaisance. Au contraire, ils entendaient imiter leurs prédécesseurs, qui avaient toujours préparé la prochaine guerre.

La Grande-Bretagne était un ennemi improbable pour l'Allemagne. L'Allemagne était une puissance terrestre, tandis que la Grande-Bretagne était une puissance maritime. La Grande-Bretagne n'avait aucun engagement sur le continent et aucune armée significative pour attaquer l'Allemagne. Dans les années 1870 et 1880, les Britanniques avaient considéré les marines française et russe comme les principales menaces. Ils avaient même tenu à former la nouvelle marine allemande. Les deux nations avaient souvent été alliées dans le passé et en étaient venues à considérer qu'elles partageaient plus l'une avec l'autre qu'avec toute autre nation. Toutes deux étaient des peuples germaniques, des nations protestantes, de grandes puissances industrielles, des cultures avancées. Et leurs familles dirigeantes étaient étroitement liées. La reine britannique, Victoria, était la grand-mère du nouvel empereur allemand, Wilhelm II.

Mais Wilhelm était un jeune homme ambitieux qui voulait surpasser le père fondateur de l'Allemagne, son propre mentor, Otto von Bismarck. Bismarck avait fait d'une confédération peu structurée de puissances faibles à moyennes la première puissance européenne. Bismarck était à l'origine de la fondation d'un nouvel empire allemand. Il l'avait installé au centre d'un réseau d'alliances qui garantissait l'Allemagne contre toute menace importante. Pour surpasser Bismarck, Wilhelm choisit imprudemment de transformer l'Allemagne, de la superpuissance européenne qu'elle était, en la superpuissance mondiale. Réaliser cette ambition signifiait, dans la vision du monde de Wilhelm, supplanter la superpuissance mondiale, la Grande-Bretagne.

Wilhelm présenta la confrontation avec la Grande-Bretagne comme inévitable. Il estima que l'économie allemande, en pleine croissance, exigeait, tout comme l'économie britannique, le contrôle de marchés d'outre-mer capables d'absorber ses exportations. Un vaste empire colonial devenait nécessaire pour soutenir l'expansion allemande, et des colonies exigeaient à leur tour une maîtrise des mers. L'Allemagne ne pouvait se permettre d'être coupée de sa base vitale par la Royal Navy.

Tout argument contraire fut écarté. Pourtant l'Allemagne bénéficiait alors de la croissance démographique et économique la plus rapide de toutes les grandes puissances européennes.[2] Elle n'était pas manifestement entravée par l'absence d'un grand empire colonial. L'industrie allemande dépendait peut-être de certains produits coloniaux britanniques, mais la puissance de la Royal Navy rendait peu probable une interruption des approvisionnements en cas de guerre. Ces circonstances furent écartées par Wilhelm et, plutôt que de rechercher une alliance étroite avec les Britanniques contre d'autres puissances, auxquelles ils auraient pu ravir leurs colonies, Wilhelm convainquit le Parlement de financer une flotte de haute mer qui serait spécifiquement et explicitement conçue pour attaquer la Royal Navy.[3]

À partir de 1899, l'Allemagne engagea pour ce plan une ligne de crédit en croissance rapide. Wilhelm était l'autorité suprême en matière de défense et de politique étrangère. Héritier d'un régime prospère, il bénéficiait de la loyauté d'une vaste majorité. Sa décision ne fut pas contestée. Les conséquences furent cependant décisives. À partir de 1899, l'Allemagne se présenta comme le principal danger pour la Grande-Bretagne, qui réagit immédiatement en augmentant les moyens engagés en vue d'une prochaine guerre. Mais, surtout, la Grande-Bretagne adopta, elle aussi, une nouvelle stratégie globale.

Si l'Allemagne visait à acquérir un instrument de puissance similaire à celui de la Grande-Bretagne, une marine de haute mer de premier ordre, les Britanniques réagirent en visant des instruments similaires à ceux de l'Allemagne. Les alliances internationales avaient jusqu'alors été un atout distinctif de l'Allemagne. Jusqu'en 1890, les traités allemands avec la Russie, l'Autriche-Hongrie et l'Italie isolaient complètement la France et la Grande-Bretagne et faisaient de l'Allemagne la plaque tournante des alliances continentales. En réaction, le gouvernement britannique mit fin à son «splendide isolement». Il signa d'abord en 1902 un traité d'alliance officiel avec le Japon. Il régla ensuite, entre 1905 et 1907, de multiple points de friction avec les adversaires de l'Allemagne en Europe : des accords, formels et informels, furent conclus avec la France et la Russie.[4] La politique britannique convergeait donc avec celle de l'Allemagne. Cela s'observa même dans la réorganisation de l'armée britannique après 1900, qui fut transformée en vue de l'utiliser beaucoup plus efficacement à l'étranger, contre des armées européennes modernes.

Enfin, et surtout, la Grande-Bretagne convergea avec l'Allemagne en ce qui concerne la gestion de sa marine. À partir de 1899, l'Allemagne entama un programme de construction décennal sans précédent pour développer une flotte de haute mer capable de défier la suprématie britannique. L'Amiral Alfred von Tirpitz, le principal concepteur allemand de la flotte de haute mer, considérait que si l'on ne pouvait pas s'attendre à ce que la marine allemande ait la même taille que la marine britannique. Mais la flotte allemande pouvait affaiblir selon lui l'Empire britannique de façon décisive en le forçant à regrouper ses escadres en Mer du Nord, face à l'Allemagne pour défendre les Iles britanniques elles-mêmes et en abandonnant ainsi leurs positions dans le monde entier le long des lignes vitales de l'Empire. Et c'est effectivement ce que les Britanniques résolurent de faire. Les nouvelles alliances internationales de la Grande-Bretagne avaient entre temps largement diminué les dangers que couraient les lignes de communications impériales.

La réaction britannique ne se limita cependant pas à compenser les atouts avérés de l'Allemagne. Elle anticipa également les prochains mouvements allemands afin d'éviter de nouvelles prises en défaut. Le risque, estimait-on, était de sous-estimer la menace. En conséquence, les officiers les plus disposés à rendre leurs équipages aptes au combat furent promus beaucoup plus systématiquement qu'auparavant par l'Amirauté.[5] En 1905, l'Amiral John Fisher fut chargé de repenser entièrement la Royal Navy. Il décida immédiatement d'innover afin d'augmenter la puissance de feu de la Navy et de surclasser les Allemands de manière certaine. Tirant les leçons de la seule grande bataille récente entre marines modernes, la Bataille de Tsushima entre les flottes russe et japonaise, Fisher en déduisit que les gros canons à longue portée étaient décisifs. Ils devaient également être montés sur des coques fortement blindées. Ces considérations donnèrent naissance à un nouveau type de navire, le cuirassé à gros canons, destiné uniquement à chasser et à détruire d'autres cuirassés. Les navires de la « classe Dreadnought » retrouvaient ainsi le rôle que les navires de première classe de l'ère Nelson avaient eu avant eux.

Ces innovations rencontrèrent cependant à leur tour un succès inattendu : en apprenant l'existence de la nouvelle classe de navires de guerre britanniques, Tirpitz ordonna la suspension du programme de construction allemand pendant plus d'un an et, à son tour, redessina ses propres cuirassés pour les porter à un niveau comparable à celui des navires britanniques.[6]

Les navires et les instruments furent de plus en plus comparés à ceux de l'autre camp, et améliorés en réaction aux innovations observées. Entre 1905 et 1914, les deux camps non seulement accélérèrent la production de cuirassés, mais s'engagèrent dans la production de cuirassés de classe Dreadnought, puis de Dreadnoughts toujours plus grands, équipés de canons toujours plus gros, de moteurs toujours plus puissants, d'aménagements internes toujours plus rationalisés. Cette escalade signifia également que les flottes convergèrent vers les mêmes standards et que les nouvelles unités produites devinrent de plus en plus comparables. Il apparut donc soudainement qu'un camp était en fait en train de surpasser l'autre. La course à la construction de Dreadnoughts plus nombreux et plus performants fut clairement remportée par les Britanniques entre 1912 et 1914. Il devint alors évident que tout conflit majeur impliquant les deux pays devrait être tranché sur terre.[7] La Première Guerre Mondiale était prête à être déclenchée.

La période précédant la Première Guerre mondiale est un exemple de bipolarisation. Dès lors que chacun des deux camps admit qu'il avait complètement sous-estimé la menace que représentait l'autre, l'escalade et la convergence bipolaires furent typiques. Chaque camp conçut des contre-mesures pour contrer l'avancée de l'autre camp et lança des initiatives pour contrer les prochains mouvements de l'adversaire.

Cette bipolarisation a été initiée puis alimentée par de puissantes querelles personnelles, en premier lieu la rivalité qui existait entre les souverains des deux nations. Elle favorisa régulièrement la convergence hostile des deux côtés. Toutes les politiques divergentes furent découragées et, de plus en plus, seules celles qui se trouvèrent justifiées par les réactions de l'ennemi perdurèrent.

Les rivalités personnelles sont toujours le fruit d'alliances frustrées. Wilhelm, l'empereur allemand qui, plus que quiconque, lança la course aux armements et créa les conditions d'une future guerre mondiale, nourrissait un profond ressentiment personnel contre les souverains britanniques. D'une part, il leur était étroitement lié. Il était le premier petit-fils de la reine Victoria à accéder au trône. Il parlait couramment l'anglais. Extrêmement attiré par certains aspects de la Grande-Bretagne, notamment sa marine, il fut ravi d'être nommé, entre autres, amiral britannique. Mais d'un autre côté, il n'était pas britannique. De plus, il insistait pour diriger personnellement les affaires étrangères et militaires allemandes. Bien que cela fût conforme aux coutumes prussiennes, c'était tout à fait contraire aux coutumes britanniques. En Grande-Bretagne, le monarque devait servir la politique d'un Parlement élu.[8] Wilhelm n'en tint pas compte et chercha à utiliser sa correspondance privée avec la reine Victoria et le roi Édouard VII pour court-circuiter les élus et imposer son propre programme, comme si Victoria et son fils étaient des autocrates. Il les irrita fortement. Leurs réponses froides et le fait qu'ils le traitèrent comme un étranger dans toute la correspondance officielle frustra immensément Wilhelm.

En fait, Wilhelm avait l'impression de ne pas recevoir l'appréciation qu'il méritait de la part des seuls pairs qu'il reconnaissait, ses parents britanniques.[9] Il réagit en profitant de chaque occasion pour agir de manière vexatoire. Il était particulièrement jaloux de son oncle Bertie, le roi Édouard VII, qui à son tour le détestait intensément. Cette rivalité avait trouvé un premier exutoire dans les courses de yachting. Les deux monarques s'affrontèrent en 1905, non loin des redoutables navires de guerre britanniques stationnés à Cowes.[10] Ce n'est donc pas un hasard si Wilhelm lui-même finit par justifier sa politique étrangère en expliquant qu'il voulait « des navires à lui ».[11] Pour lui, la politique allemande était avant tout la poursuite d'une rivalité acharnée avec le souverain britannique.

Un autre anglophile profondément ambivalent était Alfred von Tirpitz, que Wilhelm avait nommé pour mettre en œuvre son programme naval. D'un côté, Tirpitz envoya ses enfants dans des écoles britanniques et proclamait son admiration pour la culture britannique.[12] Il imitait Nelson en appelant ses assistants sa « bande de frères. »[13] D'un autre côté, il n'avait jamais trouvé chez les officiers britanniques la reconnaissance de pairs.[14] C'est lui qui finit par obtenir du Parlement allemand le vote de fonds pour un renforcement naval sans précédent - en désignant pour la première fois dans l'histoire allemande la Grande-Bretagne comme le principal ennemi. Son sens aigu des objectifs joua un rôle immense dans la mobilisation du Parlement allemand. Il dirigea la conception d'une flotte de haute mer composée principalement de cuirassés dans le seul but d'attaquer et de détruire la flotte britannique, contrairement à ses prédécesseurs et rivaux, qui avaient plaidé pour des unités plus légères, destinées à protéger les lignes commerciales allemandes dans le monde entier. Tirpitz fut constamment promu et protégé par Wilhelm.

Une fois que Wilhelm eut effectivement lancé une bipolarisation internationale, toutes les politiques qui s'alignaient sur celle-ci furent facilitées et toutes les initiatives qui ne s'alignaient pas perdirent en influence. Des ministres britanniques des deux partis, libéral et unioniste, recherchèrent une alliance avec l'Allemagne. Mais ils ne trouvèrent jamais d'alliés puissants en Allemagne même, et ils finirent en conséquence par perdre tout crédit dans leur propre pays.[15] En revanche, les ambassadeurs et ministres français qui cherchaient à faire des ouvertures au gouvernement britannique étaient activement coachés par le roi Édouard VII.[16]

La politique navale allemande généra d'énormes tensions au sein de la Royal Navy, car deux groupes d'officiers de marine britanniques furent en concurrence pour imposer une réponse stratégique. En fin de compte, le groupe qui avait le mieux anticipé les mouvements allemands fut favorisé par le gouvernement. Les tensions au sein de la marine eurent en elles-mêmes toutes les caractéristiques d'une bipolarisation, mais comme celle-ci interférait avec la bipolarisation internationale, elle ne trouva pas d'écho profond dans les autres sections de la société britannique. Elle dut prendre fin, et la nécessité de faire face à l'Ennemi prévalut.

De 1900 à 1914, un groupe d'officiers de la Royal Navy conçut en effet des réformes radicales, tandis que l'autre s'y opposa farouchement. Le conflit était profondément politique, mais pris des atours techniques. Le premier groupe avait l'intention d'ouvrir les rangs des officiers aux marins méritants des classes inférieures, un programme typiquement égalitaire, tandis que l'autre groupe s'opposait farouchement à cette politique, qu'il qualifiait de violation de la tradition. Le premier groupe était dirigé par l'Amiral John Fisher, le second par un autre amiral, Lord Charles Beresford.

Fisher est né loin de l'Angleterre, à Ceylan, dans une famille de la classe moyenne. Beresford était le chef d'une riche famille noble. Il cultivait le style de vie traditionnel de l'aristocrate terrien, chassant et montant à cheval dans son domaine irlandais.[17] Fisher était farouchement déterminé à saper la domination d'une hiérarchie conservatrice au sein de la Marine, et nommait cette classe supérieure les « mandarins » et, plus généralement, les « ducs et duchesses. »[18] Beresford et son groupe méprisaient Fisher, qu'ils surnommaient «le mulâtre» en référence à ses origines coloniales et à l'idée que Fisher n'était peut-être pas un Britannique de pure souche.[19] L'antagonisme Fisher-Beresford polarisa intensément la Royal

Navy. Les officiers supérieurs ne pouvaient pas être à la fois des « Fisherites » et des amis de Beresford.[20]

Fisher et Beresford reconnaissaient tous deux que l'Allemagne était désormais l'Ennemi. Tous deux considéraient la nouvelle flotte allemande de haute mer comme la principale menace pour la Grande-Bretagne. Mais alors que Fisher préconisait de concentrer la Royal Navy britannique en Mer du Nord, directement face à la flotte allemande, Beresford affirmait que cette décision affaiblirait excessivement la Royal Navy ailleurs et finirait par réduire la solidité globale de l'Empire. Alors que Fisher concevait un nouveau type de navire, le Dreadnought, pour concentrer la puissance de feu en cas de bataille majeure contre la flotte allemande de haute mer, Beresford soutenait que la priorité devait être donnée à la protection des lignes commerciales britanniques par des navires plus légers et plus rapides, comme les croiseurs. Beresford ajoutait que le nouveau type de navire de Fisher condamnait tous les cuirassés précédents, pour lesquels les Britanniques avaient bénéficié d'une supériorité écrasante.[21]

La course aux armements donna raison à Fisher. La réaction de l'adversaire montra que ses options, et non celles de Beresford, étaient les bonnes. En effet, en Allemagne, un débat symétrique avait opposé le Chancelier Hollmann qui, comme Beresford, soutenait les unités légères, à l'Amiral Tirpitz qui, comme Fisher, plaidait pour la concentration et les cuirassés. Après près d'une décennie d'hésitations, Tirpitz l'emporta auprès de l'Empereur Wilhelm. Ce fut Fisher, et non Beresford qui l'emporta donc en Grande-Bretagne.[22]

La bipolarisation au sein de la marine britannique n'a jamais trouvé un écho profond au sein du Parlement, malgré sa ressemblance avec la bipolarisation entre les unionistes-conservateurs, défenseurs des hiérarchies traditionnelles, et les libéraux, dont le programme était nettement plus égalitaire. Beresford fit pression sur le gouvernement Conservateur pour remplacer Fisher, sans succès. Pourtant il était une figure populaire et un membre de la Chambre des Communes pour les Conservateurs depuis les années 1870. Mais Beresford ne sembla plus à la hauteur de la tâche dans les années 1900.[23] Arthur Balfour, le chef des Conservateurs, ne nomma pas Beresford. En fait, les Conservateurs firent campagne pour obtenir davantage de cuirassés de classe Dreadnought. Le gouvernement, le Parlement et les citoyens britanniques furent principalement préoccupés par la menace d'une éventuelle invasion allemande.

Par conséquent, la polarisation entre Fisher et Beresford apparut de plus en plus comme une querelle purement personnelle. Le Cabinet, préoccupé par le manque de communication au sein de la Marine en cas de guerre, décida de démettre les deux hommes de leurs fonctions. Il finit par remplacer Fisher par son lieutenant le plus digne de confiance, avant de le rappeler comme premier Lord de la Marine lorsque la guerre éclata.

La bipolarisation internationale dicta l'ordre du jour, les priorités et les titulaires des postes. Ce fut le cas aussi au sein du Parlement britannique. Par exemple, la construction de nouveaux cuirassés eut la priorité sur les mesures sociales en 1909-1910, alors même que la polarisation partisane avait poussé le nouveau gouvernement libéral à faire de la redistribution la pierre angulaire de son programme contre les Conservateurs. Finalement, les deux partis se sont entendus, malgré la virulence de leurs conflits précédents, pour accepter la guerre contre l'Allemagne en août 1914.[24]

Les rivaux les plus influents, les deux souverains, ont initié une bipolarisation que tous les autres, progressivement, ont dû rejoindre. Leur rivalité personnelle est devenue une bipolarisation internationale. Les rivalités personnelles et les oppositions politiques ont dû s'y plier ou disparaître.

13. Les Cycles de Bipolarisation

La bipolarisation est un processus cyclique. Il s'accélère, puis atteint un pic et décélère (Figure 9). Au fur et à mesure que les deux parties se renforcent, elles convergent non seulement sur les causes du conflit, mais aussi sur la manière dont les batailles doivent être menées et sur les conditions de la victoire et de la défaite. Ainsi, lorsque le conflit atteint sa phase la plus intense, les deux parties peuvent convenir, malgré une hostilité mutuelle extrême, que l'une a été victorieuse et l'autre vaincue. Ils cessent alors de se battre. La bipolarisation culmine donc avec la victoire d'un camp et la défaite de l'autre.

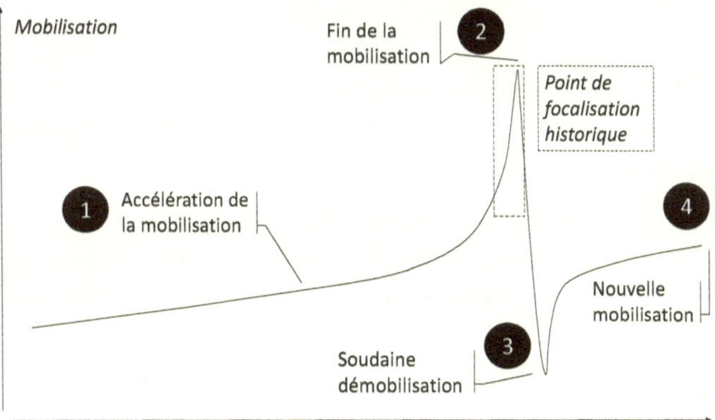

Figure 9. Le cycle de bipolarisation.

La fin des combats est suivie d'une démobilisation générale, car les deux parties n'ont soudainement plus l'adversaire auquel elles étaient habituées. Mais ensuite, la victoire ne signe pas l'avènement du nouvel âge d'or que les combattants avaient imaginé. Elle marque simplement la fin d'un cycle de bipolarisation et le début d'un autre cycle (Figure 10).

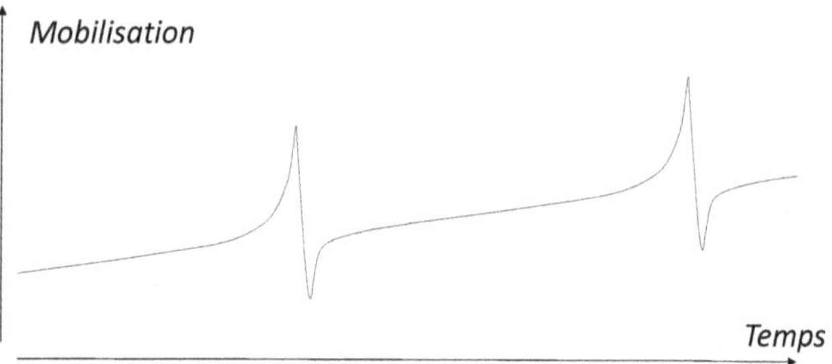

Figure 10. Des cycles successifs de bipolarisation.

Les conflits sont cycliques. Les hypothèses alternatives ne sont tout simplement pas observées. Il n'y a nulle part une perpétuelle « guerre de tous contre tous » [1], ni un état de paix permanent.

L'Histoire n'apparaît cependant pas comme une série de cycles, mais plutôt comme une série de périodes de paix qui alternent avec des guerres.

La plupart du temps, le niveau de conflit semble très faible. Comparé aux phases de conflit intense, il semble qu'il n'y ait presque pas de conflit du tout. Cette impression est renforcée par une distinction binaire entre les périodes de « paix » et les périodes de « guerre », présente dans la plupart des récits historiques. Les guerres semblent « éclater » au milieu de relations pacifiques. Les historiens usent de ces images pour souligner la nature pacifique d'une partie et la fourberie de l'autre. Les récits historiques ont en conséquence tendance à se concentrer sur les périodes relativement courtes de conflit intense (Figure 9).

Les événements propres à un cycle continuent à avoir des effets sur les cycles suivants. L'histoire produite au cours d'un cycle de bipolarisation n'est pas soudainement oubliée parce que le conflit prend fin. Les récits sont transmis aux générations suivantes, qu'elles les déplorent ou en soient fières. Elles héritent ainsi également d'alliés et d'adversaires. Elles ne peuvent les changer à volonté.

Dans la plupart des cas, la paix ne peut être qu'une trêve. Les anciens adversaires sont poussés à reprendre le combat l'un contre l'autre. La paix peut cependant parfois durer, malgré toute la méfiance accumulée, mais à une seule condition : que les anciens adversaires se reconnaissent un nouvel adversaire commun, plus dangereux encore. Ce peut être le cas, par exemple, si un ancien adversaire apparaît tellement affaibli par la défaite et un ancien allié tellement renforcé par la victoire que l'ancien allié, plutôt que l'ancien adversaire, apparaît désormais comme l'adversaire le plus dangereux, le véritable Ennemi.

L'initiative d'une alliance appartient toujours aux vainqueurs et non aux vaincus. À cet égard, il est vrai que l'histoire est écrite par les vainqueurs. Les vaincus sont amenés à douter d'eux-mêmes. Ils soupçonnent que leur vision de l'histoire était trompeuse et que certains d'entre eux au moins servaient le véritable Ennemi. Ils ont tendance à se retourner les uns contre les autres. Si les vainqueurs acceptent de conclure une alliance avec les vaincus, le camp qui soutient cette option parmi les vaincus prend le dessus. Il est conforté par l'attitude des vainqueurs. Si les vainqueurs ne proposent pas d'alliance aux vaincus, le camp qui cherche à se venger se sent davantage justifié. Il se mobilise davantage et prend le dessus. Le conflit entre les anciens adversaires est mûr pour reprendre.

Ainsi, les événements qui se produisent au cours d'un cycle conditionnent le développement des cycles suivants. La bipolarisation est une dynamique qui se déploie sur de nombreux cycles.

Ces dynamiques sont typiquement reflétées par les alliances et les conflits entre les grandes puissances du vingtième siècle. Chaque alliance et conflit est le résultat de la vision du monde qui a émergé au cours des périodes de conflit précédentes.

Dans la seconde moitié du XIXe siècle, la Russie était considérée par la Grande-Bretagne comme la puissance la plus dangereuse. Cette situation changea cependant après 1870 et la défaite de la France face à l'Allemagne, et encore plus après 1899, lorsque le nouvel Empire allemand entreprit de supplanter la Grande-Bretagne en tant que puissance mondiale. À partir de ce moment-là, la Russie devenait un allié acceptable contre l'Allemagne. La France, avant elle, était aussi passée au cours du XIXe siècle du statut de principal adversaire à celui d'allié, en raison justement, alors, de la menace Russe.

La Grande-Bretagne, qui avait vaincu la France et la Russie au cours du XIXe siècle, prit l'initiative de proposer à ces deux pays une alliance contre l'Allemagne. Au cours de la guerre qui suivit, la Grande-Bretagne put également s'assurer le concours du Japon, de la Chine, de l'Italie et des États-Unis. Cette guerre est donc restée dans les mémoires sous le nom de Première Guerre mondiale (1914-1918).

L'Allemagne fut vaincue en 1918, mais pas avant d'avoir vaincu elle-même la Russie et d'avoir conclu une paix séparée avec elle. Par conséquent, vu de France, de Grande-Bretagne ou des Etats-Unis, l'Empire russe, devenu l'Union soviétique, n'apparut plus au cours des années suivantes comme une menace justifiant une alliance avec l'Allemagne, et cela bien que les Soviétiques aient prévu de mener une révolution mondiale. Les vainqueurs de 1918 ont donc continué à agir comme si l'Allemagne était toujours la principale menace.

Ils ont ainsi préparé un nouveau conflit avec l'Allemagne et lui ont permis d'enrôler non seulement le pays qu'elle avait vaincu, l'Union soviétique, mais aussi d'anciens adversaires, l'Italie et le Japon, frustrés par la politique internationale de leurs anciens alliés. En effet, la France, la Grande-Bretagne et les États-Unis n'avaient pas accepté certaines des demandes de l'Italie et du Japon lors de la signature des traités de paix. De nombreux Italiens et Japonais considérèrent alors que leurs pays n'avaient pas été traités équitablement. Ils l'emportèrent au cours des années 1930 et s'allièrent aux nations vaincues, l'Allemagne et l'Union soviétique. Ensemble, ils déclenchèrent la Seconde Guerre mondiale pour prendre leur revanche sur la France et la Grande-Bretagne.

Dans une phase suivante, en 1941, excessivement confiantes en leur victoire prochaine sur la France et la Grande-Bretagne, l'Allemagne et l'Italie se tournèrent par surprise contre l'Union soviétique et les États-Unis. Ces pays se rangèrent immédiatement aux côtés de la Grande-Bretagne et de la France. Ensemble, ils vainquirent l'Italie, l'Allemagne et le Japon en 1945.

L'appréciation de l'équilibre des forces changea complètement au cours de la Seconde Guerre mondiale, lorsqu'il apparut que l'Union soviétique, même très affaiblie, était capable de repousser et de vaincre l'Allemagne et ses alliés.

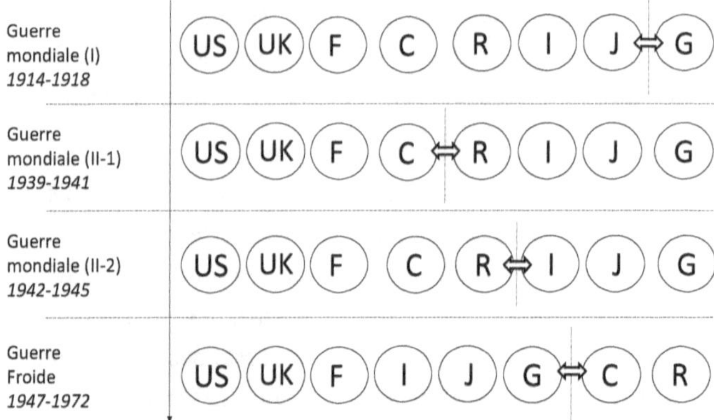

Figure 11. L'alignement des grandes puissances lors des guerres mondiales au 20e siècle.

US: les Etats-Unis d'Amérique ; UK: le Royaume-Uni (la Grande-Bretagne); F: France; C: Chine; R: Russie (Union soviétique après 1917); I: Italie ; J: Japon; G: Allemagne.

A partir de 1945, l'Union soviétique devint donc la principale menace aux yeux des Américains, des Britanniques et des Français. Le triomphe des forces soutenues par l'Union soviétique lors de la guerre civile chinoise en 1949 renforça encore cette perception. A l'inverse de ce qui était arrivé après 1918, Américains, Britanniques et Français acceptèrent en 1949 de s'allier avec leurs anciens adversaires, Allemagne, Italie et le Japon, pour mieux contrer leur nouvel ennemi (Figure 11).

14. Une Histoire internationale

Des groupes qui se sont affrontés ont vu leurs histoires converger. Ils se considèrent désormais comme des adversaires naturels et sont donc prêts à s'affronter à nouveau. Mais leur vision convergente de l'histoire leur permet aussi de se reconnaître désormais un adversaire commun et de devenir ainsi alliés. À très long terme, une vision de l'histoire de plus en plus largement partagée permet à des groupes de plus en plus nombreux de se reconnaître mutuellement comme des alliés ou des adversaires dignes de ce nom. Ils participent ainsi d'une société internationale en expansion.

Une société internationale s'est ainsi développée en Europe entre 1500 et 2000. Son avènement a été marqué par des coalitions internationales de plus en plus importantes et par l'émergence d'une histoire internationale commune.

Cette évolution peut être mesurée. Par exemple, en Europe, au XVIe siècle, les conflits majeurs n'opposaient en moyenne que deux grandes puissances. Ce nombre passa à quatre au dix-septième siècle, à cinq au dix-huitième siècle et à plus de sept au vingtième siècle. Toutes les grandes puissances ont été impliquées dans chacune des deux guerres mondiales (Figure 12). Le nombre total de grandes puissances en Europe n'a pas beaucoup changé entre 1500 et 2000, ce qui signifie qu'au cours de cette période, les grandes puissances ont eu de plus en plus tendances à s'impliquer dans les conflits.

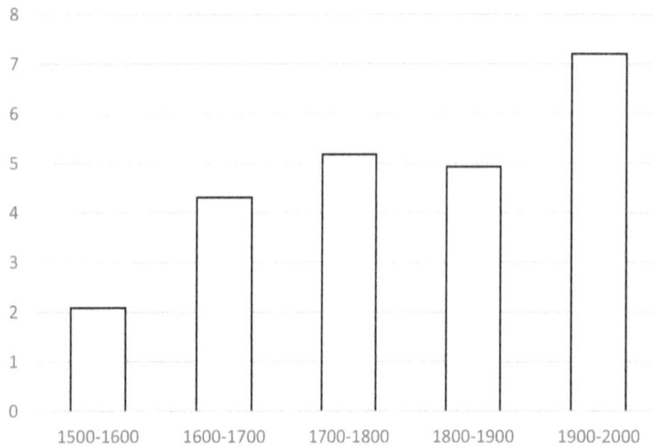

Figure 12. Nombre moyen de grandes puissances impliquées dans les conflits majeurs en Europe (1500-2000).[1]

Au fil des siècles et des conflits, les puissances européennes ont de plus en plus partagé la même histoire internationale. Elles se mirent donc à craindre la montée en puissance de concurrents contre lesquels elles avaient déjà été opposées par le passé. Elles reconnurent de plus en plus facilement qu'il était donc désavantageux de rester neutre dans un conflit voisin car la victoire d'un camp leur serait préjudiciable tôt ou tard. Comme elles anticipaient de plus en plus les conflits futurs et partageaient des visions convergentes des menaces, les puissances européennes trouvèrent de plus en plus facilement des alliés et s'inscrivent dans des coalitions de plus en plus larges.

Par exemple, pendant la majeure partie du XVIe siècle, les deux plus grandes puissances, le Royaume de France et l'Empire néerlandais-germano-espagnol des Habsbourg, se battirent pour la prééminence. Les autres puissances, dont l'Angleterre, le Pape, Milan, Naples, Florence, Venise ou Gênes changèrent plusieurs fois de camp. En revanche, au cours de la première moitié du XVIIe siècle, les Habsbourg et leurs alliés, ainsi que la coalition qui s'opposait à eux, restèrent beaucoup plus stable. Cette tendance à la stabilisation des coalitions internationales n'a fait que s'accentuer au cours des siècles suivants, malgré la croissance des coalitions.

Cela signifie aussi qu'au début de la période les conflits étaient beaucoup plus fréquents et beaucoup moins synchronisés. Il y avait presque toujours une guerre quelque part, mais elle impliquait des coalitions relativement limitées. Au fur et à mesure que les conflits se sont synchronisés, ils sont devenus moins fréquents. Mais lorsqu'une guerre éclatait, elle prenait une ampleur sans précédent.

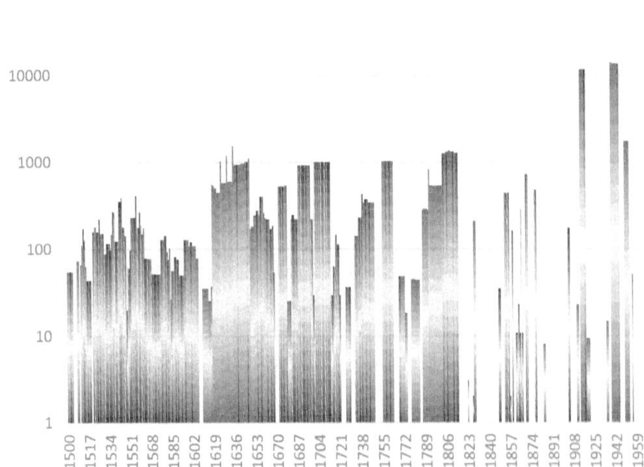

Figure 13. Le nombre de personnes tuées sur le champ des batailles entre grandes puissances européennes, par année et par million d'habitants, 1500-2000 (échelle logarithmique).[2]

177

Les conflits sont ainsi devenus moins fréquents mais plus dévastateurs. Cela peut être mesuré par le nombre croissant de décès sur le champ de bataille par rapport à la population totale au cours de ces conflits de plus en plus courts et généralisés (Figure 13).

Ces différents indicateurs, de 1500 à 2000, témoignent de coalitions et des conflits de plus en plus larges, c'est-à-dire d'une bipolarisation qui s'est généralisée et qui a généré une histoire et une société internationale communes en Europe.

Quel que soit le nombre de personnes impliquées et leur culture spécifique, leurs interactions engendrent les mêmes dynamiques. Elles se bipolarisent et convergent ainsi vers une histoire commune.

L'omniprésence de ces dynamiques peut être illustrée par l'*Expérience de la Caverne des Voleurs*, un camp d'été organisé en juin et juillet 1954 par une équipe de chercheurs dirigée par Muzafer Sherif. Les chercheurs sélectionnèrent des garçons qui ne se connaissaient pas auparavant, qui n'avaient pas de préjugés prévisibles les uns envers les autres et dont le milieu social et les résultats scolaires étaient dans la moyenne.

Les garçons furent enrôlés dans deux groupes : les Aigles et les Crotales.[3] Chaque groupe fut d'abord tenu dans l'ignorance de l'existence de l'autre. Puis, après quelques jours, les deux groupes furent présentés l'un à l'autre et immédiatement opposés dans des parties de baseball et de tir à la corde. Les garçons se mirent à exprimer une forte aversion pour les membres de l'autre groupe. Ils tenaient à leur égard des propos désobligeants, essayaient de détériorer leurs affaires et se déclaraient réticents à partager les mêmes installations. De surcroît, les garçons qui perdaient des matchs étaient aussi enclins à s'en prendre à ceux de leur propre groupe et à demander à quitter le camp.

Mais les organisateurs ne s'en tinrent pas là et organisèrent une troisième phase, durant laquelle ils mirent en place des tâches difficiles qui nécessitaient la coopération des deux groupes. Les garçons durent réparer ensemble un réservoir d'eau que des vandales avaient soi-disant endommagé. Ils furent ensuite tous mobilisés pour tirer un camion cassé. Ils utilisèrent alors la corde de tir-à-la-corde et imaginèrent spontanément qu'ensemble ils avaient « gagné la lutte contre le camion. »[4] Ce succès suscita immédiatement de bien meilleurs sentiments à l'égard des garçons de l'autre groupe et pendant les derniers jours du camp d'été, ils jouèrent et partagèrent des activités sans tenir compte des groupes d'origine.

Les garçons de l'*Expérience de la Caverne des Voleurs* ont spontanément reproduit les dynamiques de groupe qui peuvent également être observées dans les conflits internationaux. S'ils n'ont pas créé eux-mêmes les groupes de départ, ils se sont tournés contre l'autre groupe, et même contre leurs propres camarades en cas de défaite, exactement comme le font les adultes qui constituent des coalitions bipolaires. De même, la phase d'opposition a donné aux garçons une vision convergente de la façon dont ils pouvaient lutter ensemble contre un adversaire. Ils ont finalement pu mobiliser cette vision en luttant tous ensemble contre un nouvel adversaire commun, le camion. Ils se montrèrent heureux d'avoir pu le vaincre ensemble. Ces événements illustrent bien les propriétés constantes de la bipolarisation. Elle produit toujours les mêmes dynamiques, quelle que soit l'échelle du conflit et des alliances, ou les spécificités de l'histoire.

Bien sûr, dans les États-Unis du vingtième siècle, peu d'adultes auraient été aussi émotionnellement engagés par les péripéties du camp d'été que les garçons le furent. Leurs parents auraient considéré ces événements comme insignifiants par rapport à l'ampleur et à la complexité de conflits tels que les guerres mondiales qu'ils venaient de vivre, et par rapport à l'histoire internationale longue de plusieurs siècles dans laquelle ils pensaient jouer un rôle.

Cependant, cette histoire internationale, aussi complexe et longue qu'elle puisse apparaître n'est pas fondamentalement différente de l'*Expérience de la Caverne des Voleurs*, non seulement sur le plan des dynamiques collectives qu'elle met en jeu, mais aussi pour peu qu'on observe qu'elle résulte elle-même de récits qui n'étaient à l'origine guère plus complexes que ceux produits lors du camp d'été, mais qui ont été transformés, développés et rendus complexe au cours de multiples révisions opérées sur de nombreuses générations.

L'histoire internationale dans laquelle s'inscrivaient les Américains des années 1950 était en effet la lointaine héritière de récits qui décrivaient, dans la Grande-Bretagne du VIIe siècle, des événements guère plus complexes que ceux du camp d'été. Ils ne relataient que les exploits et les batailles de ce qui serait apparu à des lecteurs du XXe siècle comme de petites bandes de guerriers ignorantes du contexte historique plus large.[5] Des siècles d'alliances et de conflits de plus en plus complexes ont fait évolué la vision du monde dont ils dépendaient. Des coalitions de plus en plus larges se sont formées. Elles ont progressivement agrégé des territoires de plus en plus grands et les événements en des récits qui ressemblent à l'histoire internationale connue au XXe siècle.

Ainsi, dans la Grande-Bretagne du VIIe siècle, la plupart des luttes se déroulaient entre des seigneurs et des groupes qui contrôlaient des territoires guère plus grands que les shires qui seraient organisées des siècles plus tard. En 800, l'ensemble de l'Angleterre était déjà dominé par quatre royaumes seulement: Northumbria, Mercia, East Anglia et Wessex. En l'An 1000, l'Angleterre était devenue un seul royaume. En 1200, elle appartenait à un empire bien plus vaste, celui des Plantagenêt qui dominait également l'Ecosse, l'Irlande, la Normandie, la Bretagne, l'Anjou et l'Aquitaine. Il n'avait pour rival que le Royaume de France et le Saint Empire romain germanique. Aujourd'hui l'Angleterre est la plus grande nation du Royaume-Uni, un État qui s'est engagé dans de nombreuses alliances, en Amérique, en Europe, en Asie, en Afrique et en Océanie. La société internationale à laquelle elle appartient couvre désormais le monde entier.

Aussi limités et locaux que puissent apparaître les enjeux à un observateur extérieur, tout conflit, toute rivalité converge à long terme dans une bipolarisation générale. Notre société internationale et son histoire sont elles-mêmes le résultat d'une très longue convergence.

15.Par-delà la Raison et les Lois

L'esprit imagine qu'une seule volonté malveillante, l'Ennemi, est la cause de tous les maux. Il prévoit que sa destruction rétablira la paix et ramènera un âge d'or. L'Ennemi est considéré comme une anomalie temporaire et le monde est imaginé comme étant dans un ordre naturel et pérenne.

Les personnes et les groupes, comme les nations, sont donc considérés comme naturellement raisonnables et pacifiques. Libérés de l'Ennemi, ils devraient se gouverner harmonieusement et s'accorder sur le bien commun.

Mais pour l'instant, paradoxalement, agir raisonnablement ne suffit pas à vaincre l'anomalie qu'est l'Ennemi. Puisqu'il a été capable de perturber l'ordre normal du monde, contrer ses mouvements, réparer les torts qu'il a causés, nécessite aussi des mesures anormales, extraordinaires.

Chacun considère ses actions justes parce qu'elles sont exceptionnelles, proportionnelles au mal combattu et nécessaires pour rétablir l'état normal du monde. Mais ces contre-mesures sont aussi jugées profondément déraisonnables par ceux qui ne partagent pas l'idée précise de l'Ennemi qui les justifie.

En conséquence, toute action est condamnée à attirer certaines personnes et à en repousser d'autres, produisant aussi bien de l'hostilité que du soutien. La croyance universelle en la raison naturelle ne rend pas les gens plus conciliants. Elle les rend seulement outrés par le fait que d'autres ne se comportent pas raisonnablement.

Les actions entreprises pour restaurer l'ordre ne permettent donc jamais d'atteindre ce but ; elles altèrent cependant le cours de l'Histoire et créent un mouvement permanent.

On imagine que la raison vient naturellement aux humains, mais on pense aussi qu'elle ne sera observée qu'une fois la folie actuelle terminée, lorsque l'Ennemi sera vaincu. La croyance en la raison s'exprime donc particulièrement lors de conflits intenses, lorsque la victoire semble proche, lorsqu'il semble qu'elle mettra définitivement fin au mal. La fin des guerres, civiles ou internationales, est donc fortement corrélée à la fondation de nouvelles institutions destinées à permettre un gouvernement par la raison.

Ces nouvelles institutions fondées sur la raison se reconnaissent à des objectifs et des moyens spécifiques. Elles visent à restaurer les droits naturels qui ont été aliénés. Elles visent à établir la paix pour toujours. Elles cherchent à éviter le secret et à promouvoir des débats ouverts ainsi qu'une large participation aux décisions.

Par exemple, pendant les deux guerres mondiales, les puissances bientôt victorieuses ont conçu des institutions qui reflétaient cette vision. Elle a inspiré la création de la Société des Nations en 1920. Les rédacteurs ont imaginé des institutions conçues pour être gouvernées par la raison et donc opposées aux méthodes secrètes et sournoises généralement attribuées à l'Ennemi. Ils cherchaient, par exemple, à interdire les traités secrets. Cela avait notamment été demandé dans le premier des Quatorze Points publiés par le président des États-Unis, Woodrow Wilson, le 8 janvier 1918. La diplomatie ouverte devait devenir la norme. Le point 14 de Woodrow

Wilson proposait qu'elle soit à l'avenir traitée par « une association générale de nations. »

En 1945, après la Seconde Guerre mondiale, la Charte de l'Organisation des Nations unies commença par ces considérations typiques :

> Nous, peuples des Nations Unies, sommes déterminés
>
> -à préserver les générations futures du fléau de la guerre, qui, par deux fois en l'espace d'une vie, a infligé à l'humanité d'indicibles souffrances, et
>
> -à réaffirmer notre foi dans les droits fondamentaux de l'homme, dans la dignité et la valeur de la personne humaine, dans l'égalité de droits des hommes et des femmes, ainsi que des nations, grandes et petites, et
>
> -d'établir les conditions dans lesquelles la justice et le respect des obligations découlant des traités et autres sources du droit international peuvent être maintenus...[1]

La croyance en la raison est également illustrée par la conception d'assemblées délibérantes destinées à régler les conflits par une discussion ouverte. Afin de faciliter l'expression des différents points de vue et un règlement des conflits, on part généralement du principe que plus le nombre de personnes concernées par la règle ou par la décision est élevé, plus l'organe délibérant doit être grand. Le corps le plus large est toujours destiné à édicter les règles les plus générales. Ce principe se retrouve dans toutes sortes d'organes de gouvernement, depuis l'Assemblée générale des Nations unies jusqu'à l'assemblée des actionnaires d'une société, depuis le congrès d'un gouvernement fédéral comme celui des États-

Unis jusqu'aux conseils municipaux, depuis l'ancienne Ecclésia athénienne jusqu'au Congrès national du Parti communiste chinois... Les constitutions réservent généralement l'élaboration des règlements les plus généraux, les lois, aux plus grandes assemblées qu'elles prévoient. Les corps législatifs sont composés du peuple entier, le plus grand corps délibérant possible, ou sont élus par le peuple. Par conséquent, lorsque l'exécutif est également élu par l'ensemble du peuple, il tend à participer au processus législatif. Bien sûr, dans ce cas, l'« exécutif » n'est pas purement un exécuteur des ordres du législateur, en dépit de son nom. Par exemple, le président des États-Unis, élu indirectement par le peuple, peut opposer son veto à un projet de loi, participant ainsi à l'élaboration de la législation (article I, section 7, clause 2 de la Constitution).[2]

L'idée que l'opinion commune est le meilleur fondement du droit se traduit aussi par des mots qui associent les deux idées, comme dans le grec « doxa », qui signifie à la fois l'opinion commune et le droit, ou « normal » qui évoque la norme à la fois dans son sens juridique et statistique : la norme d'action que tous doivent suivre et ce qui est simplement propre à tous ou du moins à la majorité.

Les conflits les plus intenses génèrent l'idée qu'ils doivent être les derniers. Mais il n'en sera jamais ainsi. Un cycle de bipolarisation est suivi d'un autre. Une fois la paix déclarée, d'autres conflits apparaissent rapidement. Et donc, les institutions qui étaient censées faire durer la paix pour toujours semblent bientôt perverties par des cabales secrètes, des lobbies, des intérêts spéciaux, etc. Aucune institution n'est éternelle ; toutes sont constamment condamnées à se réformer.

Par exemple, les institutions qui régissent les États-Unis ont été conçues pendant la Guerre d'Indépendance (1775-1783). Très vite, leur adoption, et leur vitalité même ont produit des conséquences inattendues qui ont été interprétées comme des défauts profonds. La compétition pour les postes de pouvoir a généré un alignement bipartisan mais aussi des conceptions divergentes. Les lignes partisanes se sont progressivement alignées sur ces conceptions opposées. Avec le temps, cette bipolarisation a généré un autre conflit, la Guerre de Sécession (1861-1865).

Bien qu'elles aient été censées régler une fois pour toutes les conflits au sein des États-Unis, la *Déclaration d'Indépendance* de 1776 et la *Constitution* de 1787 contenaient donc les points qui allaient diviser le pays quelques décennies plus tard.

Une décision qui mit en exergue assez vite cette situation fut prise en 1803 par la Cour suprême des États-Unis dans l'affaire historique *Marbury contre Madison*. La Cour considéra qu'une loi fédérale ne pouvait pas contredire la Constitution et que les tribunaux pouvaient décider de ne pas maintenir une loi qu'ils jugeaient inconstitutionnelle. Cette règle n'était pas inscrite dans la Constitution mais a depuis été présentée par la Cour suprême comme une conséquence nécessaire du texte.[3] Pourtant, la décision fut immédiatement contestée par le président des États-Unis, Thomas Jefferson. Il refusa que le pouvoir législatif soit soumis au pouvoir judiciaire. Jefferson était membre du parti démocrate-républicain, contrairement au Juge en Chef Marshall, qui était fédéraliste.

Même la constitution la plus simple est source de conflits bipolaires. Ils proviennent des paradoxes imprévus qu'elle contient, même dans ses dispositions les plus fondamentales.

Par exemple, la Constitution des États-Unis, adoptée le 21 juin 1788, commence par les mots « Nous, le peuple des États-Unis d'Amérique ». Cela signifie que le peuple des États-Unis est l'auteur de la Constitution. Mais la Constitution crée également les États-Unis d'Amérique. Par conséquent, le peuple des États-Unis est à la fois l'auteur et le produit de la Constitution.

Un autre paradoxe se trouve dans les premiers mots de la Déclaration d'indépendance adoptée le 4 juillet 1776 : « Nous tenons ces vérités pour évidentes, que tous les hommes sont créés égaux... » Non seulement il était nécessaire d'énoncer ces vérités et de les écrire sous une forme des plus solennelles, mais, comme le reconnaît la Déclaration elle-même, elles étaient ignorées malgré leur évidence proclamée.

Ces deux paradoxes ont été, au cours des décennies suivantes, au cœur d'interprétations radicalement opposées.

Durant la Guerre de Sécession, le droit du peuple à faire sécession de l'Union qu'il avait adoptée, à défaire ce qu'il avait fait, était proclamé par les partisans des États sécessionnistes du Sud, tandis que ceux qui s'y opposaient soutenaient que la Constitution des États-Unis n'avait pas prévu le droit de s'en séparer. Un argument clé dans les débats était de savoir si le peuple était le produit de la Constitution ou son créateur.

De même, l'égalité évidente des « hommes » proclamée par la Déclaration d'indépendance a été mise à rude épreuve, les deux camps s'affrontant sur le droit des Noirs à être inclus parmi les « hommes » considérés comme égaux par la Déclaration. Leur inclusion a été proclamée évidente par le président élu de l'Union, Abraham Lincoln, à Philadelphie le 22 février 1861, alors qu'il se dirigeait vers Washington où il allait bientôt prendre ses fonctions. Mais son interprétation était loin d'être « évidente » pour ses adversaires les plus déterminés qui, au même moment, avaient commencé à faire sécession de l'Union.[4]

Une action est toujours censée être justifiée. Ce serait une réaction destinée à réparer une perturbation anormale de l'ordre des choses. Cependant, elle apparaît paradoxale, anormale et révoltante à tous ceux qui ne partagent pas la même idée de l'Ennemi. Les actions sont justifiées par la volonté de ramener la paix, mais elles provoquent régulièrement l'indignation.

Par exemple, les traités de paix qui ont créé la Société des Nations ont également considéré que de nombreux territoires revendiqués par l'Allemagne et l'Autriche-Hongrie devaient être attribués à des nations différentes. Ces traités ont donc été ressentis par les vaincus comme la création d'États artificiels plutôt que la restauration de nations libres. Ils étaient considérés comme un « Diktat », et non comme un contrat raisonnable entre des nations souveraines. Ils fournissaient un motif de vengeance.

Aux yeux des promoteurs d'une mesure, l'action est toujours justifiée : elle est conçue comme une simple réaction proportionnelle, une nécessité pour redresser une situation néfaste. Par exemple, en juin 1940, Adolf Hitler a exigé que l'armistice entre l'Allemagne et la France soit signé dans le même wagon et au même endroit, Rethondes, où les deux pays avaient signé l'armistice en 1918. Il signifiait ainsi que la victoire allemande effaçait sa défaite injuste de 1918. Selon lui, il s'agissait d'une réaction justifiée contre le traitement anormal réservé à l'Allemagne par les vainqueurs en 1918. De manière significative, Hitler a également fait détruire la voiture peu avant l'ultime défaite allemande en 1945, signifiant ainsi qu'il ne l'accepterait jamais.

Dans ces exemples, nous pouvons observer les origines du principe juridique du parallélisme des formes. Un acte qui annule ou remplace un acte antérieur doit être adopté de la même manière que l'acte original. Cela semble être une simple technicité, un principe juridique de routine. Pourtant, le parallélisme des formes trouve son origine directe dans la notion de réaction juste.

Toute action est justifiée par ceux qui la préconisent comme une juste réaction. Cependant, elle ne peut que susciter l'incrédulité et le ressentiment de ceux qui ne partagent pas exactement la même idée de l'Ennemi. Ceux-là ne peuvent voir qu'une action qui vise paradoxalement à détruire délibérément l'ordre naturel.

L'enseignement en langue galloise montre comment l'on peut réagir de manière opposée à une politique. La scolarisation des enfants en gallois au Pays de Galles peut sembler à première vue tout à fait normale et naturelle. Mais l'anglais est la langue la plus utilisée dans les écoles galloises. C'est aussi la langue principale utilisée chaque jour par la plupart des personnes vivant au Pays de Galles. C'est précisément ce que les promoteurs d'une éducation en langue galloise veulent changer. Mais en agissant ainsi, ils risquent aussi de vouloir bouleverser une situation que d'autres considèrent comme normale.[5]

La perception d'une disruption délibérée peut être renforcée par une série de mesures spécifiques. Premièrement, la langue enseignée dans les écoles de langue galloise est délibérément différente du type de gallois que l'on peut entendre parler en dehors des écoles. De nombreux mots nouveaux ont été créés, qui sont destinés à être appris par les élèves et à remplacer à long terme les mots qui sont actuellement utilisés par les Gallois. Le Dr. Jones, un éminent militant de la langue galloise, m'a expliqué comment le breton, une autre langue celtique, est utilisé comme source d'inspiration pour inventer de nouveaux mots gallois. Même dans le cœur du pays gallois, dans le nord-ouest, où les écoles sont officiellement appelées « écoles naturellement galloises », les promoteurs de l'éducation galloise ne cherchent pas réellement à utiliser la langue « naturelle » dans le seul endroit où elle semble s'être maintenue. Ils préfèrent généralement créer des écoles spéciales comme celles qui existent dans d'autres régions du pays de Galles, où l'on parle une langue adaptée. Enfin, les écoles de langue galloise sont présentées comme des écoles qui obtiennent des résultats supérieurs à la moyenne, ce qui laisse penser que leur objectif ultime n'est peut-être pas de promouvoir le gallois mais plutôt de créer des écoles d'élite.[6]

Les militants ne considèrent cependant pas leur action comme la création d'une situation artificielle et paradoxale. Ils considèrent que ces mesures sont simplement légitimes pour compenser les effets de la conquête anglaise. Ils les estiment nécessaires pour restaurer une continuité nationale qui a été détruite. Contrairement à beaucoup d'autres Gallois, ils ne considèrent pas la situation linguistique actuelle du Pays de Galles comme le résultat d'un processus de dégénérescence naturelle du gallois et de son remplacement par une langue plus dynamique, l'anglais, mais comme le résultat anormal d'une agression étrangère qui a commencé au Moyen-Âge et s'est prolongée jusqu'à aujourd'hui. Ils estiment que le gallois est fortement contaminé par la syntaxe et le vocabulaire anglais, même dans le cœur du pays de Galles. La langue doit être expurgée des mots d'origine anglaise. Il ne suffirait pas de recruter des enfants « naturellement gallois » pour que les élèves se sentent à l'aise avec la langue galloise ; ils seraient tentés de passer à l'anglais, surtout si le gallois qu'ils parlent, parsemé de mots anglais, leur semble être un dialecte anglais. Enfin, renforcer la fierté de la langue implique de rendre les élèves fiers d'intégrer les meilleures écoles.[7] Ils ne voient donc aucun paradoxe dans leurs politiques.

Les arguments des militants ne peuvent pas être compris et approuvés si l'on ne partage pas l'idée que l'histoire nationale galloise a été perturbée par une invasion anglaise, de sorte qu'il faut recréer activement une communauté autosuffisante et pérenne, avec un activisme similaire à celui déployé autrefois par l'Ennemi pour la détruire.

Les activistes gallois ont illustré leur désir d'inverser l'histoire et de libérer le Pays de Galles de l'Angleterre dans un collage intitulé *La Revanche du Dragon*. Il montre un dragon terrassant un chevalier. Le chevalier est allongé sur le sol, les griffes du dragon sur sa poitrine. Le dragon est le symbole du Pays de Galles. Le chevalier est Saint Georges, le symbole de l'Angleterre. Dans la version habituelle de la légende, Saint Georges tue le dragon. En inversant les positions, et en plaçant le dragon sur un Saint Georges vaincu, les auteurs ont exprimé leur volonté de renverser légitimement l'histoire et de mener un soulèvement gallois contre l'agression anglaise (Figure 14 et Figure 15).

Au Pays de Galles comme ailleurs, le bouleversement historique est toujours considéré comme exceptionnel et anormal. On pense toujours qu'ailleurs les choses sont moins conflictuelles, plus conformes à l'ordre naturel. Par exemple, les militants de la langue galloise ne comparent pas la situation de leur langue avec celle de l'anglais aux États-Unis ou du français en France, qu'ils ne considèrent pas comme des langues en danger. Cependant, au cours des dernières décennies, des militants ont effectivement cherché à protéger l'anglais aux États-Unis contre l'invasion de l'espagnol, notamment en favorisant un statut de langue « nationale » pour l'anglais. De même, le français a été reconnu en France comme « langue de la République » afin de limiter la promotion des langues « régionales » comme le basque ou le breton, ainsi que la pénétration de l'anglais.[8]

Figure 14. La Revanche du Dragon (1990).[9]

Le dragon, symbole du Pays de Galles, défait Saint George, symbole de l'Angleterre.

Figure 15. La version originale de l'histoire (1515).[10]

Saint George, patron de l'Angleterre, tue le dragon.

L'esprit ne peut imaginer d'ordre sans imaginer en même temps son dérèglement, des anomalies ; pour redresser ces anomalies, il semble qu'il faille de nouvelles mesures extraordinaires. C'est cette logique paradoxale qui met notre monde en mouvement et qui, finalement, le crée.

Nul n'est guidé par la raison. Nul ne suit une trajectoire stable, nul ne le veut. Chacun nourrit des rêves héroïques et pense réagir à une situation anormale. Chacun croit pouvoir rétablir un âge d'or. Mais tous produisent en réalité un changement constant. Il n'y a pas de paix durable, pas de communauté stable dans un monde animé par la quête d'héroïsme.

*

Le caractère paradoxal des actions humaines fait qu'aucun champ de savoir issu directement de la pratique ne contient une explication cohérente de lui-même.

Le droit, par exemple, est un produit majeur de la résolution des conflits. Mais le droit lui-même n'est pas exempt de conflits et ces conflits finissent par déboucher sur des conflits de normes qui doivent eux-mêmes être résolus. C'est ainsi qu'une « hiérarchie des normes » a été imaginée afin de faire prévaloir les normes de rang supérieur sur les normes inférieures conflictuelles. On peut distinguer différents niveaux de normes : la loi, tant fédérale qu'étatique, les règlements généraux, les décisions particulières, les précédents, etc. Ils reposent tous sur un texte fondamental : toutes les décisions juridiques, même les plus particulières, sont censées se fonder en dernier ressort sur une « loi fondamentale », également appelée « constitution ». Les autres sources de droit ne disposent que de l'autorité qui leur est conférée, directement ou indirectement, par la constitution.[11] Cependant, la constitution elle-même est une source importante de conflits.

Même les auteurs les plus attachés à mettre en avant les fondements juridiques de l'État doivent partir d'autres prémisses pour expliquer son activité réelle. Par exemple, Max Weber et des auteurs contemporains comme René Carré de Malberg[12] se sont écartés d'une définition purement juridique de l'État. Weber a souligné qu' « un État est une communauté humaine qui revendique (avec succès) le monopole de l'usage légitime de la force physique sur un territoire donné ».[13] Pour Weber comme, avant lui, pour Jean-Jacques Rousseau, la « violence » est simplement le contraire de l'action légale et légitime. Elle n'est pas fondée sur la raison et ignore la volonté générale des membres de la communauté.[14]

Généralisant le problème, Jean Leca a fait valoir qu'aucun argument ou disposition juridique ne contient une explication cohérente de sa propre existence, qu'il s'agisse d'un code de lois, d'une constitution, d'un texte de loi international ou même d'un droit humain fondamental.[15] Il a souligné que toutes les justifications sont intrinsèquement paradoxales car les humains invoquent des principes mais cultivent fondamentalement des rêves héroïques, et s'engagent dans des conflits ; ils ignorent pour eux-mêmes les principes qu'ils proclament pour tous.

Jusqu'ici la plupart des théories ont expliqué les affaires humaines en supposant l'existence d'ensembles cohérents et stables. On les imaginait comme des systèmes, composés d'éléments qui interagissaient harmonieusement, remplissant des fonctions stables ou bien ajustées pour maintenir l'ensemble stable. Le problème était que les systèmes ne pouvaient pas rendre compte des conflits ni de la dynamique de transformation qu'ils alimentent en permanence dans le monde réel.

En tant qu'hypothèse, un système ne peut notamment pas expliquer ses propres origines et ses transformations. Dans un monde en constante évolution, cela entraîne de sérieuses lacunes, même pour les théories les plus rigoureuses et ambitieuses.

Par exemple, Ernest Gellner a développé l'une des explications les plus systématiques de la révolution industrielle et du nationalisme moderne. Selon lui, ils ne pouvaient exister qu'en association l'un avec l'autre. Il partait du principe qu'une industrie moderne nécessite une main-d'œuvre mobile dotée d'une éducation et d'une culture standardisée, tandis que le nationalisme moderne favorisait l'abolition des barrières internes et un système scolaire standardisé par l'État.[16] En bref, le nationalisme moderne rendrait possible la révolution industrielle et vice-versa, ce qui expliquerait leur émergence simultanée en Europe occidentale.

Ce faisant, Gellner a expliqué pourquoi l'industrialisation et la nationalisation ne pouvaient exister qu'en conjonction l'une avec l'autre. Il ne pouvait cependant pas expliquer comment un tel système était apparu. Gellner a souligné que de telles sociétés n'ont pas toujours existé. Il a distingué les sociétés industrielles modernes des sociétés agraires pré-modernes. Il a décrit comment l'État pré-moderne, contrairement à l'État moderne, maintenait les communautés locales dans un relatif isolement. Seuls les hiérarques pouvaient accéder à une langue et à une culture communes.[17] Gellner a attribué aux sociétés industrielles un pouvoir matériel supérieur, qui leur a permis de conquérir le monde agraire et de le transformer.[18] Mais il n'a pas pu expliquer comment ces sociétés industrielles avaient tout d'abord émergé du monde agraire. Cela devait rester un « mystère ».[19] Gellner a ainsi produit un bon exemple des limites des systèmes d'explication.

Finalement, nous pouvons appliquer ce principe à l'explication du langage humain tout entier. Aucun système ne peut expliquer les langues humaines. Comme les « communautés », les « nations » ou les « États » humains, les « langues » sont les objets des politiques et des conflits humains. Elles évoluent, non pas d'elles-mêmes, selon leurs propres lois, mais au gré des mesures prises par leurs promoteurs, de leurs succès ou de leurs échecs.

Il n'existe pas de langue neutre, une manière de transmettre l'information indépendamment des engagements, des alliances et des conflits des personnes en présence. Chaque mot, chaque phrase, chaque récit est porteur d'une intention qui ne se limite pas à son sens explicite et immédiat mais qui porte implicitement sur la défense d'une communauté, d'un ordre, d'une relation particulière entre les personnes en présence, qui est à la fois potentiellement une alliance et une conflagration.

Noam Chomsky a eu raison de contredire la proposition de Ferdinand de Saussure et de Roman Jakobson. Les langues ne peuvent pas être abordées comme des systèmes. Chomsky a en effet observé que chacun a une capacité innée à déchiffrer de nouvelles phrases, à apprendre et à créer de nouvelles règles et de nouveaux langages.[20] Il s'est proposé de découvrir les principes de la « grammaire générative » universelle qui leur permet de le faire. Nous connaissons maintenant la logique qui les rend capables de le faire. Elle régit telle une loi l'esprit et le monde humain. Elle s'applique à toutes les actions et à toutes les pensées. Et elle signifie en effet que le changement y est permanent.

IV

Une Mobilisation generale

Chacun rêve secrètement d'être un être supérieur, le Héros, détaché de toute limite, d'abord matérielle. Mais on sent aussi qu'il faut atteindre la position matérielle la plus élevée possible car toute politique passe nécessairement par la production et la redistribution de biens.

Chacun se croit différent parce qu'il est conscient du danger. Il se croit différent des gens ordinaires, qui n'ont pas conscience de ce danger, et qui sont donc simplement égoïstes, matérialistes et avides *(16 – Les Compagnons de Combat)*.

Ces faiblesses semblent rendre les gens ordinaires facilement manipulables par l'Ennemi. Pour les détacher de l'Ennemi et les attirer à sa cause, un groupe de compagnons se sent obligé de leur offrir plus de biens et de services que leurs adversaires. *(17 – Recruter des Gens ordinaires)*.

Au fur et à mesure que les alliances se consolident et que les conflits s'intensifient, chaque camp cherche donc à s'assurer davantage de partisans en produisant et en redistribuant davantage que l'autre camp *(18 – La Concurrence pour Mobiliser)*.

La production et la redistribution augmentent et diminuent donc avec le conflit. Toutes les activités humaines sont synchronisées avec la bipolarisation générale. Elles obéissent toutes à la même dynamique générale *(19 – Les Conflits, Moteurs de l'Economie).*

16. Les Compagnons de Lutte

Au fond de soi, sans même s'en rendre compte, chacun est poussé à s'imaginer qu'il est un être unique, distinct de toutes les autres personnes, qui apparaissent par contraste d'autant plus comparables les unes aux autres. Elles semblent ordinaires : elles semblent suivre un standard, une norme, qui les rend reproductibles et échangeables.

Par association d'idées, chacun imagine que les gens ordinaires sont avant tout motivés par le désir de ce qui peut être reproduit, échangé, notamment le bien le plus standardisé et échangeable, l'argent. Ils voudraient accumuler le plus d'argent et le plus de biens possible. C'est par leur avidité de biens et d'argent que l'Ennemi subvertirait les gens ordinaires qui ignorent son existence.

Les compagnons, qui partagent entre eux la connaissance des méfaits de l'Ennemi, se distinguent mutuellement des gens ordinaires. Ils se louent réciproquement pour les sacrifices qu'ils consentent et leur détachement vis-à-vis des désirs matériels.

Ces notions sont parfaitement illustrées par le succès rencontré par l'un des plus célèbres discours, prononcé par le roi Henri à la Bataille d'Azincourt, dans *Henry V* (1599, Acte IV, Scène 3) de William Shakespeare :[1]

> Si nous sommes marqués pour mourir, nous sommes assez pour la perte de notre patrie ; et si nous sommes appelés à survivre, moins nombreux nous serons, plus grande sera notre part d'honneur... Par Jupiter ! Je ne suis pas cupide quand il s'agit d'or, mais, si c'est un péché de convoiter l'honneur, alors je suis le plus coupable des vivants...

> Celui qui n'a pas l'appétit de combattre peut partir : on lui donnera un passeport, et on lui remettra de l'argent pour le voyage. Nous ne voudrions pas mourir en compagnie d'un homme qui a peur d'être notre camarade dans la mort.

> Ce jour est appelé la fête de Saint Crépin : celui qui survivra à cette journée et rentrera chez lui sain et sauf... trouvera avantage à évoquer ses exploits de ce jour. Nous serons alors dans toutes les bouches et chaque foyer retentira des noms du Roi Harry, de Bedford, d'Exeter, Warwick, Talbot, Salisbury et Gloucester. On trinquera à leur mémoire et chaque homme de bien apprendra notre histoire à son fils. La Saint-Crépin ne passera jamais, jusqu'à la fin du monde, sans qu'on ne s'y rappelle de nous.

> Nous sommes bien peu nombreux, mais combien nous sommes heureux d'en être, nous, de notre petite bande de frères ! Car celui qui aujourd'hui versera son sang avec moi, sera mon frère ; si vile que soit sa condition, ce jour l'anoblira. Et les gentilshommes qui aujourd'hui trainent en Angleterre dans leur lit sauront que de ne pas s'être trouvés ici aura été leur malédiction.

La pièce de Shakespeare s'appuie sur des événements historiques : la vie du véritable roi Henri V évoque à bien des égards un guerrier héroïque. Le roi a effectivement remporté la Bataille d'Azincourt en 1415 avec une petite armée anglaise contre des chevaliers français bien plus nombreux et mieux armés. Cette victoire lui assura le trône de France, que ses adversaires lui avaient refusé. Les deux pays n'allaient avoir qu'un seul roi. La paix entre les deux nations semblait assurée lorsque le roi mourut.

La pièce de Shakespeare a inspiré des générations de combattants anglais. L'Amiral Horatio Nelson la citait fréquemment et essayait de faire en sorte que ses lieutenants et ses soldats se sentent comme la « bande de frères » évoquée par Shakespeare.[2] Le 20 août 1940, alors que les pilotes britanniques affrontaient seuls l'aviation nazie, le Premier ministre Winston Churchill s'en est inspiré lorsqu'il a proclamé : « Jamais... tant n'a été dû par tant de personnes à si peu ». Cette phrase a été reprise plus tard dans un film, *La Bataille d'Angleterre*.[3] Churchill, comme Nelson, à la tête d'une petite armée anglaise confrontée à un adversaire largement supérieur, a dû avoir le sentiment d'être le véritable héros anglais, celui chargé de faire face à la menace la plus dangereuse, celui dont la victoire déciderait du sort de leur pays et garantirait la paix à jamais. Les mots de Shakespeare rendent parfaitement l'attitude héroïque.

Le discours du roi marque l'apogée de la pièce. A ce stade le public a appris depuis longtemps les raisons personnelles qui font faire la guerre à Henry V : on lui a pris son royaume, la France. Il en est le souverain légitime ; la première partie de la pièce l'explique longuement.

Mais le discours transforme ses raisons propres en des sentiments qui peuvent toucher n'importe qui. Il évoque une bataille qui décidera du sort de son pays pour l'éternité, « jusqu'à la fin du monde », une bataille dont on se souviendra toujours, et dont les vainqueurs seront loués et même adorés par tous. Henry se montre à la hauteur de sa vision héroïque : il est prêt à sacrifier tout ce qu'il possède, même sa propre vie. Il ne méprise rien de plus que les égoïstes et les cupides qui préfèrent rester « dans leur lit », confortablement éloignés du combat, ou ceux qui le suivent dans le but de faire fortune avec le butin de la guerre. Même si la défaite est hautement probable face à un ennemi redoutable, le roi est heureux de se débarrasser de ceux qui ne partagent pas sa vision. Il leur offre même une dernière incitation pour qu'ils partent.

Henri veut qu'aucune distinction ne soit faite entre lui et l'un de ses compagnons, ces frères d'armes qui resteront à ses côtés coûte que coûte. Bien qu'il soit roi, le premier de son pays, il considère que la bataille à venir sera décisive, et donc qu'elle sera la seule véritable source de distinction. La fraternité qui l'unit à ses compagnons est à ses yeux la chose la plus importante au monde. Toute l'idée tient en une ligne : « Nous sommes bien peu nombreux, mais combien nous sommes heureux d'en être, nous, de notre petite bande de frères ! (We few, we happy few, we little band of brothers) » La distinction radicale entre la personne ordinaire égoïste et matérialiste et le combattant héroïque et ses compagnons fait partie intégrante du rêve héroïque.

Shakespeare reconstitue l'histoire pour que le discours d'Henri dépeigne en termes vibrants un rêve vers lequel on est irrésistiblement attiré. Il se peut que le discours d'Henry ne soit pas le plus efficace dans une rencontre réelle. Faire partir des soldats à la veille d'une bataille peut en décourager d'autres. Mais peu importe ici. Peu importe aussi que le public de Shakespeare soit les marchands de Londres et qu'accumuler de « l'or » soit leur principale activité. Ils ont bien sûr payé pour assister à la pièce. Et pourtant, ils font un triomphe au héros que Shakespeare a produit, un homme dont son peuple se souvient comme du roi parfait, un homme qui ne s'est pas distingué en accumulant de l'or mais en affrontant, avec ses seuls compagnons, le danger le plus redoutable. Le succès de la pièce témoigne bien du fait qu'elle peut toucher une corde sensible chez chacun et joue sur des idées qui l'emporte sur l'expérience du quotidien.

Le Héros et ses compagnons se définissent en se distinguant des gens ordinaires. Il est impossible de comprendre la notion de gens ordinaires en dehors de cette opposition ; elle ne serait pas une idée cohérente à elle seule. En effet, les gens ordinaires sont imaginés à la fois comme inférieurs et comme moyens. Cela est illustré par les deux significations, apparemment déconnectées, sinon contradictoires, du mot « moyen », qui s'applique aussi bien aux personnes qu'aux objets. Il implique une « faible qualité », « de qualité ou de statut médiocre, minable, inférieur », « digne de peu de considération : méprisable », « dépourvu de dignité ou d'honneur : bas » et « dépourvu de discrimination mentale : terne ». Mais il signifie aussi, de façon nettement différente, « de qualité intermédiaire ». Le concept de moyenne, de « moyenne » arithmétique, est dérivé de ce second sens.[4]

Les deux significations, apparemment contradictoires, sont en fait dérivées de la même notion de personnes et d'objets ordinaires, et donc comparables. Comme chacun se pense extraordinaire, être ordinaire, c'est d'abord paraître inférieur. Mais être ordinaire c'est aussi être comparable et donc être réductible à une valeur commune, la moyenne. Ces deux sens ne s'annulent pas car ils participent l'un et l'autre d'une opposition entre l'ordinaire et ce qui est extraordinaire, spécial, incomparable.

*

Personne ne se considère jamais comme une personne ordinaire. Au contraire, chacun se distingue toujours des personnes ordinaires.

Les scientifiques ne se considèrent évidemment pas comme ordinaires. Or, leurs théories décrivent et expliquent des normes de comportement et suggèrent inévitablement que les personnes auxquelles elles s'appliquent sont ordinaires. Par conséquent, les objets de ses théories sont plus fréquemment des groupes auxquels les scientifiques pensent ne pas appartenir.

Par exemple, pendant des siècles, les philologues ont été presqu'exclusivement des hommes qui se considéraient comme civilisés, rationnels et urbains. Ils ont détecté une structure dans les contes de fées, qui étaient censés être transmis par les servantes ou les épouses aux enfants. Ils ont imaginé que ces contes provenaient de mythes anciens, qui étaient supposés être le produit de personnes primitives, irrationnelles et rurales. Ils reconnaissaient des similitudes parmi les mythes produits par des peuples exotiques, non civilisés. Mais ils n'ont jamais découvert une structure similaire dans leurs propres récits historiques. Ils considéraient, au contraire, leur propre Histoire comme une chaîne unique d'événements qui ne pouvait être jugée selon aucune autre norme. Pendant des siècles, les philologues ont facilement produit des théories pour expliquer d'autres groupes que le leur. Mais ils n'ont jamais appliqué ces théories à eux-mêmes.

Tout le monde désire se distinguer des gens ordinaires, matérialistes et égoïstes. Aucune notion n'a été aussi largement appliquée pour décrire les affaires humaines que l'idée que chacun est principalement attiré par l'accumulation égoïste de richesses. Elle est actuellement connue sous le nom de théorie du « choix rationnel ». Or, malgré sa prééminence dans les cercles académiques, cette théorie comporte des difficultés difficilement surmontables.

Le premier problème est qu'il est notoirement difficile d'expliquer quel intérêt les personnes purement égoïstes ont à coordonner leurs actions avec d'autres personnes.

Mancur Olson pensait avoir découvert un cas qui permettrait de résoudre le problème. Selon Olson, il était possible d'utiliser la théorie du choix rationnel pour expliquer pourquoi un syndicat tentait d'obtenir des avantages pour ses seuls membres. Olson considérait que cette politique était nécessaire à la survie du syndicat, car si tout employé pouvait bénéficier des avantages obtenus par le syndicat, personne ne voudrait y adhérer. Tous se contenteraient de « resquiller », profitant des efforts et de l'argent du syndicat sans y investir quoi que ce soit.[5] Il est évident qu'Olson reproduisait assez fidèlement les vues des dirigeants du syndicat. Ceux-ci se considéraient comme une petite minorité de militants désintéressés et se distinguaient des gens ordinaires, qu'ils considéraient comme consumés par des désirs égoïstes et matériels, des gens qu'il fallait contraindre à l'action collective.

En fait, contrairement à ses intentions, Olson nous a donné la clé de la raison pour laquelle le matérialisme égoïste ne peut jamais être transformé en une explication générale : si tout le monde était égoïste, personne n'aurait créé le syndicat ou l'entreprise en premier lieu. Tous auraient attendu que d'autres le fassent. Il n'y aurait jamais eu d'institution pour inciter ou forcer les resquilleurs à agir collectivement en dépit de leurs inclinations naturelles.

Les théoriciens du choix rationnel sont donc typiquement amenés à expliquer séparément les actions collectives (« macro ») et individuelles (« micro »).[6] Ils ont tendance à éviter de faire face à ce que James Kuklinski a appelé les « problèmes d'agrégation » : ils ne peuvent pas expliquer comment « la macro-politique façonne les croyances et le comportement individuels, qui à leur tour influencent le collectif plus large, qui à son tour conditionne la pensée et le comportement individuels, et ainsi de suite ».[7]

Dans un monde peuplé de personnes purement égoïstes, il n'y aurait pas non plus de coalitions ni de conflits collectifs. Thomas Schelling a affirmé à juste titre que les personnes égoïstes, rationnelles et matérialistes seraient « dissuadées » de s'engager dans des conflits majeurs parce qu' « il existe un puissant intérêt commun à parvenir à un résultat qui ne soit pas énormément destructeur en termes de valeurs pour les deux parties... ».[8] De même, Paul Sabatier a souligné que « si l'adversaire est mauvais, alors sa victoire risque d'entraîner des coûts très substantiels ».[9] Mais ce ne sont là que des vues très partielles. En effet, les personnes égoïstes, rationnelles et matérialistes n'ont jamais intérêt à déclencher un conflit. Elles attendent que quelqu'un d'autre se batte et se sacrifie à leur place.

En poursuivant ce raisonnement, il apparaît que personne ne vivrait dans une société de personnes égoïstes et matérialistes. Elles ne pourraient tout simplement pas coopérer, ni s'intéresser au bien-être des autres, et encore moins avoir envie de se sacrifier pour le bien commun.[10]

Un deuxième problème conduit à une conclusion tout aussi radicale.

La théorie du choix rationnel suppose en effet que tous les désirs ne peuvent être satisfaits en même temps, en raison de la « rareté » générale des biens. Chacun doit faire des choix dans le cadre de « compromis entre la satisfaction d'un désir et la satisfaction d'un autre »[11]. L'esprit doit nécessairement choisir de laisser certains désirs inassouvis. Il est censé opérer ce choix en fonction de la satisfaction maximale de ses désirs, la « maximisation de l'utilité. »

Mais si c'était vraiment son but suprême et si l'esprit était capable, par nécessité, d'ignorer ou de réprimer les désirs, alors le résultat logique serait qu'il réprimerait tous ses désirs, car ce serait le moyen le plus direct de maximiser la satisfaction : aucun déplaisir ne serait ressenti, tous les désirs seraient satisfaits même si, dans le même temps, aucun autre désir ne serait satisfait que ce désir suprême.

Un tel résultat serait bien sûr incompatible avec toute forme de vie. Pourtant, ce raisonnement a inspiré de multiples écoles philosophiques ou religieuses depuis l'Antiquité : les stoïciens, les épicuriens et diverses formes de monachisme ou d'ascétisme ont prôné, pour atteindre un état de bonheur supérieur, une forme de renoncement aux désirs qui pourraient conduire à la frustration. Ils ont notamment fait l'éloge d'un détachement des désirs qui dépendent des contingences matérielles.

Enfin, dernier problème, afin de « maximiser », mais aussi d'augmenter simplement sa satisfaction, il convient d'accorder une attention considérable aux actions des autres personnes susceptibles d'influencer le résultat de ses propres calculs.[12] Par conséquent, il serait « rationnel » d'essayer de les prévoir et, en supposant que les autres personnes soient également «rationnelles», de rendre ses propres actions prévisibles afin de les inciter à faire de même. Les actions devraient devenir de plus en plus stables.[13] Cependant, cette tendance à l'équilibre ne se retrouve pas dans les affaires humaines.

Ces problèmes insolubles montrent que l'individu ordinaire, égoïste et matérialiste connu sous le nom d' « homo economicus » est une impasse scientifique. Mais cette hypothèse perdure, notamment parce qu'elle est basé sur des notions qui sont enracinées dans la structure même de l'esprit, et parce que jusqu'ici les scientifiques ne disposaient pas d'une hypothèse radicalement meilleure pour expliquer le monde humain.

17. Intéresser les Gens ordinaires

Les compagnons se distinguent des gens ordinaires. Ils se reconnaissent mutuellement par les sacrifices qu'ils consentent face au danger, alors que les gens ordinaires semblent égoïstes et matérialistes, inconscients des menaces qui pèsent sur eux. Les compagnons imaginent donc que c'est l'avidité des gens ordinaires, leur désir de richesse, qui permet à l'Ennemi de les attirer à lui.

C'est pourquoi les compagnons hésitent à dévoiler leurs véritables objectifs en présence des gens ordinaires. Cela les effraierait. Cela semblerait mettre en danger leur bien-être matériel. Les compagnons pratiquent donc la langue de bois et mettent en avant les avantages matériels que les gens ordinaires peuvent trouver à collaborer avec eux.

Ces croyances au sujet des gens ordinaires ne peuvent être ébranlées. Même lorsque les gens ordinaires se révèlent finalement moins égoïstes que prévu, cela ne fait que confirmer aux compagnons qu'ils ont réussi à détacher quelqu'un des filets de l'Ennemi, et non pas que leurs croyances initiales étaient fausses.

La conviction que les gens ordinaires sont égoïstes et matérialistes ne peut être ébranlée. C'est l'un des premiers problèmes auxquels j'ai été confronté au cours de mes recherches. Je me souviens l'avoir reconnu un soir où un responsable du Bureau de la Langue irlandaise m'a invité à observer une « réunion d'information » près de Dublin. En République d'Irlande, la plupart des enfants sont scolarisés en anglais, mais n'importe qui peut demander une éducation en langue irlandaise. Le ministère de l'éducation doit accorder aux parents le type d'enseignement qu'ils choisissent pour leurs enfants, à condition qu'il soit possible de réunir suffisamment d'enfants, de trouver des enseignants compétents et de fournir des locaux à l'école. Le Bureau de la Langue irlandaise facilite les demandes en formant du personnel, en rassemblant des ressources et en encourageant les parents à faire le choix d'une éducation en langue irlandaise. C'était le but de la réunion d'information.

Sur le chemin, l'agent du Bureau de la Langue irlandaise qui m'emmenait m'expliqua que le groupe de parents qui avait créé le comité local dirigerait la réunion. Le Bureau ne serait là que pour fournir des informations spécialisées, en fonction des demandes. Il avancerait l'argument que l'éducation en langue irlandaise rend les enfants bilingues, et que le bilinguisme les rend plus intelligents et leur permet de mieux réussir dans la vie. Selon l'agent du Bureau il s'agirait avant tout de rassurer les parents et de les convaincre qu'ils feraient le meilleur choix pour leurs enfants. Il ne devrait y avoir aucune allusion à l'histoire de l'Irlande ou aux conflits linguistiques. Cela ferait fuir les parents, m'expliqua-t-elle.

Pendant la réunion, tout sembla se dérouler comme prévu jusqu'à ce qu'un membre de l'assemblée se lève et prononce un discours, sur un ton empreint d'émotion, pour rappeler que l'irlandais n'était pas un choix pour les Irlandais. C'était leur héritage. Il était de leur devoir de le revendiquer. La « révolution » n'était pas encore terminée, conclut-il. Dans la salle, presque tous se levèrent en signe de soutien, et applaudirent avec enthousiasme.

Sur le chemin du retour, l'agent du Bureau sembla sincèrement satisfaite. Les parents étaient rassurés, selon elle. Tout s'était passé comme prévu. Le bilinguisme les avait convaincus.[1] Je semblais être le seul à avoir remarqué que les personnes présentes ne se comportaient pas exactement comme prévu. Leur choix n'était peut-être pas dicté uniquement par le désir d'acquérir le bilinguisme et ses supposés avantages matériels. Elles agissaient sans doute aussi en fonction de la politique, des conflits et d'une certaine vision de l'histoire, dont elles voulaient être partie prenante.

Cette disjonction entre la vision a priori du public et la réalité des comportements me parut alors récurrente, car j'avais déjà assisté à des moments similaires en Alsace et au Pays de Galles. Je me suis soudain rendu compte que je devais expliquer pourquoi les croyances que les militants et « experts en langues » entretenaient au sujet les « parents » ordinaires n'étaient jamais ébranlées par des expériences manifestement contraires.

La résistance de ces croyances face à des observations contraires était déjà apparue précédemment, lors d'une étude réalisée sur les motivations des personnes qui s'engageaient en faveur des écoles de langue irlandaise. Deux chercheurs, Padráig Ó Riagáin et Micheál Ó Gliasáin, avaient détecté qu'au moins certains parents se comportaient beaucoup plus comme des « militants » que comme des personnes ordinaires. Afin de mieux comprendre l'impact de cette attitude surprenante sur le développement futur des écoles de langue irlandaise, les chercheurs menèrent une enquête et des entretiens pour mesurer la taille relative et les caractéristiques spécifiques des deux populations : les militants et les parents ordinaires. Il s'est avéré qu'ils ne pouvaient pas les distinguer. Trop de personnes se comportaient à la fois comme des « parents » et comme des « militants ». Cela laissa les chercheurs perplexes.[2] Mais cela n'ébranla manifestement pas l'idée des « experts linguistiques » selon laquelle, en général, les parents étaient intéressés par le bien-être matériel de leurs enfants, contrairement aux « militants » et aux « experts linguistiques » qui accepteraient de sacrifier beaucoup à la cause.

Cette croyance tenace était d'autant plus surprenante qu'elle avait un prix, non seulement en Irlande mais aussi dans d'autres pays où des filières scolaires similaires avaient été développés. En effet, les opposants soulignaient régulièrement que les écoles ne visaient pas vraiment à restaurer une véritable communauté linguistique ou nationale, mais simplement à instituer une filière scolaire d'élite. Il était difficile pour les militants de contrer ces arguments, car ils ne voulaient pas présenter ouvertement leurs actions sous un jour conflictuel. Au contraire, le désir d'éviter autant que possible toute allusion au conflit leur a souvent fait produire des arguments caricaturaux dans l'autre sens. Par exemple, un tract distribué en Alsace pour promouvoir les écoles germanophones intégrait le slogan : « le bilinguisme c'est la classe ». Un dessin montrait un élève dans un uniforme qui n'aurait pas été hors contexte à Eton, mais qui ne reflétait certainement en rien la réalité des écoles alsaciennes.

Les militants que j'ai observés pratiquaient certainement la langue de bois. Mais ils n'étaient pas hypocrites. Ils n'ont pas cherché à tromper leur public et ne leur ont pas menti délibérément. La plupart d'entre eux avaient choisi d'inscrire leurs propres enfants dans les écoles dont ils faisaient la promotion. Quelques-uns avaient appris eux-mêmes la langue dont ils faisaient la promotion. Certains avaient rejoint les cercles linguistiques lorsqu'ils avaient décidé de mobiliser d'autres parents pour obtenir le type d'éducation qu'ils souhaitaient pour leurs enfants. Ils se réjouissaient de voir leurs enfants recevoir une éducation de qualité et étaient fiers d'appartenir à une communauté qui, selon eux, était mieux lotie que la plupart des autres dans leur pays. En bref, ils partageaient les croyances qu'ils attribuaient aux gens ordinaires.

Cependant, ils s'expliquaient mutuellement leurs motivations en des termes radicalement différents. Lorsqu'ils étaient en confiance avec des personnes partageant les mêmes idées, ils admettaient qu'ils faisaient des sacrifices parce qu'ils avaient le sentiment de ne pas avoir d'autre choix que de contribuer à maintenir leur communauté nationale et linguistique en vie. Les militants ont fréquemment mentionné comment ils avaient été personnellement victimes de pratiques intolérantes et d'intimidation à l'école, comme lorsqu'ils avaient dû porter un « symbole » honteux pour avoir parlé leur langue nationale.

Ce n'est que lorsque la bipolarisation devient assez intense que les militants sentent qu'ils n'ont plus besoin de cacher leurs expériences aux gens ordinaires, car tout le monde est alors conscient de la nature de l'Ennemi. La seule fois où j'ai vu des « militants » témoigner en public de leur propre souffrance, c'était lors d'une réunion publique où ils avaient été personnellement et directement confrontés aux attaques de leurs adversaires venus assister à la réunion et les interpeller virulemment[3]. Ce n'est qu'en présence d'une partie manifestement hostile que les « militants » ont abandonné la prétention de ne s'intéresser à l'éducation que sous l'angle des bénéfices matériels.

De même, Ernest Lavisse a décrit sa propre souffrance d'enfant lorsqu'il était bombardé par l'artillerie allemande, en 1870, dans son manuel d'école primaire sur l'histoire de France destiné à cultiver la fierté nationale et le revanchisme face à l'Allemagne (1913).[4] Cette anecdote personnelle pourrait surprendre. Le contexte belliqueux était à l'époque très prégnant et, effectivement, un an après la publication du manuel, en 1914, la France et l'Allemagne étaient de nouveau en guerre.

Les personnes que j'observais pratiquaient donc deux logiques en même temps. Elles avaient pris soin de les distinguer. Elles attribuaient même ces deux manières de penser à des gens totalement différents. Mais en fait, chacun suit personnellement les deux logiques en même temps ; elles ne sont pas séparables.

La découverte de la quête universelle d'héroïsme permet de comprendre pourquoi chacun croit qu'il n'est pas une personne ordinaire, matérialiste, et pourquoi il sent en même temps qu'il doit quand même produire, accumuler et redistribuer. Il pense qu'il doit le faire pour se valoriser aux yeux des gens ordinaires et les rallier à la cause.

18. Concurrence et redistribution

Pour détacher les gens ordinaires et matérialistes de l'Ennemi et les mobiliser contre lui, il ne semble pas efficace de leur révéler les dangers auxquels ils sont confrontés. Il semble plus adéquat de les attacher à la cause en leur offrant plus de richesses et un meilleur statut que l'Ennemi ne le fait.

Lors un conflit, chacun des deux camps se perçoit ainsi en compétition avec l'autre pour redistribuer les richesses. Au fur et à mesure que la bipolarisation augmente, une plus grande redistribution des richesses a effectivement lieu.

C'est ainsi que pendant la Seconde Guerre mondiale la Grande-Bretagne a connu une nette montée de l'égalitarisme. Une grande majorité de la population a rapidement accepté que les richesses soient mieux redistribuées dans leur pays afin que le peuple britannique soit pleinement mobilisé pour la défense de son pays. Il s'agissait de l'intéresser davantage à la victoire de son pays qu'à celle de l'Ennemi.

Pendant les premières années de la guerre, les agresseurs de la Grande-Bretagne, dirigés par l'Allemagne, l'Italie et l'Union soviétique, ont semblé sur le point de triompher, et les dictateurs de ces pays, Hitler, Mussolini et Staline, semblaient trouver un écho dans les territoires britanniques lorsqu'ils dénonçaient l'oppression du peuple par une classe dirigeante excessivement privilégiée, et l'empire colonial britannique comme la domination anormale de nombreux peuples par un seul. Des mesures radicales étaient de plus en plus demandées pour répondre à leur propagande.

Une plus grande égalité sociale a été rapidement acceptée comme une nécessité pour gagner la guerre. Cette évolution est illustrée par un article publié dans le *Times* le 1er juillet 1940, à un moment où la Grande-Bretagne semblait être seule face à tous ses adversaires. Il s'agissait de mobiliser suffisamment les Britanniques pour repousser les armées adverses et finalement les vaincre. Aussi l'article appelait-il à une transformation permanente de la société britannique, capable d'offrir une réponse adéquate aux programmes soviétiques et fascistes. La Grande-Bretagne devait offrir quelque chose de différent et de meilleur que « l'Ennemi » afin de gagner. Il fallait créer un « nouvel ordre social et international », fondé sur une plus grande « égalité ».

> Le nouvel ordre ne peut être fondé sur la préservation du privilège, qu'il s'agisse du privilège d'un pays, d'une classe ou d'un individu.[1]

Au cœur de ce raisonnement se trouvait la notion selon laquelle les gens ordinaires sont mobilisés non pas exclusivement par le sens du devoir, mais aussi, sinon principalement, par les conditions matérielles qui leur sont offertes.

On retrouve ce même point trois ans plus tard, dans un rapport du Ministère de l'Information et des Renseignements intérieurs, qui a choisi de citer un homme de classe inférieure pour mieux souligner l'urgence d'introduire davantage de mesures égalitaires :

> Cela fera croire à l'homme ordinaire que son pays a enfin de l'estime pour lui, comme il est censé en avoir pour son pays.[2]

Il est probable que la citation a attiré une attention particulière car elle émanait d'un « homme ordinaire » utilisant exactement cette expression. Même si la citation utilisée parle d'« estime » et de dignité, la logique de don réciproque et de dû rappelle le matérialisme habituellement attribué à l'«homme ordinaire». Et c'est bien dans ce sens que plaide une nouvelle fois ce rapport : pour une plus grande redistribution des richesses.

La nature structurelle et spontanée du raisonnement peut aussi être illustrée par le fait que tous les grands partis ont semblé partager le même diagnostic. Même Winston Churchill, le Premier ministre et le chef du parti conservateur, y consentait. Il ne préconisait qu'une redistribution un peu plus lente et un peu plus limitée que les autres partis. Il a certes justifié sa position d'une manière typique pour un idéologue conservateur, en affirmant qu'il acceptait une augmentation progressive de l'égalité, et non une augmentation radicale, afin de ne pas provoquer une révolution en créant de « faux espoirs » et de la « colère ». Mais il s'est au fond appuyé sur les mêmes considérations que les autres partis : la volonté de mobiliser les Britanniques aussi efficacement que possible, par un transfert de richesses. Le transfert mesuré qu'il souhaitait n'était justifié que dans la mesure où il serait nécessaire pour être crédible et donc efficace auprès des Britanniques.[3]

Le soutien généralisé à une plus grande égalité perdura pendant toute la guerre. Il expliqua l'accueil particulièrement favorable du Rapport Beveridge, qui se distingua par son application particulièrement systématique des mesures égalitaires. Les principes invoqués étaient en effet :

> Tout le monde paie le même montant de cotisations pour s'assurer contre une perte de revenu temporaire (chômage ou maladie) ou permanente (invalidité, vieillesse) ; tout le monde reçoit la même prestation.[4]

Les sondages d'opinion montrèrent qu'une grande majorité de la population appuyait les mesures préconisées par le Rapport. Même ceux qui n'en bénéficieraient pas les soutenaient dans leur grande majorité : 75 % de la « tranche de revenu supérieure » et 90 % des travailleurs qui n'y gagneraient pas directement en revenus y étaient favorables.[5]

Le Rapport Beveridge entérinait une réaction aux politiques de l'Ennemi, et donc une convergence avec elles. En effet, il préconisait une gestion directe par l'État des différents types d'assurance sociale plutôt qu'une gestion qui serait, en grande partie, entre les mains des syndicats et des organisations caritatives[6]. Les travaillistes britanniques, en particulier, étaient de fervents adversaires de la gestion directe par l'État avant la guerre, car ce type de politique était perçu comme étant conçu par les gouvernements conservateurs pour affaiblir les syndicats et le soutien aux mouvements populaires. Elle était associée à Bismarck et Hitler en Allemagne, ainsi qu'à Mussolini en Italie. Au cours des années de guerre, l'hostilité initiale à l'égard de la gestion étatique s'estompa. La construction d'un « État-providence » britannique était devenue une réaction acceptable à l'« État de guerre » allemand. Cette convergence était le résultat de la volonté de contrer les politiques de l'Ennemi.

Après la victoire, le soutien à une plus grande égalité diminue cependant à nouveau, et le désir de richesse des autres est plus regretté que légitimé.

Cette tendance est illustrée par des entretiens menés en 2014 avec Vaclav Havel et Adam Michnik. Havel et Michnik se considéraient tous deux, et étaient généralement reconnus dans leurs pays respectifs, la République tchèque et la Pologne, comme les leaders du mouvement qui a provoqué la chute des régimes communistes en 1989-1990. Vaclav Havel a ensuite été élu et réélu Président de la République. Adam Michnik est devenu le Rédacteur en Chef de la Gazeta Wyborcza, un quotidien polonais influent.

Havel et Michnik se reconnaissaient comme des compagnons : des personnes qui avaient partagé un ennemi commun et qui avaient subi des souffrances similaires. Havel et Michnik ont reconnu qu'ils avaient été tous deux parmi les rares à résister au régime communiste.[7] A l'époque, leur lutte avait dû sembler désespérée et pathétique. Il est clair qu'ils se distinguaient des gens ordinaires qui s'étaient soumis au communisme et n'avaient pas sacrifié leur confort pour y résister.

Vingt ans après les révolutions qui renversèrent le communisme, Havel et Michnik ont exprimé une profonde désillusion. Ils ont regretté que les nombreux sacrifices qu'ils ont dû faire personnellement, en subissant le harcèlement des autorités communistes et une profonde solitude, n'aient finalement abouti qu'à une nouvelle société où s'enrichir semblait être devenu l'idéal. « Nous avons transformé la charte des droits de l'homme en carte de crédit », écrit Michnik.[8]

Lui et Havel ont tous deux exprimé en termes très négatifs leur point de vue sur l'époque contemporaine : « Ils ont perçu un mode de vie égoïste, où tout est permis. Michnik a comparé leur époque à une autre période où l'argent et l'indifférence pour le bien public semblaient régner : la France de la Restauration, telle qu'elle a été décrite par Stendhal. »[9]

Pourtant, lorsqu'on leur a demandé quelle alternative ils auraient imaginé, Havel et Michnik ont tous deux reconnu que leur objectif premier était de mettre fin au régime communiste imposé par les forces soviétiques. La restauration de la propriété privée et de l'initiative privée était une partie logique de leur projet. Mais Havel et Michnik craignaient désormais que la résurgence de l'impérialisme russe, combinée au cynisme et à l'apathie du peuple, ne le conduise une fois de plus à céder à la tyrannie d'un homme fort.

La fin d'une menace commune suffit à produire des changements radicaux dans la façon dont les personnes se perçoivent et sont perçues par les autres.

En 2010, une mine de cuivre s'est effondrée à Copiapó, au Chili. Trente-trois mineurs ont réussi à survivre sous terre sans aucun contact avec la surface pendant dix-sept jours. Ils sont restés à un demi-mile sous terre pendant soixante-neuf jours avant que les excavateurs ne les atteignent. Sebastián Piñera, le président chilien, a fait de leur sauvetage une priorité nationale. L'événement a été médiatisé dans le monde entier.

Le public a compati à leur détresse. Le président chilien ainsi que certains des mineurs ont ensuite été invités à prononcer des discours dans de nombreux pays. Tous ont reçu de l'argent de donateurs privés. Certains ont reçu une maison. D'autres se sont vu offrir un nouvel emploi.

On aurait pu s'attendre à ce que les mineurs miraculeusement sauvés vivent ensuite une vie heureuse et restent en bons termes jusqu'à la fin de leurs jours. Mais il s'est avéré que ce n'était pas le cas. Certains d'entre eux reconnurent qu'ils enviaient d'autres survivants qui avaient gagné plus d'argent grâce à leur soudaine célébrité. D'autres déclarèrent qu'ils avaient le sentiment d'avoir été exploités. Les motifs égoïstes et l'accent mis sur la réussite matérielle dominèrent les récits de leur vie après le sauvetage.[10]

19. Les Conflits, Moteurs de l'Economie

La montée de la bipolarisation favorise un sentiment de compétition pour enrôler les gens ordinaires. Elle favorise le désir de produire et de redistribuer plus que l'autre camp. L'égalitarisme augmente et, avec lui, la production et la redistribution. Mais lorsque la bipolarisation décline à nouveau, l'égalitarisme et la volonté de produire et de redistribuer déclinent à leur tour. Bipolarisation, égalitarisme, production et redistribution évoluent ensemble. Leurs variations sont synchronisées.

C'est ce que l'on a pu observer, par exemple, aux États-Unis au cours du vingtième siècle, où les variations de la bipolarisation internationale qui ont affecté les États-Unis ont été reflétées dans les variations de la mobilisation pour les conflits internationaux, de la production et de la redistribution des richesses. Ces variations corrélées se sont retrouvées en particulier dans les indicateurs suivants (Figure 16) :

- les dépenses militaires en pourcentage du produit intérieur brut (PIB).[1]

- les variations du PIB réel (hors inflation).[2]

- la part du revenu total, y compris les gains en capital, revenant aux 90 % d'Américains les moins riches.[3]

Les tendances sous-jacentes aux variations sont plus facilement visualisables dans les moyennes sur cinq ans de ces différents indicateurs, de l'année n-2 à l'année n+2 (Figure 16, partie droite).

Les mêmes tendances à long terme apparaissent pour ces trois indicateurs. Ils révèlent trois périodes différentes, avec des variations à long terme similaires des dépenses militaires, de la production et de la redistribution. La première période va d'environ 1919 à 1930, la deuxième de 1930 à 1944, la troisième de 1945 à 2005.

De 1919 à 1930 environ, la bipolarisation internationale ressentie aux Etats-Unis a baissé. Les conflits internationaux dans lesquels les Etats-Unis étaient impliqués ont diminué. Les États-Unis ont adopté une politique d'isolement, alors qu'ils étaient intervenus précédemment dans la Première Guerre mondiale aux côtés de la Grande-Bretagne, de la France et de leurs alliés. Les dépenses militaires ont diminué par rapport au PIB au cours de la période, aussi marquée par une contraction globale du PIB, tandis que la répartition des revenus devient beaucoup plus inégale.

Au cours d'une deuxième période, de 1930 à 1945 environ, les conflits internationaux impliquant les Etats-Unis ont fortement augmenté. Des régimes hostiles comme l'Union soviétique, l'Allemagne et le Japon se sont lancés dans une politique étrangère expansionniste et agressive. Leurs voisins d'Europe et d'Asie ont été de moins en moins capables de les contenir. La politique isolationniste des États-Unis était devenue de moins en moins crédible. La nation se retrouva en guerre à la fin de 1941. En conséquence, les dépenses militaires, qui avaient déjà doublé entre 1928 et 1938, furent multipliées par plus de trente entre 1938 et 1944.

La production a également suivi une tendance à la hausse au cours de la période. Alors que le PIB réel américain s'était contracté en moyenne annuelle de -7,4 % entre 1930 et 1933, il a augmenté de 6,9 % en moyenne de 1934 à 1938 et de 12,8 % en moyenne de 1939 à 1944. De même, alors que la répartition des revenus était devenue plus inégale avant 1930, elle s'est stabilisée entre 1930 et 1940. Entre 1940 et 1944, elle est devenue nettement plus égale. La part des revenus des 90 % d'Américains les moins riches est alors passée de 55 % à 67 %.

Pendant une troisième période, de 1945 à 2005 environ, la tendance à long terme s'est à nouveau inversée. La bipolarisation internationale a lentement diminué. Les conflits internationaux, la croissance économique et l'égalité dans l'accès aux richesses ont tous trois lentement baissé.

La fin de la Seconde Guerre mondiale a tout d'abord coïncidé, vers 1945-1947, avec un désarmement rapide, une récession nette et une baisse dans l'égale redistribution des richesses. Mais à partir de 1947 la menace soviétique a suscité un intense réarmement, une reprise économique et une progression dans l'égalité. La Guerre Froide qui a suivi s'est caractérisée par la perception de menaces extérieures bien supérieures à celle de l'entre-deux guerres mondiales, même si elles ont finalement été inférieures aux périodes des conflits mondiaux précédents. Les États-Unis ont définitivement renoncé à leur position isolationniste et ont pris la tête d'une alliance internationale permanente. Cette Guerre, « Froide » par comparaison aux conflits mondiaux précédents, a connu des phases de mobilisation supérieure lors de conflits intenses mais localisés en Corée (vers 1950-1953) et au Vietnam (vers 1965-1973). Des augmentations temporaires des dépenses militaires, de la production et de la redistribution correspondent.

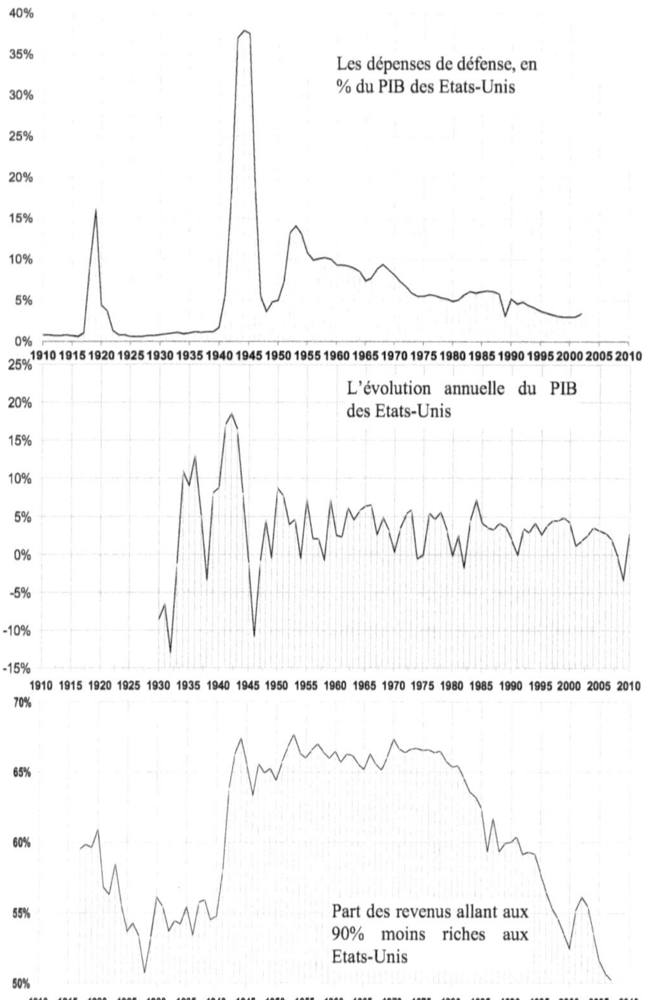

Les dépenses de défense, en
% du PIB des Etats-Unis
L'évolution annuelle du PIB
des Etats-Unis
Part des revenus allant aux
90% moins riches aux
Etats-Unis

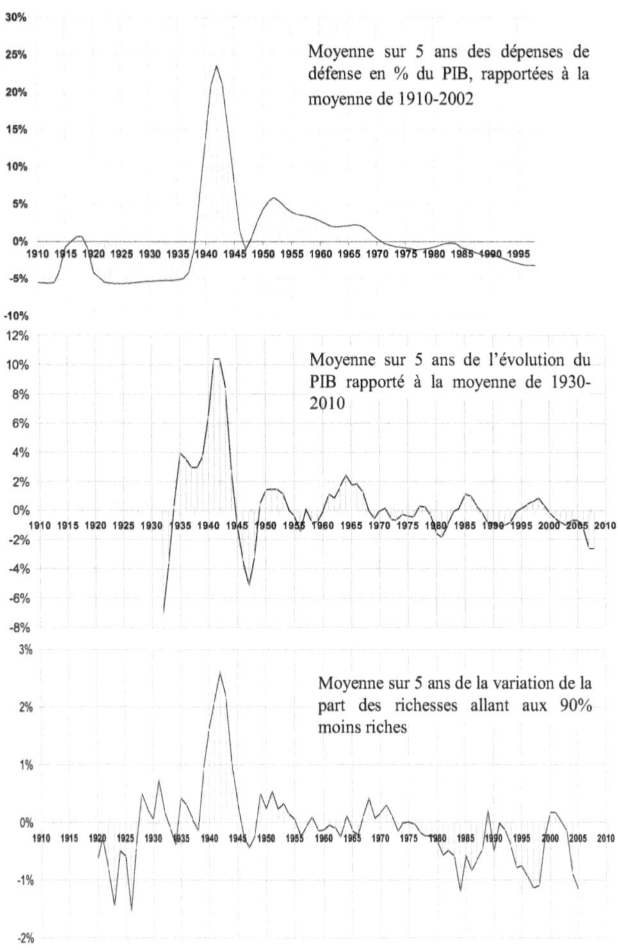

Figure 16. Tendances économiques aux Etats-Unis d'Amérique au 20ᵉ siècle.

Sur le long terme, cependant, la perception de menaces extérieures a lentement diminué. L'idée sous-jacente à la Guerre Froide était que la main de Moscou se trouvait derrière toutes les révolutions et tous les conflits, élargissant inexorablement le bloc communiste. Cette idée s'est nettement affaiblie dès le début des années 1970, lorsque des États communistes rivaux - la Chine et l'URSS – ont semblé prêts à s'affronter. Elle a certainement disparu après la révolution islamique de 1979 en Iran, qui a défié à la fois l'URSS et les États-Unis. Ainsi, la perception de menaces extérieures déclinantes n'a pas attendu la fin officielle de la Guerre Froide, vers 1985–1991, pour produire des effets mesurables. Une baisse nette tant dans les dépenses militaires, la production que la redistribution est visible au début des années 1970.

Ainsi, les dépenses militaires américaines se sont stabilisées à un niveau haut en début de période, puis ont lentement diminué tout au long de celle-ci. Elles ci sont passées d'une moyenne de 10,3 % du PIB dans les années 1950 à une moyenne de 3,9 % dans les années 1990. De même, la croissance du PIB réel a été en moyenne de 3,3 % entre 1946 et 1979 et de 2,7 % entre 1980 et 2010. La répartition des revenus est restée relativement constante jusqu'en 1980. À partir de cette année-là, elle s'est rapidement concentrée pour retrouver les niveaux de la fin des années 1920.

Les trois périodes : les années 1920, 1930-1945 et 1945-2005 illustrent ainsi les effets des variations de la bipolarisation internationale, à travers ses effets dans la mobilisation militaire, la production et la distribution des richesses.

Des tendances similaires peuvent d'ailleurs être observées sur les mêmes périodes dans d'autres pays dont les populations ont été mobilisées par la même bipolarisation internationale.

*

Au cours des années 1920, Nikolaï Kondratiev affirma avoir trouvé qu'une loi régissait toutes les activités humaines. Il avait en effet observé des corrélations internationales à long terme dans les variations d'un large éventail de données. Ces observations concernaient les prix et les volumes de produits agricoles et industriels, notamment pour des matières premières telles que le charbon, la fonte brute ou le coton, les salaires, le commerce international à travers les taux d'intérêt et le prix des titres, les innovations, les conflits et même le rythme d'expansion de la société internationale concernée par ces mouvements corrélés.[4] Kondratiev avait pu s'appuyer sur des publications statistiques de France, de Grande-Bretagne et des États-Unis à partir de la fin du XVIIIe siècle. À partir des années 1870, les séries analysées couvraient également la plupart des autres pays d'Europe occidentale.

Kondratiev avait observé que les hausses et les baisses correspondaient à des cycles longs. D'après ses observations, un premier cycle à long terme avait débuté en Europe occidentale et aux États-Unis à la fin des années 1780. Il avait atteint son apogée vers 1815 et s'était terminé à la fin des années 1840. Un deuxième cycle avait commencé à ce moment-là, avait atteint un pic au début des années 1870 et avait décliné jusqu'aux années 1890. Un troisième cycle avait atteint son apogée à la fin des années 1910, époque à laquelle Kondratiev publia son étude.

Les trois pics observés par Kondratiev ont donc coïncidé avec des conflits internationaux majeurs. Les années 1810-1815 ont marqué l'apogée des guerres napoléoniennes dans toute l'Europe. La période 1870-1875 suit immédiatement les victoires prussiennes sur l'Autriche et la France, les dernières étapes de l'unification italienne et les suites de la guerre civile américaine. Les années 1914-1920 sont celles de la Première Guerre mondiale, suivie des guerres civiles en Europe centrale et orientale (Figure 17).

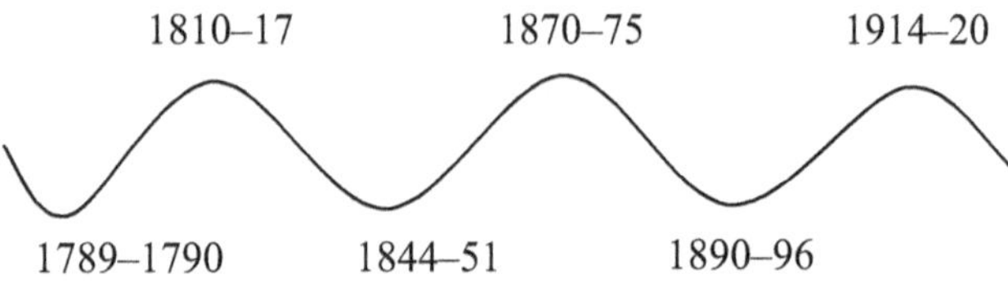

Figure 17. Les cycles longs observés par Kondratiev.

Joshua Goldstein observa des corrélations similaires à celles détectées par Kondratiev, mais sur une période beaucoup plus longue : 1495-1980.[5] Il indiqua les cycles suivants pour les prix en Europe occidentale avant la période couverte par Kondratiev :

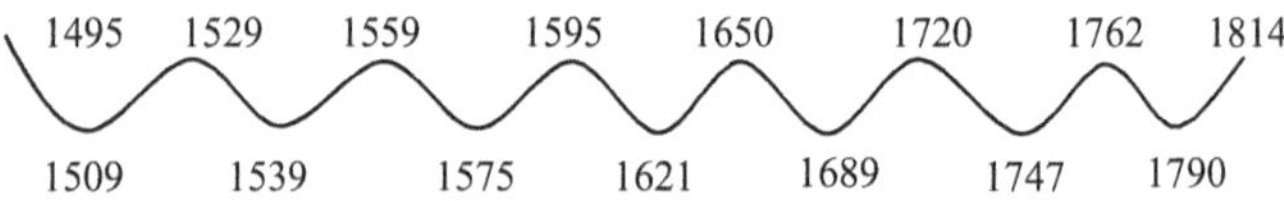

Figure 18. Les cycles longs observés par Goldstein.

Kondratiev supposa que les corrélations qu'il observait étaient trop improbables et trop globales pour être attribuées à des circonstances indépendantes et sans lien entre elles. « Nous devons vraiment avoir affaire à une loi régissant les événements. » Il s'agissait d'un problème scientifique fondamental. Il n'y avait aucune explication ou « théorie » pour en rendre compte. Peu de temps après la publication de ses travaux, Kondratiev fut déporté et exécuté par le régime stalinien. Le problème resta sans solution, jusqu'à aujourd'hui.

V

UNE CONCURRENCE GENERALE

Les compagnons se reconnaissent entre eux. Ils savent que chacun d'entre eux est plus qu'une personne ordinaire. Tous trouvent dans leurs compagnons un réconfort, une confirmation de ses intuitions intimes, la promesse d'un destin supérieur.

Mais plus on passe de temps avec ses compagnons, plus on rencontre aussi des occasions de douter d'eux ; avec le temps, les compagnons semblent moins conscients de la présence de l'Ennemi que l'on ne l'est. Chacun désire ne pas être confiné dans une relation exclusive. Il veut trouver d'autres compagnons.

Chacun est donc conscient que les compagnons peuvent aussi douter. On exige la présence et l'attention de compagnons dévoués, et le moindre mouvement dans une autre direction, le moindre regard, le moindre mot peut être craint, remarqué et ressenti. Tout contact, tout échange, même banal ou éphémère, peut impliquer une préférence pour quelqu'un plutôt qu'un autre.

Tout temps passé ensemble est donc un échange de faveurs. Les compagnons se distinguent les uns des autres. En se tournant vers quelqu'un d'autre, ils dévalorisent leurs compagnons qui ne manqueront pas de réagir avec hostilité. Être ainsi marginalisé est ressenti comme un obstacle dans la lutte contre l'Ennemi et est interprété comme son dessein. En se rapprochant de quelqu'un d'autre, chacun accepte implicitement une alliance avec cette personne contre un ancien compagnon. Les alliances sont par nature instables.

Chacun est conscient de la compétition générale pour la distinction. Chacun cherche à surpasser les autres. Les compagnons sont des alliés mais aussi des rivaux. Aucune relation n'est exempt d'ambiguïté. Le désir de se distinguer n'a d'égal que la peur d'être déclassé. *(20 – Alliés mais Rivaux)*.

Toute personne désire être considérée au moins autant que les autres parmi ses pairs. Mais, sauf en rêve, personne ne peut demander plus, car personne d'autre n'y consentirait. Les alliances sont fondées sur des faveurs réciproques et, lorsque de nombreuses personnes sont concernées, sur l'égalité et des règles s'appliquant à tous de la même manière *(21 – Une Reconnaissance réciproque)*.

Les compagnons sont la seule source de vérité et la seule source de la valeur des personnes, dans tous les sens du terme. Chacun ne vaut que ce que les compagnons pensent et disent. Un bien n'a que la valeur que les compagnons souhaitent lui donner. Le commerce et les investissements doivent suivre les alliances *(22 – Prouver sa Valeur)*.

Un échange peut très bien déclencher l'hostilité de quelqu'un qui n'y est pas partie. Accepter un échange, c'est prendre un risque, mais ne pas l'accepter, c'est prendre le risque opposé. La personne qui se voit refuser un échange peut également réagir avec hostilité.

Les compagnons qui réussissent mieux que les autres suscitent l'envie. Les personnes moins favorisées veulent se défendre et détruire leur richesse et leur pouvoir. Le désir de se distinguer génère inévitablement des alliances bipolaires changeantes. Par conséquent, les prix et les volumes échangés sont cycliques, ils doivent suivre les changements d'alliances *(23 – En Affaires comme à la Guerre)*.

En fait, tous les conflits ont pour origine des rivalités entre compagnons. Nul ne se fait d'adversaires parmi les personnes qu'il ne connaît pas. Il peut piller, asservir et tuer des étrangers à l'occasion. Mais il ne s'engage dans des alliances et des conflits durables qu'avec d'anciens compagnons.

Les alliés sont amenés à se retourner les uns contre les autres, malgré leur volonté contraire, surtout après avoir partagé une victoire ou une défaite. Le désir de se distinguer finit par déclencher une nouvelle bipolarisation générale.

20. Alliés mais Rivaux

Lorsqu'il trouve des compagnons qui soutiennent ses idées, chacun est tenté de croire qu'il est destiné à jouer un rôle décisif. Les compagnons ne semblent jamais avoir une conscience aussi claire des menaces qui planent et de l'urgence d'agir. Au fond de lui, chacun souhaite être choisi comme leader.

Chacun rêve de convaincre les compagnons en accomplissant des actes audacieux et exceptionnels. On imagine aussi que les rivaux se discréditent et se révèlent motivés par des intérêts ordinaires, étroits et égoïstes. Chacun sait ainsi que ses ambitions pourraient être présentées comme égoïstes et insiste au contraire sur les sacrifices consentis pour la cause commune.

En 1998, j'ai interviewé quatre personnes à propos d'un événement qui avait eu lieu huit ans plus tôt, l'ouverture de la première école d'Alsace enseignant autant en allemand qu'en français. Je les ai interrogés séparément et tous m'ont donné des versions convergentes de ce qui s'était passé. Tous les quatre ont spontanément mentionné les trois autres. Ils les ont présentés comme des compagnons, des camarades militants de l'enseignement de l'allemand en Alsace. Chacun a reconnu que les trois autres s'étaient personnellement impliqués et avaient joué un rôle important. Leurs récits ne diffèrent que sur un point : chacun revendique le rôle décisif, disant en substance que sans ses initiatives individuelles, l'école n'aurait pas vu le jour. Chacun affirme ainsi avoir montré la voie aux trois autres.

Chacun désire être distingué, reconnu par ses compagnons comme un être supérieur, et destiné à être le seul héros. Aussi personne ne consentirait-il à élever un compagnon au-dessus de lui. Les gens ne peuvent que rêver qu'une circonstance particulière les distingue indiscutablement et leur révèle un rôle unique. Cela influence la fiction.

L'action du film *Master and Commander* se déroule en 1805 : « Napoléon est le maître de l'Europe... seule la flotte britannique se dresse devant lui. » La frégate du Capitaine Aubrey, la Surprise, a été envoyée par l'amirauté britannique pour « capturer, brûler ou détruire » l'*Achéron*, un corsaire français en route vers le Pacifique. La mission semble d'abord d'importance secondaire, mais l'*Achéron* se révèle être un grand navire, bien armé. Le lieutenant Thomas Pullings conclut : « Une frégate aussi lourde dans le Pacifique... pourrait faire pencher la balance en faveur de Napoléon. » La Surprise, seule et face à un navire beaucoup plus lourd, doit sauver le monde de la tyrannie.[1]

Dans la fiction, une circonstance particulièrement distinctive est d'être un héros de la dernière chance, celui qui arrive sur le champ de bataille quand l'Ennemi est sur le point de gagner, quand tous les compagnons ont abandonné, quand « il n'y a plus d'espoir », pour citer la bande-annonce du dessin animé *Capitaine Flame*.

À la fin du *Secret de l'Espadon*, Blake et Mortimer se distinguent dans de telles circonstances et sauvent le monde.[2] L'Empire Jaune a conquis la planète ; seule la dernière base du « monde libre » résiste encore. Au tout dernier moment, alors que l'ennemi a découvert la base secrète et commence à y pénétrer, Blake et Mortimer réussissent à assembler et à faire voler l'Espadon, un avion révolutionnaire. Leur nouvelle arme renverse complètement la situation. La base est sauvée et le monde est rapidement libéré.

Comme dans le *Secret de l'Espadon*, être un héros de la dernière chance implique souvent la possession d'un objet spécial. Un exemple célèbre de cette circonstance distinctive spécifique se trouve dans de nombreuses variantes de la légende du roi Arthur, lorsqu'il est reconnu par tous les Bretons comme leur roi parce que lui seul peut détacher l'épée fixée dans le rocher.

Chacun désire être distingué par ses compagnons. Chacun peut imaginer des désirs similaires chez ses compagnons et avoir ainsi peur par de compagnons qui souhaiteraient s'élever au-dessus de soi. On a notamment peur d'être déclassé et rejeté pour avoir été égoïste.

Le désir d'être distingué et la peur d'être déclassé peuvent par exemple être observés lorsque les compagnons récompensent les actions méritoires de certains d'entre eux. Les lauréats sont toujours réticents à les accepter. Ils insistent sur les sacrifices qu'ils ont consentis pour la cause commune. Cette tendance n'a pas d'autre source que la peur d'être déclassé, d'apparaître comme une personne matérialiste et ordinaire.

Les lauréats craignent que les « distinctions » qu'ils reçoivent soient interprétées comme des compensations, de sorte que loin d'être distingué, le lauréat est en fait déclassé, présenté comme une personne ordinaire, égoïste et matérialiste qui a agi dans le but d'obtenir quelque chose en échange de ses actions. En s'associant à des compagnons et en refusant toute compensation, les lauréats cherchent à éviter un tel déclassement.

Par exemple, une lauréate du prix René Schickele, décerné par les défenseurs de la langue allemande en Alsace, s'est plainte, en recevant le Prix, que son dévouement à la cause lui aurait fait perdre de nombreux amis. Elle a insisté sur ses sacrifices.

La réticence caractéristique à être récompensé pour des actions de haut niveau peut également être illustrée par les commentaires faits en septembre 2011 lorsque le Président Obama décerna la Médaille d'honneur, la plus haute récompense américaine pour bravoure au combat. Le lauréat était un ancien Marine « qui avait ignoré les ordres de rester sur place et est revenu se battre à cinq reprises dans une embuscade dans un ravin afghan. » Le Marine avait ainsi contribué à sauver plusieurs camarades et a également ramené les corps de camarades tombés au combat.

Barack Obama cita le soldat confessant : « Je ne pensais pas que j'allais mourir. Je savais que j'allais mourir. » Le président décrivit un homme qui était réticent à accepter la médaille. Il prit soin de présenter le lauréat comme « l'exemple d'un citoyen désintéressé dans ce qu'il a de meilleur... » Le lauréat lui-même minimisa l'importance de la distinction et des hauts faits, et souligna que beaucoup d'autres étaient tout aussi méritants. « Il s'agit peut-être d'une occasion pour rendre hommage aux gars qui se battent tous les jours », déclara-t-il. « Mon histoire est une histoire parmi des millions d'autres, et les autres ne sont pas souvent racontées. »[3]

Le risque de voir les distinctions que l'on reçoit présentées comme des compensations fait naître le désir d'un « sacrifice ultime », que l'on imagine ne pas pouvoir contester car il n'y aurait pas de compensation possible, comme lorsque l'on donne sa vie au combat. Cela apparaît comme la manière la plus directe de se distinguer et, de fait, de nombreuses fins de ce genre ont été louées.

Par exemple, dans la pièce de Shakespeare, le roi Henri V la considère comme une alternative honorable à la victoire. Un autre exemple est le tableau de Benjamin West représentant la mort du général britannique James Wolfe en 1759, lors de la bataille décisive de Québec contre les Français. West a représenté Wolfe au pied du drapeau britannique dans une position similaire à celle du Christ déposé de la croix, évoquant à un public chrétien l'élévation de Wolfe par son sacrifice.

La scène semble avoir profondément ému l'amiral Horatio Nelson qui souhaitait pour lui-même une fin comparable. Sa volonté fut exécutée quand il fut également peint par West, gisant, mortellement blessé, sur le pont du navire amiral Victory, le 21 octobre 1805, au large du cap Trafalgar, lors de la bataille décisive contre les flottes française et espagnole (*Figure 19*). Le même idéal pouvait bien sûr être observé du côté des adversaires, les Français. Ils avaient fait leur hymne national du *Chant de Guerre pour l'Armée du Rhin* de Rouget de Lisle, plus connu sous le nom de *La Marseillaise*. Ce chant contient ces vers significatifs :

> Bien moins jaloux de leur survivre
> Que de partager leur cercueil
> Nous aurons le sublime orgueil
> De les venger ou de les suivre ![4]

Mais même le sacrifice ultime peut être dévalorisé, réduit à une démarche intéressée. Nombreux sont ceux qui ont imaginé que les compagnons tombés au champ d'honneur trouveraient dans l'au-delà une récompense pour leurs hauts faits, par exemple dans les bras de superbes anges, comme dans le Walhalla germanique, ou dans le tableau d'Anne-Louis Girodet-Trioson intitulé *Ossian recevant les Ames des Héros français* (*Figure 20*).

Aucun haut fait, aussi extrême soit-il, ne peut garantir que les compagnons distingueront l'un d'entre eux au-dessus des autres. Il n'en sera rien tant que chacun désirera ardemment une telle élévation pour lui-même.

Figure 19. La Mort de Nelson *par Benjamin West (détail, 1806).*[5]

Figure 20. Ossian Recevant les Ames des Héros français *par Anne-Louis Girodet-Trioson (détail, 1801).*[6]

21. Une Reconnaissance réciproque

Le désir de se distinguer rend chacun conscient que ses pairs veulent la même chose. On craint que les compagnons n'acceptent de nouvelles alliances qui les distingueraient seuls. La crainte d'être laissé pour compte est aussi forte que le désir de se distinguer.

L'instabilité inhérente aux relations est une cause d'anxiété qui inspire en réaction un idéal d'alliances exclusives, d'amour éternel et de fidélité aux promesses, non seulement en rêve, ou dans la littérature romantique, mais aussi dans les relations réelles.

Cela signifie que les alliances réelles exigent réciprocité, égalité et règles.

La reconnaissance des pairs est basée sur l'idéal de la réciprocité. Toute faveur exige une faveur en retour. « Il n'y a pas de don gratuit »[1] qu'il s'agisse d'un bien, d'un service ou d'un poste. Les cadeaux et les faveurs créent des obligations. Ils doivent être échangés.

Un type d'échange particulièrement spectaculaire a été rapporté par Marcel Mauss. Il a eu lieu au XIXe siècle dans les îles mélanésiennes. Son but était d'établir une alliance internationale. Il s'agissait d'échanges complexes, comme ceux que l'on pouvait observer entre les familles lors des mariages, mais à une échelle beaucoup plus grande.

À cette occasion, tout un peuple a collaboré à la production et à l'accumulation d'objets de grande valeur destinés à être distribués aux alliés. Les cadeaux reçus en échange devaient être ramenés et redistribués par les seigneurs à leurs sujets ainsi qu'à ceux qui avaient produits les biens donnés lors de l'expédition.

Lors des festivités marquant l'arrivée sur l'île, des simulacres d'attaques furent organisés pour signifier l'absence d'hostilité et la recherche d'amitié et d'alliance.[2] Mais ils rappelaient également les conséquences possibles si les cadeaux offerts n'étaient pas correctement compensés par des cadeaux en retour.[3]

Offrir des cadeaux en retour était considéré comme un devoir, dont la violation était censée avoir des conséquences terribles, voire la mort elle-même. Il est facile de comprendre pourquoi. Les personnes dont les cadeaux n'étaient pas retournés étaient considérées comme maltraitées. Elles étaient dévalorisées parce qu'elles avaient accepté d'être considérées d'égal à égal avec des personnes qui n'en étaient pas dignes. Le seul moyen d'éviter d'être alors déclassé aussi par ses autres alliés était de les persuader de faire la guerre au coupable, à sa famille ou nation, et de les punir.

La même dynamique d'échanges, d'alliances et de conflits peut être observée lors des potlatchs, ces rassemblements annuels et fêtes religieuses qui ont toujours lieu chez de nombreux peuples d'Amérique du Nord et de Sibérie : les Kwakiutl et les Tsimshian en Colombie-Britannique, les Haida et les Tlingit en Alaska, et les Koryak et les Chukchi en Sibérie.

Un potlatch peut durer tout l'hiver. Les groupes réunis rivalisent pour offrir les festins les plus somptueux et faire les cadeaux et les sacrifices les plus précieux. La générosité dont font preuve les groupes détermine qui peut épouser qui, qui peut s'allier avec qui. Une personne ou une tribu qui ne peut offrir en retour plus que ce qu'elle a reçu doit accepter la subordination. Dans les cas les plus extrêmes, certains peuvent même être réduits en esclavage.[4] Il y a donc une concurrence effrénée pour faire les cadeaux les plus coûteux aux vivants et aux dieux. Elle génère de grandes coalitions qui produisent la plus grande quantité possible de biens. Personne n'ose refuser un cadeau. Cela pourrait avoir les conséquences les plus extrêmes. Ce serait interprété comme une manière de refuser toute distinction au donateur et serait une cause possible de guerre.[5]

Une faveur qui n'est pas retournée correctement est une humiliation, un déclassement. Entre compagnons, toute faveur demande donc une faveur en retour.

Lorsque les échanges ont lieu entre plus de deux compagnons, la simple réciprocité ne suffit pas. Les faveurs échangées impliquent alors des objets et des positions qui symbolisent l'égalité entre tous. Les services accordés, les objets donnés et les distinctions attribuées doivent tous être les mêmes. En même temps, ils doivent aussi être spéciaux, différents de ceux produits pour les gens ordinaires. Ils doivent être exclusifs aux compagnons.

La célèbre Table Ronde est un tel objet, symbole d'exclusivité, de réciprocité et d'égalité entre les compagnons. Le légendaire roi Arthur aurait réuni les chevaliers les plus célèbres et les plus courageux pour défendre son royaume. Tous auraient été assis à la Table Ronde qui aurait eu cette forme précisément pour que personne n'occupe une meilleure ou une moins bonne place, chacun étant exactement à la même distance des autres.

Les tables oblongues permettent de placer les invités les plus distingués à l'extrémité ou au milieu. A une table ronde, une telle distinction n'est pas possible. Tous sont assis à égalité. De nombreux ordres de chevaliers utilisaient des tables rondes inspirées de la table légendaire.[6]

Pour la même raison, de nombreux ordres de chevalerie d'Europe ont donné des médailles et des symboles exactement semblables à leurs membres, qu'il s'agisse du célèbre Ordre de la Toison d'Or, de l'Ordre de la Jarretière ou de l'Ordre du Bain. L'égalité s'appliquait aussi bien aux cérémonies qu'aux biens. L'initiation à l'ordre, par exemple, devait être aussi similaire que possible pour tous les candidats.

Les compagnons jouissent souvent de positions similaires. Ils sont par exemple représentés dans un hall de gloire, une salle ou un bâtiment créé spécialement pour honorer des individus distingués pour leur contribution à la cause commune. Les halls de gloire apparaissent dans des cadres très divers. Le Bureau de la Langue irlandaise à Dublin possède une telle salle : les portraits des anciens présidents sont accrochés aux murs. De même, le siège de la Chambre de commerce de Paris contient une salle dont les murs sont couverts des portraits des anciens présidents. Il existe même une Société très sélective des anciens présidents de la Chambre.

Un exemple plus grandiose de hall de gloire est le Walhalla, le bâtiment érigé près de Regensburg dans les années 1830 sous la forme d'un temple classique par le roi Louis Ier de Bavière pour rassembler les bustes de tous les grands ancêtres de la nation allemande. Bien entendu, le buste du roi Louis Ier a fini lui aussi par rejoindre le Walhalla. Dans l'émulation entre les mouvements nationaux européens au XIXe siècle, le Walhalla est devenu un symbole national allemand à l'instar des Panthéons français et italien, et de l'Abbaye de Westminster en

Grande-Bretagne, tous dédiés aux grands ancêtres de leurs nations respectives. Dans un tel panthéon, tous les compagnons partagent finalement une position commune.

Lorsque plus de deux personnes sont concernées, la réciprocité et l'égalité impliquent des règles communes. Tout comme l'échange d'objets et de positions, l'édiction et l'application de règles communes visent à suggérer l'idée que les personnes auxquelles les règles s'appliquent constituent un groupe distingué de pairs et d'alliés plutôt que de concurrents et de rivaux.

Une règle est en effet énoncée dans l'espoir que toutes les personnes la suivent et agissent en conséquence, de la même manière, de façon égale. En outre, les règles tendent à interdire les actions et les gestes qui suggèrent que quelqu'un tire un avantage injuste d'une situation. Enfin, le respect des règles est exalté et valorisé comme faisant partie d'un patrimoine commun. Ceux qui suivent les règles sont présentés comme des personnes distinguées.

Les règles sont différentes des habitudes, même si toutes deux suggèrent la régularité. Les habitudes sont personnelles et, en l'absence de règles touchant aux actions en question, rien ne devrait empêcher quelqu'un de modifier ses habitudes. Les règles, en revanche, sont collectives. Nul n'a le choix ; ceux qui ne s'y conforment pas s'exposent à l'exclusion du groupe.

Les manières de table développées en Europe occidentale depuis le Moyen-Âge sont un excellent exemple de règles. Elles sont apparemment si nombreuses et pourtant, elles ont toutes la même logique. Elles sont conçues pour produire le sentiment d'un haut degré de coordination et donc d'égalité à table, le sentiment que les convives ne se distinguent pas les uns des autres, mais seulement de ceux qui ne sont pas à table.

Les règles possèdent en effet une forme spécifique et stéréotypée : « il est poli de faire ainsi » ou « il est impoli d'agir de telle manière ». Elles sont impersonnelles et générales. Elles s'appliquent à tous de manière indifférente. Leur forme suggère que personne ne peut les changer ou décider de ne pas les suivre.

Elles sont également exprimées sous forme de propositions binaires. Les invités qui se comportent correctement sont implicitement reconnus comme appartenant à la «bonne société», un type supérieur de personnes. Ceux qui ne se conforment pas sont exclus de cette catégorie.[7]

Elles visent à suggérer que toutes les personnes présentes à la table sont des pairs. Elles tendent à interdire toute action qui pourrait distinguer l'un des convives. Elles interdisent d'attirer trop d'attention sur soi, de ne pas prêter attention aux autres, de manger une part disproportionnée de la nourriture, de ne pas manger sa part, ou même de suggérer que l'on pourrait désirer s'engager dans l'une de ces actions réprouvées.[8]

Il est donc interdit et considéré comme impoli de se pencher sur quelqu'un pour prendre de la nourriture. Les plats doivent être demandés ou, mieux encore, proposés aux autres convives sans qu'ils le demandent. Les assiettes reçues doivent être transmises. Il est interdit de se servir uniquement soi-même de boisson. Il est également interdit de parler avec de la nourriture dans la bouche. Toutes ces règles convergent pour faire en sorte que tous mangent des quantités convergentes, à un rythme similaire. Manger trop lentement ou trop rapidement ou servir des quantités divergentes aux différents convives sans demander la permission de le faire est donc également considéré comme très impoli.

Les bonnes manières à table interdisent également à certains invités de laisser entendre qu'ils pourraient apprécier le repas et en profiter plus que d'autres. Elles interdisent de manger bruyamment ou de manger sans fermer la bouche ou sans se lécher les doigts. Elles interdisent de faire trop de bruit ou de parler à tort et à travers.

Les manières de table visent enfin à réprimer tout geste qui pourrait induire la colère et l'agressivité chez les convives. Par conséquent, elles répriment également les gestes qui peuvent suggérer directement l'agressivité, comme l'utilisation excessive de couteaux[9]. À l'origine, le mot «hôte» avait un sens bien plus ambivalent, et pouvait désigner à la fois un allié et un ennemi potentiel. L'apparition de règles comme les manières de table, conçues pour supprimer les tensions sociales et faciliter les alliances, a paradoxalement effacé l'ambivalence originelle des mots qui les justifiaient. Ce qui reste, c'est le sentiment que les manières de table distinguent la « bonne société ».

Les personnes qui respectent les règles se distinguent des autres. Elles surveillent donc constamment les intrus et se reconnaissent mutuellement le droit de juger les autres. Les règles peuvent être appliquées par les groupes même en l'absence de tribunaux et de sanctions formelles. Les commérages et la menace d'exclusion sont les conséquences les plus courantes.

Les rumeurs, par exemple, jouent un rôle central dans *Stromboli*, un film de Roberto Rossellini[10] où Ingrid Bergman joue le rôle d'une jeune mariée. Le couple s'installe sur l'île de Stromboli, où le mari est né. Elle est rapidement marginalisée et soumise aux commérages parce qu'elle est trop belle et adopte un mode de vie différent du reste du village : elle peint sa maison en couleurs vives plutôt qu'en noir et blanc, porte une belle robe, etc. Les villageois tentent de persuader son mari qu'elle est une femme libidineuse et infidèle. Ils lui en veulent de chercher à se distinguer et de ne pas respecter les traditions locales. Ils se sentent méprisés par elle alors qu'ils l'avaient admise parmi eux. Elle tente finalement de s'échapper et de se suicider.

Bergman a également fait l'objet de commérages malveillants lors de la sortie de *Stromboli* aux États-Unis. Elle avait entamé une scandaleuse liaison extraconjugale avec Rossellini. De plus, Bergman était une immigrante suédoise récente aux États-Unis, et Rossellini était considéré comme communiste. C'était en 1950, à l'apogée de la Guerre Froide. Selon les insinuations, Bergman était une traître non seulement à Hollywood et à la morale, mais aussi au monde libre. Elle avait franchi trop de limites. Il y avait des règles, même pour une star.

Des règles comme les bonnes manières à table s'appliquent dans le contexte de petits groupes. Leur objectif sous-jacent, la promotion de l'égalité et de la réciprocité entre les personnes, se retrouve dans toutes les règles, même les plus formelles qui s'appliquent à la signature et à la sanction des contrats ou des traités internationaux.

On apprend qu'il est nécessaire, dans de nombreux cas, de suivre les règles pour plaire aux compagnons, mais la tentation est toujours là de désobéir. Personne ne veut être «rationnel» comme on imagine les gens ordinaires l'être, et se soumettre indéfiniment à un ordre. Le désir de se distinguer génère autant le désir d'être au-dessus des lois, le plaisir d'enfreindre les règles, que le désir d'être avec des compagnons. Et l'expérience de l'instabilité dans les relations de compagnonnage suscite autant un idéal d'amitié et d'amour éternels, que le cynisme, par lequel toutes les relations sont imaginées comme de simples calculs, et la vie entière un théâtre de faux-semblants intéressés. Aucune relation ne peut rester infiniment sans menace et aucune règle ne peut rester éternellement incontestée.

22. Prouver sa Valeur

Les compagnons se distinguent les uns les autres. Ils se reconnaissent mutuellement comme des compagnons, comme des personnes distinguées et s'élèvent mutuellement au-dessus du lot commun.

Les compagnons sont la source de toutes les vérités. Ils se distinguent les uns les autres et font et défont la réputation de quelqu'un, qu'on la nomme « crédit », « renommée », « valeur » ou « honneur ». Le crédit est fondamentalement « l'influence ou le pouvoir dérivé de la confiance d'un autre ou d'autres personnes. » De là découle la « bonne réputation, l'estime, la fiabilité financière ou commerciale », et donc « une somme ou un montant mis à la disposition d'une personne » ou « le solde en faveur d'une personne sur un compte. »[1]

Les compagnons sont la seule source de la valeur des personnes ; chacun ne vaut que ce que les compagnons pensent et disent. De même, un bien n'a que la valeur que les compagnons souhaitent lui donner, cela s'observe quel que soit le nombre de personnes impliquées, la complexité des réseaux d'échange, la « liquidité » des actifs, c'est-à-dire la facilité avec laquelle on peut les échanger, les modalités de l'échange et de la rétribution. Les échanges et les investissements doivent suivre les alliances.

Tout échange, tout achat, tout investissement est toujours effectué dans le but d'obtenir un meilleur rendement que la plupart des concurrents. Echanges et investissements procèdent de la même logique, et poursuivent le même but. Lorsqu'une personne accepte d'échanger avec une autre, les deux personnes investissent dans cette relation. Les échanges créent des liens. Les personnes qui participent à l'échange deviennent des compagnons.

Le verbe « investir » a conservé une grande partie de son sens premier, qui était étroitement associé à la distinction par les pairs. Il signifiait littéralement mettre quelqu'un dans une « veste », c'est-à-dire lui donner un rôle nouveau et spécifique, l'élever à un nouveau statut, une nouvelle position. Ces différents sens sont aujourd'hui retenus par le verbe « investir ». Quelqu'un peut être investi « dans » un ordre de compagnons, « en tant que membre » de cet ordre, ou être investi « de » pouvoirs, ou simplement « investi » lorsqu'il est choisi pour occuper une charge ou une fonction donnée....

Ainsi tout investissement est avant tout un investissement dans une relation. Il est avant tout basé sur la confiance. La reconnaissance de ses pairs et compagnons est le premier bien, celui dont découlent tous les autres.

Chacun en est conscient. Échanger avec des compagnons permet de se distinguer des gens ordinaires. Par extension, les personnes distinguées sont toujours imaginées bien introduites dans les cercles selects. Distinction, relations, influence et pouvoir sont donc spontanément associés ; elles sont équivalentes.

Chacun est conscient de la concurrence générale pour la distinction. Tout cadeau est un investissement dans une relation. Mais personne ne peut ouvertement présenter ses compagnons et amis comme de simples actifs. Il existe un désir universel de distinguer la véritable amitié, les d'échanges élevés et désintéressés entre personnes dignes et nobles, des calculs et des échanges basiques entre personnes ordinaires et intéressées.

Une anecdote illustre cette notion. L'épisode s'est déroulé au XIXe siècle dans les îles Trobriand, lors d'une cérémonie destinée à marquer la conclusion d'une alliance internationale. Le chef d'état en visite apportait des cadeaux à son homologue. Le cadeau principal, particulièrement précieux et offert de la manière la plus solennelle, devait néanmoins être présenté comme dénué d'importance, avec de nombreuses protestations de regrets et une profusion d'excuses. Cette attitude était une manière particulièrement marquée de prétendre qu'aucun cadeau ou faveur n'était attendu en retour, alors que c'était évidemment le cas. Mais prétendre le contraire aurait fait du visiteur un simple marchand qui cherchait un échange et un bénéfice. De même, cela aurait dévalorisé l'hôte qui participait à l'échange. Il se serait agi d'un échange « gimwali », « ordinaire », et non « kula », « aristocratique ».[2] Tous les participants à la cérémonie en étaient bien conscients. L'acte était donc loin de manquer de fondement et de signification. Même s'il pouvait, à première vue, sembler un peu paradoxal et peut-être légèrement hypocrite, c'était le désir sincère de réaliser l'alliance qui l'avait dicté. Et en tant que tel, il a été bien accueilli par l'hôte. C'était, dans les termes de diplomates occidentaux, une nécessaire protestation de bonne foi.

Discuter de la valeur des biens échangés est considéré dans toute société comme manquant totalement de noblesse. C'était bien sûr totalement impossible pendant le potlatch[3] comme ça le serait dans d'autres échanges de haut niveau. Les calculs concernant la richesse sont toujours considérés comme propres aux personnes de rang inférieur. Le crédit des personnes honorables ne devrait pas dépendre de la manière dont elles accumulent les richesses.

De même, au début du XXIe siècle, les hommes d'affaires puissants se distinguent notamment en affirmant qu'ils « redonnent à la communauté ». Ce type d'actions n'est, implicitement, accessible qu'aux personnes très riches et prospères qui se reconnaissent mutuellement un capital supérieur, socialement et financièrement. « Redonner à la communauté » peut très bien être considéré comme un moyen de se mettre en valeur et, à bien des égards, c'est exactement cela. Cependant, cela implique un code d'honneur strict.

Ceux qui n'acceptent pas de « donner en retour » ou, du moins, ceux qui ne donnent pas assez en retour, sont exclus. J'ai été un jour témoin d'une conservation de couloir à ce sujet. Le président d'une organisation à but non lucratif expliquait à son visiteur qu'une célébrité qu'ils côtoyaient tous les deux ne serait désormais plus acceptée dans leur club, car cette personne avait pris l'habitude de facturer ses services à l'organisation à but non lucratif comme cela aurait été normal s'il s'agissait d'une société commerciale. Ils ont convenu que ce comportement égoïste et cupide ne pouvait plus être toléré. Et le bannissement fut effectivement exécuté. Les deux hommes étaient des hommes d'affaires impitoyables. « Redonner à la communauté » était bien une autre façon de se distinguer. Ils ne pouvaient accepter n'importe quel comportement de leurs pairs.

En fait, il n'y a en pratique aucune différence entre le commerce ordinaire et le commerce aristocratique. La différence n'est qu'une illusion. Un commerçant peut-il prétendre qu'il n'est pas particulièrement honoré de faire affaire avec son client ? Certainement pas. Offrir un verre au client, proposer gratuitement un service supplémentaire, prendre le temps de discuter des affaires de la communauté sur la place du marché avec les clients locaux, ou simplement offrir un sourire lorsque la simplicité de l'échange ne permet pas plus

- tout cela fait clairement partie de l'art de la transaction. Il s'agit de faire comme si les clients étaient des invités spéciaux. Seul un commerçant très mécontent ne tenterait pas de le faire. Et il ne resterait probablement pas actif très longtemps, car qui le recommanderait ? Un cadre supérieur du secteur financier présentait son métier en ces termes :

> Vous devez prétendre que vous offrez quelque chose de très spécial, que les autres n'offrent pas. Vous ne pouvez pas simplement prétendre que vous offrez la même chose que les autres, juste un peu mieux. Cela ne suffirait pas. Si vous ne prétendez pas que vos produits sont exceptionnels, ils sembleront moins intéressants que ceux de vos concurrents.

Les compagnons et les pairs sont la source de toute distinction, de toute valeur. Ils sont les juges, et ils sont aussi les concurrents. Ce sont eux qu'il faut impressionner, et on ne peut les impressionner qu'avec des biens qu'ils apprécient également. Chacun est donc en concurrence avec d'autres personnes qui peuvent accéder aux mêmes types de biens et investir leur richesse et leur crédit dans le même type d'entreprise. Seules ces personnes peuvent être considérées comme des alliés potentiels. Eux seuls sont des rivaux réels.

> Aucun homme ne cherche à rivaliser avec ceux qui ont vécu il y a dix mille ans, ou qui sont sur le point de naître, ou qui sont déjà morts ; ni avec ceux qui vivent près des colonnes d'Hercule ; ni avec ceux qui, à son avis ou à celui des autres, lui sont de loin inférieurs ou supérieurs... Nous envions ceux dont la possession ou le succès dans une chose nous est reproché : ce sont nos voisins et nos égaux.

D'où, selon Aristote, le dicton bien connu : « Les potiers envient les potiers. » Ceci est confirmé par une anecdote fournie par un ami qui se souvient d'une conversation avec un cadre supérieur :

> J'ai soudain réalisé que ce type gagnait plus en un an que moi dans toute ma vie. Mais je ne suis même pas jaloux. Il a des problèmes avec des investissements dont je ne connais rien. Il peut acheter des choses dont je n'ai aucune idée. Il m'a dit que les Audi ne valaient rien et que je devrais acheter une Mercedes. Comme si je pouvais acheter une Mercedes...

Les gens désirent ce que leurs pairs et compagnons pourraient désirer aussi. Ils n'envient que ce qu'ils pourraient échanger avec eux. Les rivalités tendent à opposer des personnes de même rang et de même condition matérielle.

Cette logique de compétition par l'accumulation de biens similaires est bien illustrée par les portraits réalisés par le Titien. Tiziano Vecellio, alias Titien (vers 1490-1576), était un peintre célèbre qui s'est fait une réputation en représentant des personnes de haut rang. Il était particulièrement apprécié pour sa capacité à peindre des objets magnifiquement détaillés qui évoquaient la richesse, la gloire, les distinctions prestigieuses et révélaient le statut social élevé de leurs sujets : soies, bijoux, armures dorées, rubans, médailles, etc. Le fait d'être portraituré par Titien devint à son tour un signe de haut rang.

Pourtant, le peintre a réalisé un portrait qui diffère nettement des autres. L'homme ne regarde pas vers le haut et vers le côté, comme les autres portraits. Il n'évite pas le regard du public dans une démonstration de supériorité. Au contraire, il regarde directement le spectateur, son égal. Il est habillé sobrement, en noir. Seul un détail mineur nous donne un indice sur son identité. Il porte un minuscule pendentif sur un collier très fin qui apparaît à peine à l'ouverture du manteau. Le pendentif a la forme d'un agneau doré. Seule une personne initiée sait qu'il s'agit de l'insigne de l'ordre de la Toison d'Or, le plus exclusif des ordres, un symbole de très haut statut. Seule une personne bien initiée peut reconnaître le portrait de Charles Quint, le Saint Empereur romain germanique, l'homme le plus puissant de l'univers du Titien. L'homme ne porte aucun des signes attendus du pouvoir impérial : pas de sceptre, pas de couronne, pas de globe.

Ce portrait défie les règles qui s'appliquent à tous les autres portraits de l'œuvre du Titien. Il est distinct et plus important que tous les autres. On peut comprendre la logique implicite des choix effectués : seul Charles Quint n'avait pas besoin d'entrer en compétition avec les princes de son temps. En fait, en choisissant de ne pas se livrer à un étalage public d'ornements et d'objets d'apparat, il s'est distingué bien plus qu'il n'aurait pu le faire autrement. Le portrait de son fils, le roi Philippe, tout en or et en symboles royaux, en est une preuve suffisante du caractère contre-productif d'un tel choix. Charles Quint se place dans une catégorie tout à fait à part en se dépouillant des artefacts matériels que les autres portraits accumulent.

L'intention du Titien ne peut être confondue. Un seul autre portrait fait usage d'une simplicité similaire. Là encore, un homme vêtu de noir ne porte aucun autre artefact qu'un discret pendentif. Au bas de la toile, on peut reconnaître un pinceau, les outils d'un peintre. Il s'agit de l'autoportrait du Titien. La similitude de traitement des deux sujets n'est pas une coïncidence. L'artiste n'a pas choisi de représenter ses proches et son cher ami, Pietro Aretino, avec les mêmes atours simples. Titien ne se voyait pas comme un autre aristocrate dont la distinction reposait sur l'accumulation d'objets rares, malgré la richesse qu'il tirait de ses portraits. Au fond de lui, Titien se considérait comme distinct et supérieur, grâce à son simple talent.

L'œuvre du Titien semble promouvoir la notion selon laquelle la propriété est l'essence de la distinction. Pourtant, le désir intime de Titien était de s'élever au-dessus du matérialisme ordinaire. Mais il le gardait pour lui. Seule la réunion de tous ses portraits, chose qui aurait été impossible de son vivant, aurait donné accès à la hiérarchie secrète qu'il a composée.

En revanche, son désir secret est partagé par toute personne du public. C'est ce qu'illustre une anecdote imaginaire racontée par un guide lors de la visite de l'exposition.

Figure 21. Portrait de Charles Quint *par Le Titien (détail, 1548)*.[4]

Figure 22. Portrait d'Alfonso d'Avalos, *par Le Titien (détail, 1533)*[5]

Selon le guide, l'empereur Charles Quint aurait visité l'atelier du Titien. Le peintre se serait tellement concentré qu'il n'aurait pas entendu son visiteur arriver. Il aurait laissé tomber un pinceau par inadvertance. L'empereur se serait baissé et le lui aurait tendu. Le peintre aurait alors reconnu le souverain et aurait protesté. Mais l'Empereur aurait expliqué que c'était une marque naturelle de respect envers le peintre. Après tout, il y a beaucoup d'empereurs mais un seul Titien. Des variantes de la même anecdote existent à propos d'autres artistes. Elles ne font que traduire combien le désir de distinction est universel.

Mais elles traduisent un univers purement imaginaire. Dans la réalité, ceux qui acquéraient un portrait du Titien cherchaient à acquérir un objet qui les ferait apparaître comme membres d'un groupe prestigieux, et pour y parvenir, ils devaient afficher dans leur portrait les symboles de leur richesse et de leur pouvoir.

La valeur d'un bien dépend de la valeur que les pairs et compagnons lui attribuent. La valeur d'un service est liée à la personne qui le fournit. Par extension, la valeur de tout actif ou bien dépend de la qualité de ses propriétaires précédents, y compris de son créateur. Elle dépend également des futurs propriétaires, s'ils peuvent être déterminés.

La valeur des biens est dérivée de celle de leurs fabricants et de leurs propriétaires. La valeur d'un bien est entièrement liée à la réputation de ses fabricants et de ses anciens propriétaires. Le crédit personnel va aux biens.

Par exemple, un investisseur qui investit dans une action lui prête son crédit. À l'inverse, aucun actif ne peut à lui seul expliquer entièrement le crédit d'une personne ou d'une entreprise. Comme le sait tout analyste financier, la valeur d'une entreprise ne se reflète pas seulement dans les chiffres de son bilan ; elle est aussi le résultat de la « bonne volonté » des investisseurs, du crédit qu'il lui font, ainsi qu'à ses dirigeants, clients, employés et actionnaires.

La relation entre la valeur d'un objet et le statut de son propriétaire est beaucoup plus simple à imaginer lorsque le propriétaire est une personne très distinguée et que l'objet, par conséquent, peut être difficile à échanger. La valeur de l'épée de Charlemagne, Joyeuse, ne peut être comparée à aucun autre artefact similaire ; en fait, elle est unique et donc, en tant que telle, inestimable. De même, la pierre qui est insérée dans le trône de Grande-Bretagne lors des couronnements. Il a une valeur spécifique, qui dépend beaucoup de la façon dont on chérit la monarchie britannique, mais peu de celle dont on apprécie ce type de pierre. Si la monarchie britannique devait disparaître, ainsi que tout souvenir de celle-ci, la pierre pourrait être considérée à nouveau comme une pierre comme une autre. Pour l'instant, il est impossible de l'échanger contre une autre pierre.

En revanche, tout acheteur ou vendeur aura beaucoup moins d'influence sur le prix d'un actif dans un marché profond et liquide. Par exemple, le prix d'un appartement dans une grande ville ne dépend pas beaucoup des goûts d'un vendeur ou d'un acheteur individuel. Même si les acheteurs potentiels aiment beaucoup l'appartement, ils n'accepteront généralement pas de payer beaucoup plus que ce que « le marché » lui attribue. Ils prévoient de le revendre. La propension des autres vendeurs et acheteurs à penser de la même manière ne fait que les encourager à penser dans ce sens. John Maynard Keynes a comparé l'investissement dans de tels actifs à un pari sur un concours de beauté. La beauté réelle des concurrentes a peu d'importance. C'est l'opinion des autres parieurs qui est décisive.[6]

La valeur des objets dont les propriétaires sont prestigieux est difficile à estimer, tandis que les objets qui peuvent être possédés par de nombreuses personnes sont faciles à évaluer.

Le lien entre le propriétaire et la valeur est donc difficile à imaginer, mais il n'en est pas moins décisif.

Voici une autre façon d'imaginer cette relation : les fabricants sont les premiers propriétaires des objets. La façon dont ils les fabriquent a un impact sur la valeur de l'objet. Par exemple, toutes choses égales par ailleurs, les biens plus standardisés ont moins de valeur, car ils évoquent des objets et des fabricants ordinaires, comparables et remplaçables.

C'est pourquoi, par exemple, la manufacture de vaisselle en cristal de Saint-Louis est passée, dans les années 1840, du moulage mécanisé à la taille à la main, après avoir fait initialement le chemin inverse dans les années 1820. La taille à la main était plus longue et coûteuse, mais l'objectif était de passer de la vaisselle de qualité supérieure à la vaisselle de luxe qui serait vendue aux palais aristocratiques et royaux, avec une marge beaucoup plus importante. Les verres taillés à la main étaient à cet égard un argument décisif pour positionner la marque Saint-Louis comme une marque de luxe ; chaque verre pouvait en effet être considéré comme unique et dû au savoir-faire irremplaçable d'un artisan. Le calcul s'est avéré juste et la manufacture Saint-Louis est toujours présente aujourd'hui sur le marché des arts de la table de luxe.

La même logique explique que les articles de luxe sont rarement exposés dans les magasins avec leurs prix à la vue de tous. Cela laisserait entendre que tout le monde peut les acheter. Cela les rendrait moins distinctifs.

La relation entre la valeur du bien et le crédit de son propriétaire ou de son producteur est moins intuitive lorsque le bien est plus standardisé. Mais même les biens très standardisés conçus pour la consommation de masse peuvent faire appel au désir de l'acheteur d'acquérir un article de qualité supérieure. Leur différenciation peut être fondée sur la marque, le prix ou le design. Même les monnaies, les biens les plus standards, ont des valeurs distinctes qui dépendent entièrement des autorités qui les émettent et de la confiance qu'elles inspirent aux acheteurs.

*

La valeur d'un bien dépend de l'opinion des compagnons.

Par conséquent, la montée générale des alliances, de la bipolarisation, et la montée générale du commerce devraient donc aller de pair. C'est bien ce qu'a observé Kondratiev à l'échelle internationale pendant plusieurs décennies.[7]

Une observation connexe a été faite par Paul Krugman. Il a remarqué qu'au vingtième siècle, les plus grandes nations commerçantes se sont le plus concurrencées dans la production et le commerce d'une gamme similaire de biens. Cette constatation lui a paru contraire à la célèbre prédiction de John Stuart Mill, selon laquelle les nations commerçantes gagneraient à se spécialiser dans la production de différents types de biens. Mais cela est conforme au principe selon lequel les gens investissent dans des actifs que leurs concurrents désirent, produisent et échangent.[8]

Une autre conséquence du principe selon lequel la valeur d'un actif dépend de l'opinion des compagnons est que même dans les économies « avancées » et « industrialisées », même dans les endroits où un nombre considérable de personnes et d'organisations produisent et échangent, des relations individuelles particulières ont toujours une influence décisive sur les échanges. Les lois qui président aux échanges sont fondamentalement les mêmes lorsqu'un grand nombre de personnes sont impliquées ou lorsqu'il y en a peu. En réalité, il ne peut y avoir une situation comme celle que l'on associe habituellement à la «concurrence parfaite», où tous les investisseurs, acheteurs et vendeurs, auraient accès aux mêmes informations, et où aucun investisseur n'aurait une influence spécifique disproportionnée sur les échanges et les prix.[9]

Sanford Grossman et Joseph Stieglitz ont expliqué pourquoi la concurrence parfaite est impossible. Il y a une incitation à acheter ou à vendre uniquement lorsque les gens pensent qu'ils peuvent faire un meilleur investissement que les autres. « Chaque fois qu'il existe des différences de croyances qui ne sont pas complètement arbitrées, il y a une incitation à créer un marché. » A l'inverse, personne n'investirait ou n'échangerait sur un marché où les prix refléteraient une information à laquelle tous pourraient accéder de manière égale, car nul ne pourrait s'y distinguer.[10]

23. En Affaires comme à la Guerre

Les compagnons qui réussissent mieux que les autres suscitent l'envie. Les personnes moins favorisées veulent leur revanche. Elles cherchent à détruire la richesse et le pouvoir de ceux qui ont mieux réussi. Ceux-ci peuvent aussi être tentés de détruire la richesse de leurs pairs afin d'empêcher leur élévation.

Dans un cas comme dans l'autre, la compétition pour la distinction génère inévitablement des alliances bipolaires. Les prix et les volumes échangés suivent les changements d'alliances. Ils doivent être cycliques.

Nul n'accepte d'être déclassé. Il n'accepte jamais que ses compagnons soient distingués, alors qu'il ne l'ai pas lui-même. Il ne peut qu'exercer des représailles, et la manière dont il le fait ne dépend que des moyens dont il dispose.

Le cas suivant illustre cette tendance. Des singes sont alignés et reçoivent une poignée de petits cailloux blancs. Assis en face de chacun d'eux, un humain échange un petit morceau de concombre contre un caillou blanc. Tous les singes acceptent l'échange. Au bout d'un moment, l'un des singes reçoit, à la place du concombre, un petit morceau de pomme, un morceau de choix. En voyant cela, tous les autres singes cessent l'échange et commencent à lancer leurs cailloux contre leurs partenaires humains. Ceux-ci ont estimé que les singes avaient réagi comme ils l'auraient fait.

Sarah Brosnan et Frans de Waal[1] ont déduit de l'événement que « l'égalité des salaires » était le but poursuivi par les singes. Cette déduction n'était pas correcte. En effet, le singe qui pouvait accepter de gagner plus que les autres l'a fait et, pour autant que nous le sachions, les autres auraient pu faire de même. « L'égalité de rémunération » n'était pas le but mais seulement la condition pour que l'échange se poursuive simultanément entre toutes les parties.

L'objectif poursuivi par chacun des singes était d'être distingué des autres. Tant que tous les singes recevaient la même rémunération, tous pouvaient espérer être distingués. Dès que l'un d'entre eux a été distingué en gagnant plus, tous les autres ont perdu tout intérêt pour l'échange, et ont apparemment été submergés par la colère. Les observateurs avaient raison de penser que les singes avaient réagi comme l'auraient fait des humains. Il est sans doute vrai que des humains auraient ressenti de la colère, mais l'auraient-ils manifesté ainsi ? Il est difficile de savoir comment les humains réagiraient s'ils étaient enchaînés. Peut-être les moins favorisés auraient-ils essayé de convaincre les autres de ne pas accepter de meilleur gain que les autres. Peut-être auraient-ils cessé l'échange sans jeter les cailloux. Ou peut-être, comme les singes, auraient-ils d'abord voulu montrer toute l'étendue de leur colère.

Les rivaux moins fortunés ne peuvent pas toujours interrompre un échange. Mais ils peuvent parfois obtenir une compensation par d'autres moyens : détruire les actifs du gagnant, ou du moins réduire son avantage.

Une expérience a été menée en ce sens par Andrew Oswald et Daniel Zizzo avec des volontaires recrutés à l'Université de Warwick. Chaque volontaire a reçu une somme d'argent et a été invité à placer des paris par le biais d'ordinateurs. Des groupes de quatre personnes ont été constitués. Chaque volontaire pouvait suivre les gains réalisés par les trois autres participants. Dans chaque groupe, les deux premiers participants par ordre alphabétique recevaient des cadeaux inexpliqués en plus de leurs gains.

Au cours de la deuxième phase de l'expérience, les chercheurs ont autorisé les participants à payer avec leurs gains afin de réduire les gains des autres joueurs. Les victimes étaient alors informées et pouvaient riposter. Au total, 63 % des participants ont choisi de se séparer de certains de leurs biens afin de réduire les biens des autres participants, et 21 % de tous les gains ont ainsi été détruits. Les participants qui avaient réalisé les plus gros gains, par le biais de paris et de cadeaux, ont été plus attaqués que les autres.[2]

Ces résultats reflètent la compétition pour la distinction qui a lieu dans tout groupe de concurrents, surtout lorsqu'ils peuvent comparer leurs actifs et leurs succès et n'ont d'autre possibilité pour améliorer leur position que d'attaquer des concurrents plus performants. Il est probable que les montants détruits auraient pu être plus élevés. En effet, le prix payé pour détruire les actifs des concurrents augmentait avec le montant déjà détruit mais ne pouvait dépasser un quart du montant détruit. Il est probable que le prix payé aurait pu augmenter jusqu'à devenir presque équivalent au montant détruit. Il n'aurait pas pu dépasser le montant détruit, car les participants n'auraient pas pu tirer un gain relatif d'une telle opération. Cependant, l'objectif du test était simplement de réfuter la «maximisation» des gains telle que supposée par la théorie du choix rationnel. La destruction de certains actifs était suffisante pour la réfuter. Les chercheurs n'ont pas jugé nécessaire d'évaluer le montant maximal pouvant être détruit.

Il est remarquable que les participants se soient comparés aux autres participants plutôt qu'aux organisateurs de l'expérience, auxquels ils auraient pu soutirer beaucoup plus d'argent. Les organisateurs avaient en effet créé un certain nombre de circonstances susceptibles de favoriser la concurrence entre les participants. Premièrement, les sommes gagnées étaient nominalement des « doblons », une monnaie créée pour les besoins de l'expérience, ce qui encourageait les participants à ne se comparer qu'aux autres participants, même si leurs gains étaient finalement convertis et payés en argent réel. Deuxièmement, les ordinateurs affichaient simultanément les gains des trois autres participants pendant l'expérience, ce qui renforçait le sentiment de compétition entre les participants. Troisièmement, les organisateurs ont également encouragé les comparaisons au cours des entretiens qui ont précédé immédiatement la phase destructive et ont favorisé les représailles en révélant les auteurs de l'agression.

Ces expériences isolent et encouragent en fait des dynamiques spécifiques qui apparaissent spontanément dans toute relation d'affaires, qu'elles ne concernent que deux personnes ou bien un très grand nombre d'opérateurs, comme sur les marchés financiers et de matières premières. Tôt ou tard, certains négociants doivent décider de se dissocier de leurs associés afin d'être sûrs de gagner plus que la plupart d'entre eux. Les négociants moins fortunés ne peuvent pas toujours riposter.

Les échanges sont inévitables. Chacun doit entrer dans la compétition pour la distinction, qu'il le veuille ou non. Il croit qu'il peut « battre le marché ». Comme la guerre et la politique, le commerce et les investissements reflètent une pensée binaire. Chacun fait la distinction entre les compagnons et les gens ordinaires, ce qui, pour un investisseur, signifie faire la distinction entre les investisseurs seniors et juniors, les gagnants et les perdants, les investissements et les désinvestissements, les investissements « courts » et « longs ». Les investisseurs estiment que, puisque le marché peut être « battu », tous n'ont pas le même accès à l'information. Certains doivent être mieux connectés que d'autres. Ils sont mieux placés pour influencer les autres et promouvoir leurs points de vue et leurs projets. Ils ont une forme de séniorité sur les autres.

Tout propriétaire se comporte comme un investisseur lorsqu'il acquiert un bien dans l'espoir qu'il prenne de la valeur par rapport aux autres biens du même type. Tout acheteur espère que le vendeur sous-estime la valeur du bien et, réciproquement, le vendeur espère que l'acheteur la surestime. Tout propriétaire agit comme un investisseur sénior qui cherche à attirer davantage d'investisseurs juniors et ainsi augmenter la valeur du bien plus que celle des biens des concurrents.

Cependant, la concurrence pour attirer les investisseurs juniors ne peut être que temporaire ; elle peut durer longtemps mais pas éternellement. En effet, l'offre d'investisseurs est toujours limitée. La concurrence entre les investisseurs ne peut que faire des investisseurs juniors une ressource toujours plus rare et plus demandée. Le coût pour les attirer - le rendement qui leur est offert sur les investissements - augmente avec le temps jusqu'à ce qu'il dépasse les avantages que les investisseurs juniors peuvent apporter aux seniors, c'est-à-dire, dans le cas le plus extrême, jusqu'à ce que les juniors gagnent plus que les seniors et que la position des seniors se détériore par rapport aux juniors.

À ce moment-là, si ce n'est plus tôt, les investisseurs seniors doivent vendre leurs actifs dans l'espoir de déclencher une baisse générale des prix. De cette façon, ils peuvent à nouveau réaliser un bénéfice supérieur à la moyenne, en vendant cher, avant que cette vente ne fasse elle-même baisser les prix. Ils doivent désinvestir avant les partenaires juniors, sans dévoiler leurs intentions. Les alliances commerciales prennent alors fin brutalement.

Tôt ou tard, même les alliés qui réussissent deviennent des rivaux. Plus un marché distingue les investisseurs seniors des juniors, plus les ruptures sont faciles et plus la récession est brutale.

La rupture entre les investisseurs seniors et juniors peut être illustrée par les événements survenus lors de la chute des cours boursiers de 2007-2008. Des investisseurs ont rapporté que la banque d'investissement JP Morgan Chase avait proposé de leur prêter des fonds s'ils investissaient dans deux fonds spéculatifs gérés par le célèbre Bernard Madoff. La banque elle-même avait investi dans les fonds spéculatifs afin de réduire le risque pour les investisseurs et donc, indirectement, pour elle-même. Cet investissement collatéral a été déterminant pour les investisseurs approchés par la banque. Un investisseur a témoigné que, pour lui, les notes de la banque d'investissement étaient «l'imprimatur final de la solidité financière [du fonds] ».[3]

Au début de l'automne 2008, la banque d'investissement a décidé que les fonds de Bernard Madoff pouvaient représenter un risque sous-estimé. Elle a retiré son propre investissement sans en avertir ses clients. Lorsque les investisseurs ont été informés que les fonds Madoff avaient perdu la majeure partie de leur valeur, ils ont été d'autant plus furieux que la banque d'investissement n'a déclaré aucune perte liée à ces fonds.

Les clients de la banque qui avaient investi avec Madoff étaient pourtant relativement chanceux par rapport à la moyenne des investisseurs victimes de ce retournement. La plupart des investisseurs juniors étaient en effet de gros emprunteurs, qui avaient emprunté à taux variable alors que les taux étaient bas. Face à une hausse des taux, ils devenaient incapables de rembourser leurs prêts, sauf si leurs prêteurs acceptaient de nouvelles conditions. En 2006-2007, une grande partie de l'industrie hypothécaire américaine a fait face à de tels risques sous le nom de code « subprimes ». À un moment donné, la plupart des banques ont tout simplement refusé de « reconditionner » les prêts subprimes comme elles le faisaient régulièrement jusque-là, ce qui a provoqué des millions de défauts de paiement individuels. La plupart des investisseurs y ont perdu leur maison.

Un marché s'organise en créant une inégalité d'accès au capital et à l'information et réduit les gains relatifs réalisés par les seniors jusqu'à ce qu'ils soient incités à rompre les liens avec les investisseurs juniors, ce qui précipite la baisse des prix.

Les fréquentes hausses et baisses de prix sont une caractéristique constante de l'activité du marché. Un excellent exemple est l'indice Standard and Poor's 500 qui montre des variations annuelles au cours du vingtième et du début du vingt-et-unième siècle. Cet indice reflète la valeur des actions de cinq cents grandes entreprises cotées en bourse aux États-Unis. Les variations sont calculées entre les valeurs de clôture à la fin de l'année (Figure 23).[4]

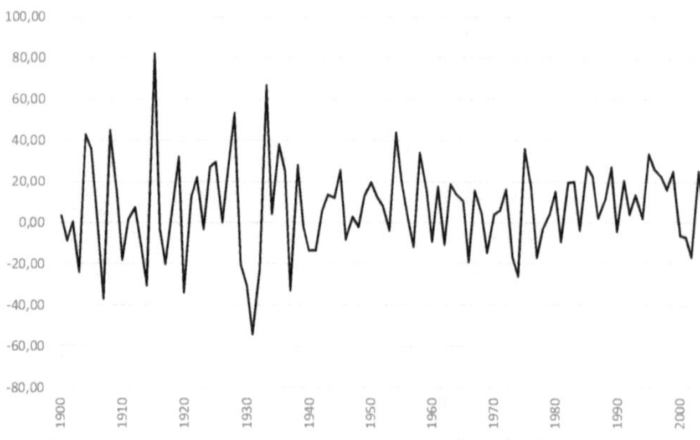

Figure 23. Les prix sur un marché: les variations annuelles de l'index SP500 (%), 1900-2011.

*

Ben Bernanke, ancien président de la Réserve fédérale américaine, a un jour qualifié l'explication du krach boursier de 1929 de « Saint-Graal » de la macroéconomie.[5] Il voulait dire que cet événement était le plus grand problème dans ce domaine.

C'était certainement un problème si l'hypothèse était que les investisseurs étaient des « maximisateurs d'utilité » égoïstes. De tels acteurs n'auraient jamais dû détruire leur propre richesse. Mais le fait de modifier légèrement l'hypothèse de base change tout à cet égard. Supposons qu'au lieu d'être des maximisateurs d'utilité, les investisseurs soient des maximisateurs de position. Dans une hypothèse de maximisation de la position, la position d'un investisseur augmente lorsqu'une majorité de concurrents gagnent moins ou perdent plus qu'eux. Il ne peut y avoir de préférences individuelles. Toutes les décisions des investisseurs et des traders sont liées. Elles s'influencent mutuellement.

Comme nous venons de le voir, une telle hypothèse suffirait à expliquer pourquoi certains investisseurs doivent à un moment donné parier « contre le marché » et déclencher une baisse. Du plus grand problème, le krach de 1929 deviendrait alors un événement normal.

Une relation et les échanges qu'elle implique doivent sembler avantageux pour les deux parties ; chacune doit croire qu'elle en tire profit. Elles doivent se sentir mieux que dans la situation qu'elles auraient connue s'il n'y avait pas eu d'échange, ou par rapport à des pairs qui n'ont pas été parties à l'échange. Les échanges créent donc de nouveaux liens et des compagnons, que ce soit dans les affaires, la politique ou la guerre.

Mais les personnes qui échangent entre elles doivent, à long terme, devenir des rivaux dans la compétition pour la distinction. Personne ne peut s'accommoder d'alliés qui réussissent indéfiniment aussi bien sinon mieux que soi. Les alliances sont nécessaires mais aucune ne peut durer éternellement. La compétition entre compagnons doit périodiquement raviver les conflits.

À long terme, toutes les alliances et rivalités doivent s'aligner sur la bipolarisation générale ; le commerce et les investissements suivent et sont réorientés en conséquence. Mais lorsque la bipolarisation générale s'arrête et s'inverse, les rivalités personnelles reprennent le dessus ; les anciennes alliances se brisent et de nouvelles se créent. Une nouvelle bipolarisation commence.

Principaux points

1. La Théorie unificatrice

Ce livre dévoile une découverte scientifique révolutionnaire. Il présente la solution au problème le plus complexe jamais rencontré par la science. Il marque la fin d'une quête de trois cents ans poursuivie par des générations de chercheurs dans de nombreux domaines. C'est la théorie unificatrice qui permet de faire le lien entre tous leurs travaux. C'est un changement de paradigme dans notre façon de comprendre l'esprit et le monde humain.

2. La Loi de l'Histoire

Un seul algorithme simple commande en définitive toutes nos pensées et nos actions. Il explique tous les événements de notre monde humain. C'est la loi de l'histoire.

L'esprit humain obéit toujours au même programme de base car les informations qu'il reçoit le façonnent. Bien que les événements qu'il perçoit puissent sembler presque infiniment variés, l'esprit extrait toujours les mêmes informations de base, quelles que soient les spécificités. Il acquiert ainsi une structure simple et universelle.

3.   La Structure universelle de l'Esprit

Personne n'est pleinement conscient de la façon dont son esprit fonctionne, même s'il le pense. Il ne perçoit que ce que son esprit lui permet. Chacun est spontanément conduit à croire qu'il vit dans des circonstances uniques. Il a tendance à ignorer les faits flagrants qui prouvent le contraire.

La découverte de la structure universelle de l'esprit est le résultat de la connaissance approfondie de l'histoire humaine que les scientifiques ont acquise au cours des derniers siècles. L'exploration des civilisations anciennes et lointaines a révélé de plus en plus de faits universels et permanents qui ne pouvaient être expliqués par aucune culture, langue ou circonstance nationale particulière, mais nécessitaient une explication globale.

4.   Etre le Héros de l'Histoire

La structure universelle de l'esprit a des effets omniprésents dans nos vies et sur notre monde humain. Tout d'abord, les histoires que nous créons et répétons possèdent toutes la même structure. Elles se ressemblent toutes à certains égards, ce dont nous sommes tout à fait conscients dans le cas des contes de fées, mais beaucoup moins dans celui des récits historiques.

Nos récits révèlent que la logique de l'esprit est binaire. On imagine toujours deux côtés. De plus, on croit qu'on a une volonté autonome et, chaque fois que quelque chose arrive, on s'imagine des volontés à l'œuvre, des volontés semblables à la leur. Par conséquent, on interprète tous les événements à la lumière d'un scénario héroïque - le bien contre le mal - et chacun se considère comme le Héros opposé à l'Ennemi maléfique.

L'esprit interprète tous les événements de la même manière fondamentale ; tous véhiculent le scénario héroïque. C'est pourquoi chacun développe spontanément la même vision fondamentale du monde. On imagine une seule réalité, un seul monde et une seule histoire ; c'est la condition pour être le Héros unique de l'Histoire, celui qui finira par détruire l'Ennemi unique. Chacun est amené à croire connaître cet Ennemi intimement, mieux que quiconque. Personne n'accepterait que quelqu'un d'autre soit le Héros. C'est pourquoi il n'y a pas de Héros dans les récits historiques, alors que l'on en attend toujours un dans les fictions.

5. *Le Besoin d'avoir des Compagnons*

Chacun sent intimement la présence de l'Ennemi. Pourtant, il ne le rencontre jamais. Mais l'esprit a un moyen de contourner cette difficulté. Il imagine que l'Ennemi veut se cacher, pour mieux manipuler ses victimes. Cette idée ne peut jamais être démentie.

On imagine donc que la seule possibilité de briser l'emprise de l'Ennemi est de partager la connaissance intime qu'on a de lui avec des compagnons ; la révéler ne peut être le plan de l'Ennemi, car il veut rester caché. Avoir des compagnons est le premier pas pour combattre l'Ennemi.

Chacun a besoin du soutien de ses compagnons. On ne peut pas vivre sans eux. On en est totalement dépendant. Sans eux, chacun se retournerait contre soi-même. Chacun doit faire confiance à leurs compagnons. Il n'accepte que ce que leurs compagnons confirment et rejettent ce que leurs compagnons condamnent.

Pour le satisfaire ses compagnons, chacun n'apprend pas seulement à nier être le Héros. Il refoule l'idée. Les adultes sont parfaitement convaincus qu'ils ne désirent même pas un rôle héroïque, qu'ils sont des personnes parfaitement raisonnables. Ils ont appris à refouler l'idée pendant l'adolescence. Les enfants ne la répriment ni ne la cachent. Ils n'ont pas encore découvert l'hostilité de leurs amis vis-à-vis de leurs pensées héroïques.

Les adultes sont convaincus de ne pas nourrir le désir d'être le Héros. Cependant, leur esprit a toujours la même structure que lorsqu'ils étaient enfants. Et la répression n'est, après tout, que le résultat de ce même programme fondamental auquel tous doivent obéir, même sans le savoir. Devenir le Héros de l'Histoire est le désir suprême. Il est présent dans tout ce que chacun pense et fait, même si nul n'en est conscient.

6. *Des Animaux politiques*

Tous les humains doivent interagir ; ils interagissent tous de manière similaire, ce qui génère une dynamique universelle dans les activités humaines. Les événements peuvent ainsi être prédits ou reconstitués.

En même temps qu'ils trouvent des compagnons, les humains se font aussi des adversaires. La nature bipolaire de toutes nos interactions est l'aspect le plus frappant de la dynamique universelle des interactions humaines.

Tous les humains construisent constamment des alliances, et ces alliances sont toujours bipolaires. Une alliance se construit en réaction à l'autre. Plus elles interagissent, plus chacun est capable de reconnaître le bien et le mal, et plus les deux camps attirent facilement des partisans. Les alliances et les conflits se développent jusqu'à ce qu'ils se terminent par la victoire d'un camp et la défaite de l'autre. Et ces événements sont immédiatement suivis d'une nouvelle période de bipolarisation.

7.   Des Rivalités aux Guerres mondiales

Les humains n'évoluent pas pour devenir plus pacifiques. Dans des endroits comme l'Europe, les rivalités personnelles et les querelles tribales ont été progressivement remplacées au cours du dernier millénaire par des conflits internationaux et des guerres mondiales. L'interaction a entraîné à long terme des actions plus synchronisées.

8.   La synchronisation de toutes les activités humaines

Le principal moteur de l'économie est le conflit. Bien que nous ayons spontanément tendance à opposer économie et guerre, les deux sont inextricablement liées. Les cycles économiques ont tendance à se synchroniser avec les cycles de conflit. Même la redistribution et l'égalité sont principalement motivées par la dynamique des alliances et des conflits. Plus les gens ressentent le besoin de s'allier, et plus ils sont prêts à accepter l'égalité.

Les alliances, les conflits, la production, la redistribution, le commerce ont tous tendance à varier ensemble. Toutes les activités humaines sont cycliques. Elles ont toutes tendance à se synchroniser sur le long terme.

9. *La Raison illusoire*

Les humains sont des animaux sociaux et politiques. Ils ne sont pas raisonnables. Ils ne convergent pas vers un gouvernement pacifique et rationnel du monde. Mais ils croient qu'ils le peuvent. Et ils croient que leurs semblables devraient être raisonnables aussi. Ils enragent de découvrir à quel point les autres sont enclins à bouleverser l'ordre naturel du monde. Leur croyance en la raison ne fait qu'alimenter de nouveaux conflits.

10. *Des Faits que Chacun peut observer*

Ce livre se fonde sur des faits que chacun peut observer : la capacité de l'esprit à faire les associations d'idées les plus surprenantes, les éléments que toutes les histoires partagent indépendamment de la culture, de la nation ou de l'époque qui les a produites, la dynamique bipolaire de toutes les alliances et de tous les conflits à travers l'histoire, la synchronisation de toutes les activités humaines... Ils pointent tous vers une explication, et une seule. Il n'y a qu'une seule *Loi de l'Histoire*.

A suivre...

Dans le deuxième volume de *La Loi de l'Histoire* :

Le Destin de la Civilisation.

Dans ce volume, nous avons mis au jour la logique fondamentale de l'esprit humain et ses conséquences les plus directes.

Nous avons découvert comment elle fait que tous les hommes imaginent leur monde en termes similaires, pourquoi nous pouvons observer une vision universelle du monde dans la structure des récits. Nous avons également compris comment cette compréhension irrépressible des événements génère des interactions constantes et déclenche la bipolarisation, une dynamique universelle qui touche toutes les activités humaines et les synchronise.

Dans le prochain volume, nous découvrirons comment ces dynamiques opèrent à plus long terme pour produire une dynamique globale, la civilisation.

L'essor et le déclin de la civilisation dépendent en définitive de la logique fondamentale de l'esprit humain : du désir intime, voire inconscient, mais suprême, nourri par chacun de nous, d'être le Héros de l'Histoire.

La découverte de la *Loi de l'Histoire* nous fait entrer dans une nouvelle ère, où notre passé peut être reconstruit et notre avenir prédit.

Lexique

Anticipation : une idée interprétée comme une expérience future.

Attraction : attrait d'une idée, proportionnel à l'exposition à des informations similaires.

Bipolarisation (ou mobilisation bipolaire) : accélération et généralisation de la mobilisation de deux (et seulement deux) coalitions opposées conscientes d'elles-mêmes, ainsi que l'élaboration et l'explicitation croissante de visions convergentes de l'histoire.

Camaraderie : relation propre aux compagnons.

Coalition : processus d'association et de reconnaissance mutuelle de compagnons et d'alliés, toujours dans une mobilisation bipolaire. Syn. alliance

Compagnon : personne avec laquelle s'établit une relation particulière, de fraternité. Les compagnons se distinguent des gens ordinaires. Ils peuvent devenir des rivaux. Cf. instabilité inhérente

Conte : le type de fiction qui reflète le plus directement le scénario héroïque ; le plus facilement distingué de la réalité.

Convergence : production d'une nouvelle histoire par des coalitions opposées ; alignement des justifications, des programmes et des actions.

Cycle : processus non linéaire marqué par un pic (maximum) et un creux (minimum) ; un cycle est généralement composé de cycles de longueur et d'amplitude moindres et est également une composante d'un cycle plus long ; les cycles successifs n'ont donc généralement pas la même longueur et amplitude.

Désir : une idée, considérée comme un potentiel d'action.

Distinction : résultat de la dissociation des personnes ordinaires ou des anciens compagnons et de l'association avec de nouveaux compagnons ; position sociale plus élevée qui en résulte.

Échange : tout contact social, éventuellement accompagné d'échanges de faveurs ou de biens, vecteur de distinction. Cf. compagnon

Ennemi (L') : notion fondamentale. La personne, source du mal, dont la destruction rétablira à jamais la paix et le bonheur.

Esprit : le processus général d'association d'idées, y compris les perceptions

Fiction : récit d'événements qui ne sont pas censés se produire dans la réalité. Ant. Récit historique

Folie : notion universelle. État d'être gouverné par l'Ennemi, de ne pas comprendre la vraie nature des choses. Ant. Raison

Gens ordinaires : notion universelle. Personnes normales, distinctes des compagnons. Ils ne se doutent pas de la présence de l'Ennemi et exécutent ses ordres. Personnes matérialistes, égoïstes

Héros (Le) : notion fondamentale. La personne appelée à détruire l'Ennemi. Il n'y a qu'un seul Héros possible, comme il n'y a qu'un seul Ennemi. Chacun est avant tout attiré par l'idée qu'il est le Héros, mais réprime cette idée car aucun compagnon ne la confirmera jamais.

Histoire (L') : notion fondamentale. Ensemble des événements réels qui se produisent dans notre monde

Idée : événement psychique générique, conséquence d'une association d'idées, cause d'associations d'idées, source d'actions. Les notions, les désirs, les peurs, les souvenirs sont des idées considérées à travers des effets spécifiques.

Instabilité inhérente : propriété des relations des compagnons, due à l'ambiguïté des sentiments, source de rivalités et de conflits bipolaires

Mémoire : une idée interprétée comme une expérience passée.

Message sensoriel : influx produit par la stimulation d'un sens, cause d'une perception.

Mobilisation : le désinvestissement de la rêverie et l'investissement des interactions ; alimente l'accélération de la bipolarisation ; positivement corrélée à la production, la redistribution, le commerce et l'innovation.

Monde (Le) : notion fondamentale. L'univers dans lequel se déroulent toutes les actions. Cor. Ennemi, Héros et Histoire

(Il ne peut y avoir qu'un seul Monde et une seule Histoire puisqu'il n'y a qu'un seul Ennemi et un seul Héros).

Nation : communauté imaginée regroupant de nombreuses familles et les précédant historiquement ; les nationaux sont imaginés partageant des ancêtres communs.

Notion : idée conçue à l'insu de tous. Cf. idée

Notion fondamentale : idée qui est une partie nécessaire de la structure universelle et inconsciente de l'esprit. Cf. scénario héroïque

Perceptions : idées générées par des messages sensoriels

Peur : un désir négatif. Cf. désir, idée

Quête d'héroïsme : le désir d'être le Héros de l'Histoire ; actions entreprises pour accomplir ce destin.

Raison : notion universelle. Capacité de gouverner harmonieusement, fondée sur la compréhension de la vraie nature des choses. Ant. Folie.

Récit historique : récit se rapportant à des événements imaginés comme réels. Ant. Fiction

Scénario héroïque : combinaison des notions fondamentales. Chacun se voit comme le Héros de l'Histoire, celui qui est appelé à vaincre l'Ennemi et à rétablir la paix universelle.

Séquence fondamentale : information la plus simple et la plus fréquente transmise à l'esprit par les perceptions ; source de la structure universelle de l'esprit.

Société internationale : coalitions nationales en interaction, alliées ou opposées.

Spontanément : par lui-même, sans cause extérieure.

Structure : une caractéristique ou une propriété permanente, par opposition à celles qui sont variables, dans une série d'objets ou dans un objet changeant.

Système : un ensemble stable dont les composants interagissent harmonieusement, remplissant des fonctions stables ou s'ajustant pour maintenir l'ensemble stable.

Illustrations

Figure 1. La structure fondamentale des pensées humaines, produit de l'information de l'esprit. 45

Figure 2. La reproduction de la structure fondamentale. La structure des souvenirs d'événements imprévus et donc informatifs (1) est préservée et reproduite dans le scénario héroïque universel (2). 53

Figure 3. Le scénario héroïque universel, structure universelle des récits. 68

Figure 4 : La Gaule ancestrale avec ses frontières (tirets lourds) et celles de la France de 1900 (tirets). 73

Figure 5. Les microbes représentés en monstres dans une campagne publicitaire de 1900 par Anios et l'Institut Pasteur ©. 110

Figure 6. Le géant comme cauchemar enfantin (illustration de Gustave Doré pour Le Petit Poucet, 1867) 112

Figure 7. L'assassinat de l'Archiduc Autrichien Franz Ferdinand (Le Petit Journal, 12 juillet 1914). .. 146

Figure 8. Étapes schématiques de l'alignement bipolaire.. 155

Figure 9. Le cycle de bipolarisation. 169

Figure 10. Des cycles successifs de bipolarisation. 170

Figure 11. L'alignement des grandes puissances lors des guerres mondiales au 20e siècle. 174

Figure 12. Nombre moyen de grandes puissances impliquées dans les conflits majeurs en Europe (1500-2000). 176

Figure 13. Le nombre de personnes tuées sur le champ des batailles entre grandes puissances européennes, par année et par million d'habitants, 1500-2000 (échelle logarithmique). 177

Figure 14. La Revanche du Dragon (1990). 192

Figure 15. La version originale de l'histoire (1515). 192

Figure 16. Tendances économiques aux Etats-Unis d'Amérique au 20ᵉ siècle. 227

Figure 17. Les cycles longs observés par Kondratiev. 230

Figure 18. Les cycles longs observés par Goldstein. 230

Figure 19. La Mort de Nelson par Benjamin West (détail, 1806). 242

Figure 20. Ossian Recevant les Ames des Héros français par Anne-Louis Girodet-Trioson (détail, 1801). 242

Figure 21. Portrait de Charles Quint par Le Titien (détail, 1548). 259

Figure 22. Portrait d'Alfonso d'Avalos, par Le Titien (détail, 1533) 259

Figure 23. Les prix sur un marché: les variations annuelles de l'index SP500 (%), 1900-2011. 272

Index

Aaronovitch, David, 136
Abe, Shinzo, 149
Abraham, 97
activité neuronale, 43
ADN, 18
Adonis, 97
adulte, 31, 38, 47, 51, 61, 66, 67, 80, 81, 82, 83, 89, 92, 93, 94, 99, 100, 101, 102, 103, 104, 106, 114, 124, 126, 128, 129, 131, 180, 280
adversaires, 32, 69, 81, 82, 90, 109, 120, 121, 122, 124, 130, 133, 136, 141, 142, 147, 149, 150, 157, 160, 171, 174, 187, 199, 203, 215, 218, 220, 235, 240, 281
Afghanistan, 128
âge d'or, 68, 69, 72, 78, 170, 182
agressivité, 249
Ahi, 97
Aïnus, 97
alcool, 135
algorithme, 15
Ali Baba et les quarante Voleurs, 70
Allemagne, 72, 73, 93, 109, 150, 156, 157, 158, 159, 161, 164, 166, 167, 172, 173, 174, 188, 216, 217, 220, 224

alliance, 26, 32, 34, 121, 141, 155, 156, 158, 159, 160, 162, 164, 171, 172, 179, 181, 196, 199, 225, 234, 235, 243, 244, 249, 252, 254, 263, 265, 270, 274, 281, 282, 283, 287
allié, 34, 99, 121, 122, 131, 139, 151, 164, 171, 173, 175, 177, 224, 234, 235, 244, 247, 256, 270, 274, 287
Alsace, 110, 213, 214, 236, 239
alsacien, 111, 113
amitié, 136, 244, 250, 253
Amphion, 97
anglais, 73, 74, 98, 136, 147, 163, 189, 190, 191, 203, 212
Angleterre, 73, 74, 165, 177, 181, 191, 192, 202, 203
Anjou, 181
anomalie, 17, 18, 19, 21, 182, 193
Antarctique, 84
Apollon, 97
Aquitaine, 181
arbre généalogique, 93
Arendt, Hannah, 150
Aristote, 77, 79, 256
Arthur, 238, 245
Asimov, Isaac, 22
associations, 19, 22, 31, 39, 40, 43,

48, 51, 55, 92, 107, 283, 288
astrologie, 12
Atatürk, 93
Athènes, 85, 185
Autriche-Hongrie, 146, 157, 160, 188
Bain, 246
Barthes, Roland, 24, 76, 77, 300, 310, 311
basque, 111
Bataille de Bull Run, 139
Bataille de Shiloh, 140
Bataille de Tsushima, 161
Bavière, 246
bébé, 43, 51, 124, 125, 126, 128, 131, 132
Beck, Aaron T., 152
Beresford, Lord Charles, 165
Bergman, Ingrid, 249
Bernanke, Ben, 273
Betsinisaraka, 97
Beveridge, Rapport dit, 220
bien, 15, 16, 23, 26, 29, 30, 32, 37, 41, 51, 56, 58, 59, 61, 62, 67, 75, 76, 81, 83, 86, 87, 89, 90, 104, 108, 110, 114, 120, 123, 124, 125, 126, 127, 130, 131, 133, 134, 135, 137, 139, 140, 142, 145, 147, 157, 172, 179, 181, 182, 194,

201, 202, 205,
208, 209, 211,
219, 221, 234,
237, 240, 243,
246, 249, 252,
253, 254, 255,
256, 257, 258,
260, 262, 263,
269, 274, 279,
281
Bilbo Le Hobbit, 82
Bilderberg, Groupe,
136
bilinguisme, 212,
213, 214
biologie, 17, 18
bipolarisation, 26,
27, 34, 121, 122,
130, 142, 144,
149, 162, 164,
165, 166, 167,
169, 170, 171,
172, 178, 179,
181, 185, 186,
200, 215, 217,
223, 225, 228,
235, 263, 274,
281, 285, 288
Bismarck, Otto von,
158
Bond, James, 89
bonnes manières,
248, 250
Bouddha, 97
Brémond, Claude,
76
Bretagne, 181
breton, 111
Britannia, 93
Brosnan, Sarah, 266
Brutus, 97
Bureau de la Langue
irlandaise, 212,
246
Bush, George, 75
caché, 66, 84, 101,
107, 111, 113,
115, 120, 145,
152, 280
cadeau, 34, 243,
244, 245, 254,
267
Californie, 139
Campbell, Joseph,
76
Carré de Malberg,
René, 194

catastrophes
naturelles, 47
cerveau, 38
Ceylan, 165
changement, 30
Charlemagne, 261
Charles Quint, 258,
259
Chat Botté, Le, 87
Chili, 222
chimie, 17
Chine, 83, 148, 149,
172, 174, 185,
228
choix rationnel, 207,
208, 209, 267
Chomsky, Noam,
24, 25, 196, 301,
310, 314
Christ, 61
Chronos, 106
Churchill, Winston,
203, 219
Citron, Suzanne, 72
civilisation, 12, 13,
30, 278
Clausewitz, Carl
von, 153
coalition, 121, 122,
141, 153, 175,
176, 177, 178,
180, 208, 245,
287, 289
commerce, 255
communisme, 145,
150, 151, 221
compagnons, 28, 32,
33, 34, 59, 61,
62, 69, 79, 82,
94, 96, 100, 120,
123, 124, 126,
127, 128, 129,
130, 131, 132,
133, 135, 136,
139, 140, 141,
142, 152, 201,
204, 205, 211,
221, 233, 234,
235, 236, 237,
238, 240, 241,
243, 245, 246,
247, 250, 252,
253, 256, 257,
260, 263, 265,
268, 274, 279,
280, 281, 287,
288

concurrence, 16, 33,
34, 165, 245,
253, 256, 264,
268, 269
concurrent, 176,
247, 252, 256,
263, 267, 269,
273
confiance, 252, 253
conflit, 26, 32, 33,
34, 42, 77, 80,
121, 129, 132,
146, 147, 154,
156, 162, 165,
169, 170, 171,
172, 173, 179,
181, 186, 200,
208, 214, 282
conscience, 58
Conservateurs, 167
constitution, 185,
193
conte, 78, 89
convergence, 32,
130, 149, 152,
154, 162, 181,
220, 307
Cook, Thomas, 83
Copernic, Nicolas,
16, 17, 23
Copiapó, 222
Corée, 148, 149, 225
corps, 52, 71, 81,
107, 108, 115,
124, 126, 184,
239
création, 13, 143,
183, 188, 190
crédit, 159, 221,
252, 254, 256,
260, 262
Crichton, Michael,
96
crise, 14, 18
cycle, 14, 18, 25, 34,
121, 122, 133,
170, 172, 229,
230, 282, 287,
303
cynisme, 250
Cyrus, 97
danger, 33, 40, 66,
67, 89, 102, 107,
108, 109, 111,
113, 115, 125,
191, 199, 205,
211, 307
Darab, 97

Darwin, Charles, 16, 18, 21, 301, 307, 310

David, 97

déchiffrage, 12

déclassement, 239, 245, 265

découverte, 11, 14, 16, 17, 18, 21, 22, 25, 26, 35, 75, 84, 94, 97, 100, 102, 108, 140, 216, 277, 278, 285

découvertes scientifiques, logique des, 14

défaite, 32, 69, 139, 169, 171, 172, 188, 204, 235, 281

désir, 15, 22, 34, 51, 53, 54, 55, 58, 59, 62, 66, 80, 86, 94, 106, 127, 128, 130, 191, 201, 209, 213, 214, 220, 223, 234, 235, 238, 239, 243, 250, 253, 254, 259, 260, 262, 280, 285, 289

destruction, 47, 65, 68, 69, 70, 71, 72, 74, 75, 79, 80, 154, 182, 267, 288

Dionysos, 97

disruption, 44, 46, 47, 48, 50, 51, 52, 76, 124

distinction, 34, 77, 78, 130, 142, 170, 204, 234, 239, 245, 246, 253, 256, 258, 259, 260, 265, 266, 267, 268, 274, 287, 288

domination, 156

Don Quichotte, 90

douleur, 49, 94, 131

doute, 15, 80, 82, 88, 120, 123, 133, 137, 213

dragons, 60

Dreadnought, 161

drogue, 135

droit, 193

East Anglia, 181

échange, 16, 75, 233, 234, 238, 243, 244, 245, 247, 252, 253, 254, 255, 263, 264, 265, 266, 268, 274, 288, 317

Ecosse, 181

écritures anciennes, 12

Édouard VII, 163, 164

égalité, 184, 187, 218, 219, 220, 225, 234, 243, 245, 246, 247, 250, 266, 282

Égypte, 97

Einstein, Albert, 16, 21, 23, 302, 310

empathie, 47, 126, 131, 153

En Pleine Tempête, 108

enfant, 80, 92, 94, 96, 103, 109, 111, 114, 115, 135, 215

Engelhard, Iris, 128

Ennemi, 31, 32, 33, 37, 52, 65, 66, 68, 69, 72, 74, 75, 77, 78, 80, 81, 82, 84, 85, 88, 100, 107, 108, 111, 113, 114, 115, 119, 120, 121, 123, 130, 132, 133, 134, 137, 141, 142, 144, 145, 152, 153, 165, 166, 171, 182, 183, 188, 189, 191, 199, 201, 211, 215, 218, 220, 233, 234, 237, 279, 288, 289, 312

épicuriens, 209

Erichthonius, 97

esprit, 11, 12, 13, 14, 19, 20, 22, 24, 25, 27, 30, 31, 34, 37, 38, 39, 41, 42, 43, 44, 45, 46, 47, 48, 50, 51, 52, 53, 54, 55, 56, 58, 59, 62, 65, 66, 67, 76, 77, 85, 93, 102, 103, 105, 107, 119, 123, 124, 126, 128, 130, 133, 140, 182, 193, 196, 209, 210, 277, 278, 279, 280, 283, 285, 289

Essai sur l'Entendement humain, 11

Etana, 97

Etat, 20, 149, 150, 172, 174, 227

États-Unis, 40, 75, 86, 150, 151, 152, 172, 173, 180, 183, 185, 186, 187, 191, 223, 224, 225, 228, 229, 250, 271

États-Unis, Cour suprême, 186

Euro, 136

Europe, 12, 156, 160, 175, 176, 195, 224, 229, 230, 237, 246, 247, 281

EverQuest, 85

évolution, 13

Expérience de la Caverne des Voleurs, 178

expérimentation, 39, 41, 49, 128, 131

famille, 71, 93, 95, 96, 97, 98, 99, 100, 101, 102, 104, 106, 113, 135, 139, 165, 244, 317

fantasmes enfantins, 107, 108, 113

Faust, 16

Feridun, 97

fiction, 16, 22, 25, 31, 56, 65, 66, 76, 77, 78, 80,

81, 84, 85, 86,
89, 90, 107, 114,
115, 119, 143,
237, 287
Fisher, John, 161
Florence, 177
Ford, Henry, 144
France, 72, 73, 93,
95, 109, 111,
156, 157, 160,
172, 173, 174,
176, 181, 188,
191, 203, 215,
221, 224, 229,
301, 302, 305
François-Ferdinand
d'Autriche, 145
Frédéric II, 125
Frères Grimm, 69
Freud, Sigmund, 97,
98, 102, 103,
104, 105, 106,
302, 312
Fujioka, Nobukatsu,
148
Fukuyama, Francis,
75
gagnants, 179, 268
Galilée, Galileo, 23
Galles, Pays de, 136,
189, 190, 191,
192, 213
gallois, 113, 189,
190, 191
Gaule, 72
géant, 111
Gellner, Ernest, 195
Gênes, 177
Germania, 93
Gilgamesh, 97
Goedsche, Hermann,
143
Goethe, Johann
Wolfgang von,
16, 303, 310
Goldstein, Joshua,
25, 230, 303,
310, 313, 314
Grande-Bretagne,
93, 150, 156,
157, 158, 159,
163, 164, 166,
172, 173, 180,
217, 218, 224,
229, 247, 261
Grant, Ulysses S.,
139
grec, 125

Grégoire, 97
Grossman, Sanford,
264
guerre, 40, 72, 75,
77, 85, 86, 89,
96, 109, 113,
139, 140, 142,
146, 153, 154,
157, 159, 161,
163, 167, 170,
172, 174, 175,
177, 180, 183,
184, 203, 204,
216, 217, 218,
219, 220, 224,
229, 230, 244,
245, 268, 274,
281, 282, 307,
309
Guerre
d'Indépendance,
186
Guerre de Sécession,
40, 138, 186, 187
Guerre de Troie, 77
Guerre du Golfe,
Deuxième, 86
Guerre Froide, 75,
89, 149, 153,
225, 228, 250
Guerre mondiale,
Première, 75,
156, 162, 172,
224, 230
Guerre mondiale,
Seconde, 144,
148, 149, 173,
184, 217
Habsbourg, 177
haine, 135
Hamlet, 97, 105
Hansel et Gretel, 69,
87
*Harry Potter, Les
Reliques de la
Mort*, 101
Havel, Vaclav, 220
Hawking, Steven, 16
hébreu, 125
Hébreux, 97
Héraclès, 97
Héros de l'Histoire,
30, 31, 32, 37,
52, 53, 58, 59,
61, 62, 65, 66,
69, 80, 86, 92,
278, 280, 285,
289, 311

histoire, 12, 13, 20,
27, 30, 31, 40,
54, 66, 70, 72,
73, 75, 77, 78,
80, 81, 83, 84,
85, 87, 92, 93,
95, 96, 97, 98,
99, 102, 104,
108, 120, 121,
122, 147, 148,
149, 153, 164,
171, 175, 176,
179, 181, 191,
192, 202, 204,
206, 212, 215,
239, 277, 278,
279, 283, 287,
301
Hitler, Adolf, 144,
188
Hollywood, 250
Homère, 77
homo economicus,
47
honneur, 202, 205,
239, 240, 252,
255
honte, 135
Horn, 97
hôte, 249
Hout, Marcel van
den, 128
humanités, 14
Hume, David, 12,
13, 19, 56, 57,
304, 310, 311
hypothèse, 11, 14,
19, 20, 21, 25,
26, 28, 47, 56,
170
idée, 11, 19, 20, 23,
24, 25, 27, 31,
37, 38, 39, 40,
41, 42, 43, 44,
46, 47, 48, 49,
50, 51, 53, 55,
56, 57, 60, 61,
92, 93, 107, 108,
133, 136, 137,
153, 185, 201,
205, 215, 236,
283, 288, 289
idées universelles,
19, 23, 25
industrialisation, 195
influence, 54, 78,
98, 101, 150,
151, 164, 237,

252, 253, 261, 263, 305
information, 30, 38, 45, 46, 152, 196, 212, 264, 269, 271, 289, 302
informations, 27, 30, 42, 43, 44, 46, 54, 124, 144, 212, 264, 277, 287
initiation, 246
Institut Pasteur, 108
interactions, 25, 31, 121, 142, 281, 285, 288
investir, 253
investissement, 34, 234, 252, 253, 257, 261, 264, 268, 269, 270, 274, 288, 317
investisseurs, 260, 264, 268, 269, 270, 271, 273
Ion, 97
irlandais, 73, 74, 98, 99, 212, 213
Irlande, 73, 74, 99, 181, 212, 214
Isaac, 97
isolement, 61, 123, 124, 125, 132, 133, 136, 137, 156, 160, 195, 224
Italie, 125, 160, 172, 173, 174, 217, 220
Ivanhoé, 90
Japon, 148, 150, 160, 172, 173, 174, 224
Jarretière, 246
Jefferson, Thomas, 186
Jésus, 97
Jones, Alex, 136
Joseph, 97, 104
Joyeuse, 261
Juda, 97
jugements sur soi, 130
Kai Khosrau, 97
Kalevi Poëg, 97
Karna, 97
Kemal, Mustafa, 93
Kepler, Johannes, 23

Keynes, John Maynard, 261
Kondratiev, Nicolas, 25, 229, 230, 231, 263, 310, 314, 315
Konvalinka, Ivana, 127
krach de 1929, 273
Krishna, 97
Krugman, Paul, 263, 304, 305, 310, 315
Kuhn, Thomas, 14, 15, 17, 23, 305, 310
Kullervo, 97
LA Confidential, 114
La Fin de l'Histoire, 75
langue, 12, 20, 73, 74, 75, 93, 98, 99, 111, 112, 113, 125, 136, 189, 190, 191, 195, 196, 211, 212, 213, 214, 215, 239, 278, 307
latin, 125
Le Chemin de la Liberté, 99
Le Chevalier de la Charrette, 91
Le Seigneur des Anneaux, 81, 85
Leca, Jean, 28, 194, 305, 314, 317
légende, 12, 24, 75, 85, 97, 98, 102, 103, 104, 105, 106, 191, 238
Les Mille et une Nuits, 70, 83
Les Protocoles des Sages de Sion, 142
Lévi-Strauss, Claude, 24, 76, 305, 310, 311
Lincoln, Abraham, 187
linguistique, 12, 21, 81, 93, 190, 214, 215
Locke, John, 11, 12, 13, 19, 20, 21,

27, 38, 55, 56, 57, 305, 310, 311
logique universelle, 27, 30, 31, 34, 37, 45, 55, 58
Lohengrin, 97
loi, 15, 20, 25, 27, 55, 153, 185, 186, 193, 194, 196, 229, 230, 277, 283
Lommen, Miriam, 128
Londres, 113
Los Angeles, 114
Louis Ier de Bavière, 246
Louisiane, 139
luxe, 262
Madoff, Bernard, 270
Maier, Steve, 49
Malot, Hector, 95
Mani-Tiki-Tiki, 97
manuel scolaier, 149
Marbury contre Madison, 186
marché, 255, 261, 262, 264, 268, 270, 271, 272, 273
mariage, 94
Marianne, 93
mariée, 249
marque, 139, 170, 203, 260, 262, 277
Matsuoka, Tamaki, 148
Maui, 97
Mauss, Marcel, 243, 306, 315
maximisation, 209, 267, 273
méchant, 81
Mélanésie, 243
Mercia, 181
mère, 128
Michnik, Adam, 220
microbes, 109, 110, 125
microéconomie, 20
Milan, 177
militant, 98, 108, 113, 136, 153, 189, 190, 191, 207, 213, 214, 215, 236

Minh, Ho Chi, 152
Minotaure, 84
Mithra, 97
mobilisation bipolaire. *Voir* bipolarisation
Moïse, 97, 98
Morgan Chase, JP, 270
mortalité, 125
Moscou, 113, 150, 151, 152, 228
mythe, 12, 78, 301
Nankin, 148
Naples, 177
nation, 13, 20, 40, 73, 78, 92, 93, 96, 97, 98, 99, 145, 151, 153, 156, 158, 162, 173, 177, 181, 182, 184, 188, 196, 203, 224, 244, 246, 247, 263, 283, 308
nationalisation, 195
Nelson, Horatio, 161, 164, 203, 240, 242, 309
neurone, 38, 131
neurosciences, 12
Newton, Isaac, 11, 12, 16, 17, 21, 23, 306, 310
Normandie, 181
normes, hiérarchie des, 193
Northumbria, 181
notion, 20, 31, 39, 65, 66, 85, 90, 102, 108, 122, 202, 210, 288, 289
objets, 11, 24, 51, 56, 92, 131, 132, 196, 205, 206, 245, 247, 257, 258, 261, 262, 289
observation, 12, 13, 14, 15, 17, 19, 23, 24, 25, 26, 55, 128, 213, 229
occitan, 111
Océanie, 181
Octavianus, 75
Œdipe, 97, 102, 103, 104, 105, 106

Olson, Mancur, 207
ordinaires, 33, 125, 130, 199, 201, 205, 206, 207, 211, 213, 215, 216, 217, 218, 221, 223, 236, 245, 250, 253, 254, 262, 268, 287, 288, 314
ordre, 182, 191
Organisation des Nations unies, 184
orphelins, 125
Osiris, 97
Oswald, Andrew, 266
pair, 129, 130, 131, 138, 163, 164, 234, 243, 247, 248, 253, 265, 274
paix, 170, 183, 185
Panthéon, 246
paradigme, 15, 21, 22, 277, 306
paradigme, changement de, 15
Paris, 6, 97, 111, 112, 246, 301, 302, 304, 305, 306, 308, 309, 317
Pays-Bas, 128
pensées, 20, 30, 31, 34, 37, 43, 45, 47, 61, 120, 129, 130, 132, 133, 138, 196, 277, 280
perceptions, 39, 40, 41, 42, 44, 288, 289
perdants, 268
Perrault, Charles, 87, 111
Persée, 97
Pharaon, 98
philologie, 12
physique, 17, 23, 110, 111, 194
Piela, Robert, 111
Plantagenêt, 181
Pologne, 220
potlatch, 244, 254
Prague, 143

prédiction, 14, 18, 22
préhistoire, 12, 13
Princip, Gavrilo, 145
principe, 15, 16, 17, 19, 20, 41, 57, 151, 184, 188, 195, 196, 263
principe unificateur, 16, 17
prix, 34, 214, 229, 230, 235, 239, 261, 262, 264, 265, 267, 269, 271, 272
problème, 17, 18, 19, 20, 23, 24, 25, 26, 27, 34, 35, 55, 57, 119, 194, 207, 208, 209, 210, 211, 230, 257, 273, 277
proches, 31, 94, 106, 126, 258
production, 33, 34, 84, 162, 199, 200, 223, 224, 225, 228, 244, 263, 282, 287, 288, 303
progrès, 13, 14, 29
Propp, Vladimir, 76, 87
Prusse, 109, 157
Ptolémée, Claude, 23
Quatorze Points, 183
quête d'héroïsme, 58, 65
quotidien, 119
racisme, 130
raison, 183
raisonnable, 32, 122, 153, 182, 280, 282
Rank, Otto, 24, 25, 76, 97, 98, 102, 104, 106, 307, 310, 311, 312
réaction, 32, 43, 44, 76, 105, 121, 126, 130, 141, 142, 147, 160, 161, 166, 188, 189, 220, 243, 281

réalité, 14, 28, 58, 66, 80, 82, 83, 84, 85, 86, 89, 101, 109, 119, 120, 128, 139, 142, 193, 213, 214, 263, 279, 287, 288

recherche, 14, 15

récits, 25, 27, 31, 34, 62, 65, 66, 68, 69, 72, 75, 76, 77, 78, 79, 80, 84, 107, 115, 127, 170, 171, 180, 206, 222, 278, 279, 285

reconnaissance, 62, 138, 164, 243, 253, 287

refoulement, 62, 103

Regensburg, 246

règle, 86, 94, 95, 184, 186, 196, 234, 243, 247, 248, 249, 250, 258

Remus, 104

République tchèque, 220

réputation, 86, 257, 260

révolution scientifique, 11, 14, 29

Ricœur, Paul, 76

rival, 34, 164, 168, 228, 234, 236, 247, 256, 266, 270, 274, 287

rivalité, 34, 81, 121, 156, 162, 168, 235, 257, 274, 281, 288

roman familial, 95, 96

Rome, 93, 309

Romulus, 93, 97, 104

Rossellini, Roberto, 249

Rousseau, Jean-Jacques, 194

Royal Navy, 134, 156, 159, 161, 165, 166

Russie, 143, 146, 156, 157, 160, 172, 174

Sabatier, Paul, 208

Saint Empire romain germanique, 181

Saint-Louis, 262

San Pedro Manrique, 126, 130

Sans Famille, 95

Sargon, 97

Scéaf, 97

scénario héroïque, 30, 37, 53, 54, 65, 66, 68, 69, 71, 72, 73, 74, 75, 80, 84, 85, 89, 90, 92, 93, 94, 95, 99, 102, 132, 133, 142, 279, 287, 289

Scheidhauer, Christophe, 113

Schelling, Thomas, 208

science, 206

science humaine, 13, 18, 19, 20, 21, 29, 55, 57

sciences humaines, 12, 14, 22, 23, 27

sciences naturelles, 12, 14

Sechrist, Gretchen, 129

secret, 61, 71, 89, 95, 100, 101, 102, 115, 119, 120, 141, 150, 153, 183, 259, 304

Seligman, Martin, 49

séparation, 94, 125

séquences, 71

Shakespeare, William, 105, 106, 202, 203, 204, 205, 240, 308, 312, 314

Sherman, William T., 138

sida, 108, 134, 303

Siegfried, 97

Singapour, 97

singes, 265, 266

Smith, Anthony, 78

société internationale, 122, 175, 180, 181, 229

soldats, 128

solution, 25, 26, 27, 95, 231, 277

Sophocle, 104

sorcière, 70

spéciaux, 60, 101, 185, 245, 256

Spitz, René, 125

standards, 43, 157, 162, 263

Stangor, Charles, 129

Star Wars, 83, 84, 101

Stieglitz, Joseph, 264

stoïciens, 209

Stromboli, 249

Structure des Révolutions scientifiques, La, 15

structure fondamentale, 45, 46, 47, 52, 53, 90

structure universelle, 20, 24, 25, 27, 45, 54, 55, 62, 65, 68, 69, 75, 76, 102, 278, 289

Stuart Mill, John, 263

subprimes, 271

suicide, 135, 137, 250, 300

Sullivan, Sarah Ó, 98

surnaturel, 12

synchronisation, 127, 281, 283

syndicat, 207

système, 194

Table Ronde, 245

Tchécoslovaquie, 145

Télèphe, 97

Tell, 97

théorie, 15, 206

Théorie du Tout, La, 16

théorie générale, 12, 15, 16, 19, 22, 55, 58

théorie unificatrice,
18, 21, 277
Thésée, 84
Thot, 97
Timeline, 96
Tirpitz, Alfred von,
160, 164
Titien, 257, 258, 259
Toison d'Or, 246,
258
Tonga, 97
Trakhan, 97
Tristan, 97
Trobriand, 254
tuer, 71, 104, 109,
114, 135, 151,
235
Turquie, 93
Tyro, 97
Ungerer, Tomi, 110
Union soviétique,
149, 150, 151,
172, 173, 174,
217, 224
unique, 65
Urban, Jan, 145
Väinämöinen, 97
valeur, 71, 184, 205,
234, 252, 254,
256, 260, 261,
262, 263, 269,
270, 271
Venise, 177
vérité, 29, 101, 114,
120, 126, 127,
133, 137, 152,
234
Verne, Jules, 83
Vickhoff, Björn, 127
Victoria, 158, 163
Vietnam, 85, 150,
225
Virgile, 75
virus, 18, 108, 109,
135
visage, 128
vitalité, 125, 186
volonté, 30, 37, 50,
51, 52, 124, 132,
279
Waal, Frans de, 266
Waco, Secte de, 152
Walhalla, 241, 246
Weber, Max, 194
Wessex, 181
Westminster, 113
Westminster,
Abbaye de, 246
Wieland, 97
Wilhelm II, 158
Wilson, Woodrow,
183
Wolfdietrich, 97
Zal, 97
Zethus, 97
Zeus, 106
Zizzo, Daniel, 266
Zoroastre, 97

Bibliographie

Anderson, B. (1991). *Imagined communities* (2 ed.). London: Verso.

Arendt, H. (1972). *Crises of the republic.* New York: Harcourt.

Aristotle. (c.-335/1898). *Poetics* (2nd ed.). (S. H. Butcher, Trans.) London: Macmillan.

Barrinuevo, A. (2011, October 12). A year out of the dark in Chile, but still trapped. *The New York Times.*

Barthes, R. (1966/1975). An introduction to the structural analysis of narrative. (L. Duisit, Trans.). *New Literary History, 6*(2), 237-272. doi: 10.2307/468419.

Beck, A. T. (2000). *Prisoners of hate. The cognitive basis of anger, hostility and violence.* New York: Harper.

Benassi, D. (2010). 'Father of the welfare state'? Beveridge and the emergence of the welfare state. *Sociologica, 3,* 1-20.

Bernanke, B. S. (1995). The macroeconomics of the great depression: a comparative approach. *Journal of Money, Credit and Banking, 27*(1).

Beveridge, W. (1942). *Social insurance and allied services, report to the Parliament.* London: His Majesty's Stationery Services.

Bilderberg: Alex Jones disrupts BBC's sunday politics. (2013, June 9). Retrieved from BBC News UK: http://www.bbc.com/news/uk-22832994.

Bilefsky, D. (2009, November 18). Celebrating revolution with roots in a rumor. *The New York Times.*

Bourgoin, N. (1993). Le suicide en milieu carcéral [Suicide in prison]. *Population, 48*(3), 609-625.

Brémond, C. (1966/1980). The logic of narrative possibilities. (E.D. Cancalon Trans.). *New Literary History, 11,* 387-411. doi: 10.2307/468934.

Brosnan, S. F., & De Waal, F. B. (2003). Monkeys reject unequal pay. *Nature, 425*, 297-299.

Campbell, J. (1949/2008). *The hero with a thousand faces.* Novato: New World Library.

Carré de Malberg, R. (1920/1985). *Théorie générale de l'état [General theory of the state].* Paris: Editions du CNRS.

Cervantes Saavedra, M. d. (1605/1853). *Don Quixote de la Mancha.* London: Henry Bohn.

Chivers, C. J. (2011, September 15). Top medal for marine who saved many lives. *The New York Times.*

Chomsky, N. (1969). *Aspects of the theory of syntax* (2 ed.). Cambridge, MA: The MIT Press.

Chrétien de Troyes. (c. 1200/1997). *Lancelot: the knight of the cart.* (B. Raffel , Trans.) New Haven: Yale University Press.

Cikara, M., Botvinick, M. M., & Fiske, S. T. (2011). Us versus them. Social identity shapes neural responses to intergroup competition and harm. *Psychological Science, 22*(3), 306-313. doi:10.1177/0956797610397667.

Citron, S. (1989). *Le mythe national: L'histoire de France en question [The national myth: questioning the history of France].* Paris: Les Editions ouvrières.

Clausewitz, C. v. (1832/1989). On war. In M. Howard, & P. Paret (Eds.), *On war* (M. Howard, & P. Paret, Trans., pp. 61-714). Princeton, NJ: Princeton University Press.

Copernicus, N. (1543/1995). *On the revolutions of heavenly spheres.* New York: Prometheus Books.

Crichton, M. (2006). *Timeline.* London: Arrow Books.

Dagett, S., & Belasco, A. (2002). *Defense budget for FY2003. Data summary.* Washington DC: Congressional Research Service.

Darwin, C. (1859/1998). *The origin of species.* London: Wordsworth.

Dehaene-Lambertz, G., & Dehaene, S. (1994). Speed and cerebral correlates of syllable discrimination in infants. *Nature, 370*(6487), 292–295.

Diener, E., Wirtz, D., & Shigehiro, O. (2001). End effects of rated life quality. the James Dean effect. *Psychological Science*(12), 124-128.

Eco, U. (1984). *The role of the reader. Explorations in the semiotics of texts.* Bloomington: Indiana University Press.

Eco, U. (1998). *Serendipities. Language and lunacy.* New York: Columbia University Press.

Einstein, A. (1920). *Relativity. The special and the general theory. A popular exposition.* London: Methuen.

Elias, N. (1939/2000). *The civilizing process.* Oxford: Blackwell.

Emde, R. N. (1983). The prerepresentational self and its affective core. *The Psychoanalytic Study of the Child*(38), 163-192.

Emmerich, R. (Director). (2000). *The patriot* [Motion Picture]. United States: Columbia Pictures.

Fellman, M. (2011, November 9). Sherman's demons. *The New York Times.*

Fraisse, P. (1994). *La psychologie expérimentale [Experimental psychology].* Paris: Presses universitaires de France.

Freine (de), S. (1965). *The great silence.* Dublin: Foilseacháin Náisiúnta Teoranta.

Freud, S. (1908/1968). Family romances. In S. Freud, *The complete psychological works (1906-1908)* (Vol. IX, pp. 236-241). London: The Hogarth Press.

Freud, S. (1917/1989). *Introductory lectures on psycho-analysis.* New York: Norton.

Freud, S. (1939/2010). *Moses and monotheism.* Mansfield, CT: Martino.

Fukuyama, F. (1992/1998). *The end of history and the last man.* New York: Avon.

Gatti, C., & Henriques, D. B. (2009, January 29). JPMorgan exited Madoff-linked funds last fall. *The New York Times.*

Gauthier & Deschamps. (1904). *Histoire de France, cours élémentaire.* Paris: Armand Collin.

Gawronski, B., Walther, E., & Blank, H. (2005). Cognitive consistency and the formation of interpersonal attitudes. Cognitive balance affects the encoding of social information. *Journal of Experimental Social Psychology*, 618-626.

Gellner, E. (1983/2006). *Nations and nationalism.* Ithaca, NY: Cornell University Press.

Gewen, B. (2014, September 1). Rebels who had a cause. Havel and Michnik after communism. *The New York Times.*

Gick, B., & Derrick, D. (2009). Aero-tactile integration in speech perception. *Nature*(462), 502-4.

Giddens, A. (1979). *Central problems in social theory. Action, structure and contradiction in social science.* Berkeley: University of California Press.

Girodet-Trioson, A.-L. (1801). *Ossian receiving the ghosts of the fallen French heroes.* [Oil on canvas. 192 cm x 182 cm]. Rueil-Malmaison: Musée National de Malmaison.

Goethe, J. W. (1808/2008). *Faust. Eine Tragödie [Faust. A tragedy]*. Münster: Aschendorff.

Goldstein, J. (1987). Long waves in war, production, prices and wage. New empirical evidence. *The Journal of Conflict Resolution, 31*(4), 573-600.

Goldstein, J. (1988). *Long cycles. Prosperity and war in the modern age*. London and New Haven: Yale University Press.

Grimm, J., & Grimm, W. (1816/2010). *The complete Grimm's fairy tales*. Seven Treasures.

Grosjean, B., & Méron, M. (2014, March 20). Barbara, contaminée par son compagnon : vingt ans de sida et de colère [Barbara, contaminated by her partner: twenty years with AIDS and anger]. *Rue 89*.

Grossman, S., & Stieglitz, J. (1980). On the impossibility of informationally efficient markets. *American Economic Review, 70*(3), 393-408.

Gwartney, J. (2003). *Economics*. Mason: Thomson South Western.

Hadjikhani, N., Kveraga, K., & Paulami, N. (2009). Early (N170) activation of face-specific cortex by face-like objects. *Neuroreport, 20*(4), 403–407. doi:10.1097/WNR.0b013e328325a8e1.

Hall, P. A., & Taylor, R. C. (1996). *Political science and the three new institutionalisms*. Paper presented to the MPIFG Scientific Advisory Board, 9 May.

Hamilton, G. (Director). (1969). *Battle of Britain* [Motion Picture]. United Kingdom: Metro Goldwyn Meyer.

Hamlin, K. J., Wynn, K., & Bloom, P. (2007). Social evaluation by preverbal infants. *Nature, 450*, 557-559. doi: 10.1038/nature06288.

Hand, D. (Director). (1937). *Snow White and the seven dwarfs* [Motion Picture]. United States of America: Walt Disney - RKO.

Hanson, C. (Director). (1997). *LA confidential* [Motion Picture]. United States of America: Warner.

Harris, L. T., & Fiske, S. T. (2011). Dehumanized perception. A psychological means to facilitate atrocities, torture, and genocide? *Zeitschrift fur Psychologie, 219*(3), 175-181. doi:10.1027/2151-2604/a000065.

Hayes, A. (2019, June 25). *Perfect competition*. Retrieved from Investopedia: https://www.investopedia.com/

Hobbes, T. (1651/1929). Leviathan or the matter, forme & power of a common-wealth ecclesiastical & civill. In W. G. Pogson-

Smith (Ed.), *Hobbes's Leviathan* (2nd ed., pp. 9-557). Oxford: Oxford University Press.

Hobsbawm, E. (1990). *Nations and nationalism since 1780. Programme, myth, reality*. Cambridge: Cambridge University Press.

Hobster, J. R. (1988). *Amadis de Gaula in Don Quijote*. Durham: Durham theses, Durham University.

Hofer, M. A. (1987). Early social relationships. A pyschobiologist's view. *Child Development, 58*(3), 633-647.

Hume, D. (1739/1888). A treatise of human nature. Being an attempt to introduce the experimental method of reasoning into moral subjects. Book I. Of the understanding. In L. A. Selby-Bigge (Ed.), *Hume's treastise of human nature* (pp. xix-709). Oxford: Oxford University Press.

Jackson, P. (Director). (2013). *The hobbit. The desolation of Smaug* [Motion Picture]. New Zealand: Warner.

Jacobs, E. P. (1953/2006). *The secret of the swordfish*. Paris: Blake & Mortimer.

Jefferys, K. (1994). *War and reform. British politics during the Second World War*. Manchester: Manchester University Press.

Kahneman, D. (2012). *Thinking fast and slow*. London: Random House.

Kant, I. (1781/1992). *Theoretical philosophy, 1755–1770*. (D. Walford, & R. Meerbote, Trans.) Cambridge: Cambridge University Press.

Kelsen, H. (1960). *Pure theory of law* (2 ed.). Berkeley: University of California Press.

Kershner, I. (Director). (1980). *Star wars episode V. The empire strikes back* [Motion Picture]. United States of America: 20th Century Fox.

Keynes, J. M. (1936/2007). *The general theory of employment, interest and money*. London: Macmillan.

Kondratieff, N. D. (1926/1935). The long waves in economic life. *Review of Economic Statistics, 17*, 105-115.

Konvalinka, I.; Xygalatas, D.; Bulbulia, J.; Schjødt, U.; Jegindø, E.-M., Wallot, S.,… Roepstorff, A. (2011). Synchronized arousal between performers and related spectators in a fire-walking ritual. *Proceedings of the National Academy of Sciences, 108*, 8514-8519. doi: 10.1073/pnas.1016955108.

Kovács, A. M., Téglás, E., & Endress, A. D. (2010). The social sense. Susceptibility to others' beliefs in human infants and adults. *Science, 330*, 1830-1834. doi: 10.1126/science.1190792.

Krugman, P. (1980). Scale economies, product differenciation and the pattern of trade. *The American Economic Review, 70*(5), 950-959.

Krugman, P. (2012, December 4). Asimov's Foundation novels grounded my economics. *The Guardian.*

Kuhn, T. (1970/1996). *The structure of scientific revolutions* (2nd ed.). Chicago: Chicago University Press.

Kuklinski, J. H. (2002). *Thinking about political psychology.* Cambridge: Cambridge University Press.

Kwan, V. S., & Fiske, S. T. (2008). Missing links in social cognition: The continuum from nonhuman agents to dehumanized humans. *Social Cognition, 26*(2), 125–128. doi.org/10.1521/soco.2008.26.2.125.

Landau, M., Sullivan, D., & Greenberg, J. (2009). Evidence that self-relevant motives and metaphoric framing interact to influence political and social attitudes. *Psychological Science, 20,* 1421-1427. doi: 10.1111/j.1467-9280.2009.02462.x.

Lang, A. (1898/1997). *Arabian nights, after the book of the thousand nights and a night by Richard F. Burton, 1885.* London: Penguin Books.

L'assassinat de l'Archiduc Franz Ferdinand. (1914, July 12). *Le Petit Journal.*

Latour, B. (1988). *The pasteurization of France.* Cambridge, MA: Harvard University Press.

Lavisse , E. (1913). *Histoire de France. Cours élémentaire [History of France. Elementary curriculum].* Paris: Armand Collin.

Leca, J. (2001). Le politique comme fondation [Politics as a foundation]. *EspacesTemps*(76-77), 27-36.

Lévi-Strauss, C. (1964/1975). *The raw and the cooked. Introduction to a science of mythology* (Vol. I). New York: Harper.

Lewis, T., Amini, F., & Lannon, R. (2001). *A general theory of love.* New York: Random House.

Libet, B. (1985). Unconscious, cerebral initiative and the role of conscious will in voluntary action. *Behavioural and Brain Sciences, 8*(4), 529-566. doi: 10.1017/S0140525X00044903.

Locke, J. (1690/1929). *An essay concerning human understanding* (25th ed.). London: Tegg.

Lommen, M. J., Engelhard, I. M., & Hout, M. (2013). Susceptibility to long-term misinformation effect outside of the laboratory. *European Journal of Psychotraumatology, 4,* 1-7. http://dx.doi.org/10.3402/ejpt.v4i0.19864.

Lucas, G. (Director). (1977). *Star wars episode IV. A new hope* [Motion Picture]. United States of America.

Lucas, G. (Director). (1999). *Star wars episode I. The phantom menace* [Motion Picture]. United States of America: 20th Century Fox.

Mackay, R. (1999). *The test of war: inside Britain 1939-1945*. London: University College London.

Mackey, R. (2014, October 14). Soccer match in Serbia erupts in riot set off by drone. *The New York Times*.

Malot, H. (1878/2012). *Nobody's boy*. CreateSpace Independent Publishing Platform.

Mandelbaum, E. (2016). Attitude, inference, association. On the propositional structure of implicit bias. *Noûs, 50*(3), 629-658.

Marquand, R. (Director). (1983). *Star wars episode VI. Return of the jedi* [Motion Picture]. United States of America: 20th Century Fox.

Marsh, J. (Director). (2014). *The theory of everything* [Motion Picture]. United States: Universal Pictures.

Massie, R. K. (1992). *Dreadnought. Britain, Germany, and the coming of the Great War*. New York: Ballantine Books.

Mauss, M. (1924/2011). *The gift, forms and functions of exchange in archaic societies*. Mansfield: Martino.

Michelis, C. G. (2004). *The non-existent manuscript: A study of the protocols of the Sages of Zion*. Lincoln: University of Nebraska Press.

Michnik, A. (2014). *The trouble with history. Morality, revolution, and counterrevolution*. New Haven: Yale University Press.

Morin, E. (1973). *Le paradigme perdu. La nature humaine [The lost paradigm. Human nature]*. Paris: Sueil.

Nash, J. (1950). The bargaining problem. *Econometrica, 18*(2), 155-162.

Newton, I. (1687). *Philosophiæ naturalis principia mathematica*. London: Streater, Joseph.

Nicolson, A. (2006). *Men of honor. Trafalgar and the making of the English hero*. London: Harper Perennial.

Oi, M. (2013, March 14). *What Japanese history lessons leave out*. Retrieved from BBC News Tokyo: http://www.bbc.co.uk

Olson, M. (1965/1971). *The logic of collective action* (2nd ed.). Cambridge: Harvard University Press.

Oswald, A., & Zizzo, D. J. (2000). *Are people willing to pay to reduce others' income ?* Retrieved January 22, 2003, from http://www.warwick.ac.uk

Pavlov, I. (1906). The scientific investigation of the psychical faculties or processes in the higher animals. *Science, 24*(620), 613-619.

Perrault, C. (1697/1993). *The complete fairy tales*. New York: Clarion.

Petersen, W. (Director). (2001). *The perfect storm* [Motion Picture]. United States of America: Warner.

Picketty, T., & Saez, E. (2003). Income inequality in the United States, 1913-1998. *The Quarterly Journal of Economics, 118*(1), 1-39.

Piela, R. (1996). Frei nach Heinrich Hoffmann [Freely after Heinrich Hoffmann]. *Zweisprachigkeit, 12*, p. 8.

Plutarch. (c. 120/2009). *Lives*. Digireads.com.

Pronin, E. (2008). How we see ourselves and how we see others. *Science, 320*, 1177-1180. doi: 10.1126/science.1154199.

Propp, V. (1928/2009). *Morphology of the folktale*. Austin: University of Texas Press.

Quammen, D. (2018, August 13). The scientist who scrambled Darwin's tree of life. *The New York Times*.

Rank, O. (1922/2004). The myth of the birth of the hero. In R. A. Segal (Ed.), *The myth of the birth of the hero. A psychological exploration of myth* (G. C. Richter, & J. E. Liebermann, Trans., pp. 1-127). Baltimore: Johns Hopkins University Press.

Reid, J. (1990). Cover artwork. In Anhrefn, *Dragon's revenge*. Llandwrog-Caernarfon: Canolfan Sain.

Riagain, P. O., & Gliasain, M. O. (1979). *All-Irish primary schools in the Dublin area*. Dublin: Instituid Teangeolaiochta Eireann.

Ricoeur, P., Collins, F., & Perron, P. (1989). Greimas's narrative grammar. *New Literary History, 20*, 581-608. doi:10.2307/469355.

Rokeach, M. (1964). *The three Christs of Ypsilanti,*. New York: Alfred A. Knopf.

Rosenbaum, R. A. (2010). *Waking to danger. Americans and Nazi Germany, 1933-1941*. Santa Barbara: Greenwood Press.

Rosselini, R. (Director). (1950). *Stromboli* [Motion Picture]. Italy: RKO.

Rouget de Lisle, C. J. (1792/2009). *Le chant de guerre pour l'armée du Rhin, dit la Marseillaise*. Retrieved March 05, 2009, from Assemblée Nationale: http://www.assemblee-nat.fr

Rousseau, J.-J. (1762/1968). *The social contract*. London: Penguin.

Rowling, J. K. (2007). *Harry Potter and the deathly hallows*. London: Bloomsbury.

Sabatier, P. A. (1999). *Theories of the policy process*. Boulder: Westview Press.

Scheidhauer, C. (2004). *La convergence européenne des politiques de promotion de l'enseignement des langues régionales, fruit de la quête d'héroïsme des promoteurs [European convergence of policies promoting regional language teaching, due to the promoter's quest for heroism]*. Doctoral thesis, Institut d'Etudes Politique, Paris.

Schelling, T. (1960/2006). *The strategy of conflict*. Cambridge: Harvard University Press.

Schmidt, R. (2000). *Language policy and identity politics in the United States*. Philadelphia: Temple University Press.

Scott, W. (1820/1994). *Ivanhoe*. London: Penguin.

Sechrist, G., & Stangor, C. (2001). Perceived consensus influences intergroup behavior and stereotype accessibility. *Journal of Personality and Social Psychology, 80*(4), pp. 645-654. Retrieved from http://psycnet.apa.org/journals/psp/80/4/645/

Seligman, M. E., & Maier, S. F. (1967). Failure to escape traumatic shock. *Journal of Experimental Psychology, 74*(1), 1-9. doi: http://dx.doi.org/10.1037/h0024514.

Shakespeare, W. (1584/1998). *Hamlet*. Oxford: Oxford University Press.

Shakespeare, W. (1599/1994). *Henry V*. London: Penguin Books.

Sherif, M., Harvey, O. J., White, B. J., Hood, W. R., & Sherif, C. V. (1961/1988). *The robbers cave experiment. Intergroup conflict and cooperation*. Middletown, CT: Wesleyan University Press.

Smith, A. D. (1999). *Myths and memories of the nations*. Oxford: Oxford University Press.

Spitz, R. (1945). Hospitalism: an inquiry into the genesis of psychiatric conditions in early childhood. *Psychoanalysis Study of the Child*(I), 53-74.

Stahl, A., & Feigenson, L. (2015). Cognitive development. Observing the unexpected enhances infants' learning and exploration. *Science, 348*, 91-4. doi:10.1126/science.aaa3799

Standard&Poor's. (2021, 05 04). *S&P 500 historical annual returns*. Retrieved 05 04, 2021, from Macrotrends: https://www.macrotrends.net

Supreme Court of the United States. (2014). *The court and constitutional interpretation*. Retrieved November 24, 2014, from The Supreme Court of the United States: http://www.supremecourt.gov

Titian (Tiziano Vecellio). (1533). *Portrait of Alfonso d'Avalos, Marquis of Vasto*. [Oil on canvas, 1,10 m x 0,80 m]. Los Angeles: The J. Paul Getty Museum.

Titian (Tiziano Vecellio). (1548). *Portrait of Charles V seated*. [Oil on canvas, 2,03 m x 1,22 m]. Munich: Alte Pinakothek.

Tolkien, J. R. (1937/2011). *The hobbit or there and back again*. London: Harper Collins.

Tolkien, J. R. (1954/2004). *The lord of the rings.* New York: HMH.

Trye Maison (de), G. (1911). *Illustration for a advertising campaign by Anios Laboratories and Pasteur Institute.* Paris: Institut Pasteur.

U.S. Bureau for economic analysis. (2010). *Gross domestic product, percent change from preceding period.* Retrieved November 3, 2010, from http://www.bea.gov

Uccello, P. (1515). Saint George slaying the dragon. In A. Barclay, *Life of Saint George.* Westminster: Anonymous Publisher.

United Nations Organization. (1945/2014). *Charter of the United Nations.* Retrieved November 24, 2014, from UNO: http://www.un.org

United States of America. (2014). *The constitution.* Retrieved November 24, 2014, from The White House: http://www.whitehouse.gov

Valdes, A. L. (2004, December 16). Des trolls, des mariages virtuels... et une vraie guerre [Trolls, virtual weddings... and a real war]. *Courrier international, 767.*

Vernes, J. (1870/2006). *20,000 leagues under the sea.* New York: Sterling.

Vickhoff, B., Malmgren, H., Åström, R., Nyberg, G., Ekström, S. R., Engwall, M., & et al. (2013). Music structure determines heart rate variability of singers. *Frontier Psychology, 334*(4), 1-16.

Weber, M. (1946). *Essays in sociology.* New York: Oxford University Press.

Weir, P. (Director). (2003). *Master and commander. The far side of the world* [Motion Picture]. United States of America: 20th Century Fox.

West, B. (1806). *The death of Nelson.* [Oil on canvas, 182.5 cm × 247.5 cm]. Liverpool: Walker Art Gallery.

Whishaw, B., & Kolb, I. Q. (2010). *An introduction to brain and behavior* (3rd ed.). New York: Worth Publishers.

Wickham, C. (2009). *The inheritance of Rome.* London: Penguin.

Widmer, T. (2011, February 21). All or nothing. *The New York Times.*

Williams, L. E., & Bargh, J. A. (2008). Experiencing physical warmth promotes interpersonal warmth. *Science, 322*(5901), 606-607.

Notes

La Révolution de la Science humaine

1. Hume, 1739/1888, p. xx
2. Kuhn, 1970/1996, p. 10
3. Kuhn, 1970/1996, p. 136
4. Kuhn, 1970/1996, p. 2
5. Kuhn, 1970/1996, p. ix
6. Goethe, 1808/2008, p. 24
7. Marsh, 2014
8. Kuhn, 1970/1996, pp. ix, 6, 48, 52
9. Kuhn, 1970/1996, p. 155
10. Copernicus, 1543/1995
11. Quammen, 2018
12. Locke, 1690/1825, p. 4
13. Hume, 1739/1888, pp. 30, 209; 234
14. Kant, 1781/1992, p. 387
15. Giddens, 1979, pp. 2, 50
16. Newton, 1687
17. Einstein, 1920
18. Darwin, 1859/1998
19. Krugman, 2012
20. Morin, 1973
21. Rank, 1922/2004, p. 2
22. Barthes, 1966/1975, p. 238
23. Lévi-Strauss, 1964/1975, pp. 1, 5, 11, 26
24. Rank, 1922/2004, pp. 2-3
25. Kondratiev, 1926/1935, p. 111
26. Goldstein, 1987, p. 573
27. Kondratiev, 1926/1935
28. Chomsky, 1969

I. La Logique de l'Esprit

1. Un Univers autonome

1. Whishaw & Kolb, 2010, p. 72
2. Locke, 1690/1929, p. 283
3. Fraisse, 1994, p. 32
4. Gick & Derrick, 2009, pp. 502-504
5. Williams & Bargh, 2008, pp. 606-607
6. Landau, Sullivan, & Greenberg, 2009, pp. 1421-1427

2. Une Logique spontanée

1. Pavlov, 1906, pp. 613-617
2. Dehaene-Lambertz & Dehaene, 1994, p. 293
3. Stahl & Feigenson, 2015, p. 91

3. Une Pulsion irrésistible

1. Gawronski, Walther, & Blank, 2005

2. Mandelbaum, 2016
3. Seligman & Maier, 1967, pp. 1-9
4. Libet, 1985, pp. 529, 534
5. Libet, 1985, p. 530
6. Kwan & Fiske, 2008
7. Hamlin, Wynn, & Bloom, 2007
8. Hadjikhani, Kveraga, & Paulami, 2009, p. 4
9. Diener, Wirtz, & Shigehiro, 2001
10. Kahneman, 2012, p. 387
11. Locke, 1690/1929, pp. 4, 50, 51, 283
12. Locke, 1690/1929, p. 8
13. Locke, 1690/1929, p. 14
14. Locke, 1690/1929, p. 286
15. Hume, 1739/1888, p. 7
16. Hume, 1739/1888, p. 204
17. Hume, 1739/1888, p. 259
18. Hume, 1739/1888, p. 30

4. Un Désir inavouable

1. Rokeach, 1964

II. Etre le Héros de l'Histoire

5. Un Scénario universel

1. Grimm & Grimm, 1816/2010, pp. 65-69
2. Lang, 1898/1997, pp. 100-127
3. Citron, 1989, pp. 27-41
4. Gauthier & Deschamps, 1904, p. 3
5. Freine (de), 1965, p. 1
6. Scheidhauer, 2004, pp. 388-394, 519
7. Fukuyama, 1992/1998
8. Propp, 1928/2009, p. 77
9. Propp, 1928/2009, p. 102
10. Brémond, 1966/1980, pp. 389-392 ; Barthes, 1966/1975, p. 259
11. Ricoeur, Collins, & Perron, 1989, p. 601
12. Campbell, 1949/2008, p. 23
13. Rank, 1922/2004, pp. 2-3
14. Lévi-Strauss, 1964/1975, pp. 1, 5, 11, 26
15. Barthes, 1966/1975, p. 272
16. Aristotle, c.-335/1898, p. 89
17. Barthes, 1966/1975, p. 251
18. Smith A. D., 1999, pp. 63-68

6. Une Histoire unique

1. Tolkien, 1954/2004
2. Tolkien, 1937/2011
3. Jackson, 2013
4. Lucas, 1977
5. Lang, 1898/1997, p. 127
6. Vernes, 1870/2006
7. Lucas, 1999
8. Valdes, 2004
9. Plutarch, c. 120/2009, pp. 5-22
10. Propp, 1928/2009, p. 102
11. Perrault, 1697/1993, pp. 45-53
12. Grimm & Grimm, 1816/2010
13. Hand, 1937
14. Eco, 1984
15. Hobster, 1988
16. Cervantes Saavedra, 1605/1853
17. Scott, 1820/1994
18. Chrétien de Troyes, c. 1200/1997

7. Un But unique, depuis l'Enfance

1. Freud, 1908/1968, p. 238
2. Malot, 1878/2012
3. Crichton, 2006
4. Rank, 1922/2004, pp. 385-6
5. Freud, 1939/2010, p. 23
6. Freud, 1939/2010, p. 52
7. Scheidhauer, 2004, pp. 429-430
8. Emmerich, 2000
9. Rowling, 2007
10. Lucas, 1977
11. Kershner, 1980
12. Marquand, 1983
13. Rank, 1922/2004, pp. 2-3
14. Freud, 1917/1989, pp. 256, 393, 459
15. Freud, 1908/1968, pp. 236-241
16. Freud, 1939/2010, p. 18
17. Freud, 1917/1989, p. 410
18. Freud, 1917/1989, p. 417
19. Shakespeare, 1584/1998
20. Rank, 1922/2004, p. 165

8. Un Ennemi unique et intime

1. Petersen, 2001
2. Latour, 1988, p. 10
3. Trye Maison (de), 1911
4. Perrault, 1697/1993, pp. 82-95
5. Piela, 1996
6. Scheidhauer, 2004, pp. 366, 614
7. Scheidhauer, 2004, p. 529
8. Hanson, 1997

III. Faire l'Histoire

9. La Révélation de la Vérité

1. Lewis, Amini, & Lannon, 2001, pp. 68-69
2. Spitz, 1945
3. Hofer, 1987
4. Konvalinka, I.; Xygalatas, D.; Bulbulia, J.; Schjødt, U.; Jegindø, E.-M., Wallot, S.,… Roepstorff, A., 2011, p. 8515
5. Vickhoff, et al., 2013, p. 1
6. Emde, 1983
7. Lommen, Engelhard, & Hout, 2013, pp. 1-7
8. Kovács, Téglás, & Endress, 2010, pp. 1830-1834
9. Sechrist & Stangor, 2001, p. 649
10. Pronin, 2008, pp. 1177-1180
11. Konvalinka, I.; Xygalatas, D.; Bulbulia, J.; Schjødt, U.; Jegindø, E.-M., Wallot, S., et al., 2011, p. 8515
12. Harris & Fiske, 2011, pp. 175-176
13. Cikara, Botvinick, & Fiske, 2011, p. 306
14. Hamlin, Wynn, & Bloom, 2007, p. 557

10. Distinguer Amis et Ennemis

1. Nicolson, 2006, p. 151
2. Grosjean & Méron, 2014
3. Bilderberg: Alex Jones disrupts BBC's sunday politics, 2013
4. Bourgoin, 1993, p. 621
5. Fellman, 2011
6. Fellman, 2011
7. Fellman, 2011

11. Des Histoires qui convergent

1. Michelis, 2004, pp. 76-80
2. Eco, 1998, p. 14
3. Rosenbaum, 2010, p. 41
4. Bilefsky, 2009

5. L'assassinat de l'Archiduc Franz Ferdinand, 1914
6. Mackey, 2014
7. Oi, 2013
8. Oi, 2013
9. Arendt, 1972, p. 24
10. Arendt, 1972, pp. 25-29
11. Arendt, 1972, p. 45
12. Beck, 2000, p. 163
13. Beck, 2000, p. 163
14. Beck, 2000, pp. 200-202
15. Beck, 2000, p. 163
16. Clausewitz, 1832/1989, p. 76
17. Clausewitz, 1832/1989, p. 76
18. Clausewitz, 1832/1989, pp. 75, 83
19. Clausewitz, 1832/1989, p. 88
20. Clausewitz, 1832/1989, p. 77

12. Des Rivalités aux Guerres mondiales

1. Massie, 1992, pp. 136-137
2. Massie, 1992, pp. 134-135
3. Massie, 1992, pp. 172-179
4. Massie, 1992, pp. 594-601
5. Massie, 1992, pp. 181, 184
6. Massie, 1992, p. 486
7. Massie, 1992, p. 848
8. Massie, 1992, p. 108
9. Massie, 1992, pp. 108, 138
10. Massie, 1992, pp. 106-107
11. Massie, 1992, p. 105
12. Massie, 1992, p. 151
13. Massie, 1992, pp. 166-167
14. Massie, 1992, p. 173
15. Massie, 1992, p. 166
16. Massie, 1992, p. 309
17. Massie, 1992, pp. 346, 601
18. Massie, 1992, p. 502
19. Massie, 1992, pp. 405, 530
20. Massie, 1992, p. 540
21. Massie, 1992, p. 525
22. Massie, 1992, p. 520
23. Massie, 1992, pp. 170-172
24. Massie, 1992, p. 512
25. Massie, 1992, p. 804

13. La Bipolarisation internationale

1. Hobbes, 1651/1929, pp. 94-98

14. Une Histoire internationale

1. Goldstein, 1988, pp. 236-237
2. Goldstein, 1988, pp. 236-237
3. Sherif, Harvey, White, Hood, & Sherif, 1961/1988, pp. 58-69
4. Sherif, Harvey, White, Hood, & Sherif, 1961/1988, p. 172
5. Wickham, 2009, p. 154

15. Par-delà la Raison et les Lois

1. United Nations Organization, 1945/2014
2. United States of America, 2014
3. Supreme Court of the United States, 2014
4. Widmer, 2011
5. Scheidhauer, 2004, pp. 541-544
6. Scheidhauer, 2004, pp. 572-579, 584
7. Scheidhauer, 2004, pp. 526-530, 547
8. Reid, 1990
9. Uccello, 1515
10. Schmidt, 2000

11. Gellner, 1983/2006, pp. 24, 38
12. Gellner, 1983/2006, pp. 9-10
13. Gellner, 1983/2006, pp. 41-42
14. Hobsbawm, 1990, p. 1
15. Kelsen, 1960
16. Carré de Malberg, 1920/1985, pp. 1-16
17. Weber, 1946, p. 78
18. Rousseau, 1762/1968, p. 20
19. Leca, 2001, pp. 28-36
20. Chomsky, 1969, pp. 3, 15, 25

IV. Une Mobilisation générale

16. Des Compagnons de Lutte

1. Shakespeare, 1599/1994
2. Nicolson, 2006, p. 125
3. Hamilton, 1969
4. Merriam-Webster Online Dictionary
5. Olson, 1965/1971, p. 51
6. Anderson, 1991, p. 7
7. Hall & Taylor, 1996, pp. 17-21
8. Kuklinski, 2002, pp. 18-19
9. Schelling, 1960/2006, p. 6
10. Sabatier, 1999, p. 140
11. Gwartney, 2003, p. 6
12. Grossman & Stieglitz, 1980, p. 393 ; Keynes, 1936/2007, p. 156
13. Nash, 1950

17. Intéresser les Gens ordinaires

1. Scheidhauer, 2004, pp. 449-455
2. Riagain & Gliasain, 1979
3. Lavisse , 1913, p. 161

4. Scheidhauer, 2004, pp. 332-337

18. Concurrence et redistribution

1. Jefferys, 1994, p. 89
2. Mackay, 1999, p. 196
3. Mackay, 1999, pp. 90, 97-98
4. Benassi, 2010, p. 7 ; Beveridge, 1942, p. 8
5. Mackay, 1999, p. 196
6. Beveridge, 1942, p. 6
7. Gewen, 2014
8. Michnik, 2014
9. Gewen, 2014
10. Barrinuevo, 2011

19. Les Conflicts, Moteurs de l'Economie

1. Dagett & Belasco, 2002, pp. 24-25
2. U.S. Bureau for economic analysis, 2010
3. Picketty & Saez, 2003, p. 1
4. Kondratiev, 1926/1935, pp. 24-39
5. Goldstein, 1987, pp. 582-7
6. Kondratiev, 1926/1935, p. 35
7. Kondratiev, 1926/1935, p. 42

V. La Concurrence générale

20. Alliés mais Rivaux

1. Weir, 2003
2. Jacobs, 1953/2006, pp. 46-54
3. Chivers, 2011
4. Rouget de Lisle, 1792/2009
5. West, 1806
6. Girodet-Trioson, 1801

21. Une Reconnaissance réciproque

1.   Mauss, 1924/2011, pp.
     10-11
2.   Mauss, 1924/2011, p. 27
3.   Mauss, 1924/2011, pp.
     1, 12
4.   Mauss, 1924/2011, p. 35
5.   Mauss, 1924/2011, p. 11
6.   Mauss, 1924/2011, p. 81
7.   Elias, 1939/2000, p. 103
8.   Elias, 1939/2000, p. 101
9.   Elias, 1939/2000, p. 104
10. Rosselini, 1950

22. Prouver sa Valeur

1.   Merriam Webster Online
     Dictionary
2.   Mauss, 1924/2011, p. 20
3.   Mauss, 1924/2011, p. 36
4.   Titian (Tiziano
     Vecellio), 1548
5.   Titian (Tiziano
     Vecellio), 1533
6.   Keynes, 1936/2007, p.
     156
7.   Kondratiev, 1926/1935,
     p. 35
8.   Krugman, 1980, p. 469
9.   Hayes, 2019
10. Grossman & Stieglitz,
     1980, p. 404

23. En Affaires comme à la Guerre

1.   Brosnan & De Waal,
     2003, pp. 297-299
2.   Oswald & Zizzo, 2000,
     pp. 2,3,9,13
3.   Gatti & Henriques, 2009
4.   Standard&Poor's, 2021
5.   Bernanke, 1995

Remerciements

« Ce livre existe grâce aux encouragements et conseils prodigués par mes parents, Marcel et Marie-Louise, et par mon épouse, Karine, mais aussi grâce aux échanges avec le Professeur Jean Leca, qui a dirigé ma thèse de doctorat à Sciences-Po, avec les Professeur Elisabeth Dupoirier, Marc Lazar, Renaud Dehousse, Ronald Hatto, Sophie Duchesne, avec le Docteur Bruno Palier, ainsi que Ralf Kissel, Ludovic Grousset (Sciences-Po), avec les Professeurs Andrée Tabouret-Keller et Christine Hélot (Université de Strasbourg), le Dr. Thalia Magioglou (EHESS), le Professeur John Loughlin (University of Wales), ainsi qu'avec le Professeur Pascal Chaigneau et Jean-Louis Terrier (HEC). Je les en remercie. Merci aussi à Magali qui a relu et critiqué ce manuscrit ».

Christophe Scheidhauer est un chercheur. Il s'est d'abord spécialisé en psychologie politique, en sémiotique et en sociolinguistique. Il a enseigné le droit international public et l'économie politique. Il a également travaillé comme analyste financier et comme responsable des relations publiques. Il conseille des entrepreneurs, des fonds d'investissement et des autorités gouvernementales sur des projets innovants. Il s'est installé avec sa famille à Paris.